中学校創作脚本

沖縄

沖縄県中学校文化連盟演劇専門部＝編
大沢 清＝監修

晩成書房

成長する沖縄の中学校演劇

『中学校創作脚本集 沖縄』の刊行に寄せて

琉球大学教職センター教授　上江洲 朝男

この度は『中学校創作脚本集 沖縄』の刊行、誠におめでとうございます。作者の皆様、中学校創作脚本集編集委員会の皆様をはじめ、様々な面で、演劇に携わる中学生たちを支えてくださった皆様に心から感謝申し上げます。

沖縄県中文連演劇専門部が主催する「沖縄県中学校演劇祭」は、今年度で十回目を迎え、その節目の年に、「沖縄」に特化した創作脚本集が刊行されるということは本当に喜ばしいことであります。

第一回目から審査員として関わらせていただき、脚本や舞台を通して、沖縄の中学生や先生方の演劇に対する熱い思いやテーマへの向き合い方などに触れることができました。十年を経て、一冊の「脚本集」として刊行できるだけの作品が生まれたということに驚かされます。また、その内容はバラエティに富み、沖縄だからこそ描けるテーマや視点があるのだということにも気づかされます。

この十年で、沖縄県の中学生の演劇そのものの質も少しずつ変容してきたように思います。まず他府県と大きく異なる特徴として、沖縄県内の公立中学校には演劇部がほとんどないという現状が挙げられます。伝統芸能についても、沖縄県内の中学生の多くが関わっており、盛んではありますが、部活動として設置されている中学校は少なく、ほとんどの中学生が地域の伝統芸能関係の教室やサークルで活動しています。部活動のほとんどがスポーツ系の部で、文化系の部活動は吹奏楽やマーチングなどが主流だと言えます。そのような現状の中、中学生が演劇活動を継続的に行うことは難しく、興味、関心はあっても活動の場がないというのが実情となっています。この十年、沖縄県内で演劇部があり、継続的に活動を続けている多くは、中高一貫の私立中学校や県立中学校です。この十年、演劇祭が開催できたのは、演劇部のある私立中学校や県立中学校の牽引があったからだと言えます。

演劇祭がスタートした当初、高校演劇の影響を大きく受けた中学生の演劇と、多様な部に所属している中学生を寄せ集めて結成して演劇活動を行う公立中学校の演劇と二つの流れがありました。それぞれの内容やつくり、演出にはかなり相違があったように感じます。しかし、演劇祭を通じて、相互の演劇を見合うことで、中学生同士が切磋琢磨し、高め合ってきたように思います。

近年、中学生には難しいと思われるテーマにも果敢にチャレンジする姿が見られるようになりました。少し背伸びした内容から、等身大の「自分たち」を描く作品も増えてきました。舞台装置や音響、照明についても十年前と比較すると、より効果的な演出ができるようになってきました。生徒自身が脚本や演出を手がける学校も増えてきました。一つの作品を創り上げるために、実際の場所を訪れたり、体験者の語りを聞いたり、探究しながら作品を創る姿も見られるようになってきました。この演出・演技の変容は十年前から足繁く沖縄に通ってくださった大沢清先生のお力によるものが大きいと思います。審査委員長として、いつも丁寧に脚本のこと、舞台演出のことを、中学生が分かる言葉で、粘り強く、愛情を持って語り続け、講評してくださいました。生徒たちは大沢先生の言葉を漏らさまいと聴き入り、メモを取り、活動に反映させてきた結果だと強く感じております。先生のご講評により、沖縄県の中学生や先生方は励まされ、成長してきたように思います。心から感謝申し上げます。

この原稿を書いている最中、私の頭上には、幾多のヘリコプターやオスプレイが研究室のガラス窓をガタガタ揺らし、爆音と共に飛び交っています。それも長時間ひっきりなしに。舞台では、平和を願い、演じる子どもたちがいる一方で、十年前よりひどくなっている軍事訓練の現実。世界に目を向けると他人事ではいられない現実。平和や戦争が取り上げられる作品が多いのは、沖縄の中学生がこのような日常の中で何かを敏感に感じ取っているからかもしれません。

本脚本集の刊行を機に、沖縄県の中学生が見たり聞いたり感じたりしたことを、自らの言葉で戯曲にしていくきっかけになればと願ってやみません。

演劇を通して沖縄を感じ創作する喜びを

『中学校創作脚本集 沖縄』の刊行に寄せて

沖縄県中学校文化連盟演劇専門委員長　照屋寛文

二〇二二年、沖縄県は本土復帰50周年を迎えました。さまざまな分野から50周年を記念する事業が行われ、「これまでの沖縄」と「これからの沖縄」を考える年となりました。沖縄県中学校文化連盟においても、復帰50周年記念大会が開催され、我々沖縄県中学校文化連盟演劇専門部でも県内の中学生から選抜メンバー（38名）を結成し、創作劇『うむい』に挑戦しました。演劇選抜チームとして子どもたちとは、演劇活動に取り組んで今年で二年目になります。演劇選抜チームを支えてくれている先生方（照屋寛文、安森大樹、岸良和美、安里優一、髙松清司、仲宗根正美、長田真理子、山城美香）は、所属する学校も違う中でさまざまな方面からチームを支えてくれていることに心から感謝をしています。

さて、県中学校文化連盟演劇専門部は、結成され十三年目を迎えます。結成のきっかけは、本土復帰40周年を迎える二年前のことでした。当時の県中学校文化連盟理事長照屋誠先生から「沖縄県の中学校には、演劇をする土壌がない。県外では演劇が盛んに行われている。子どもたちは討論・話し合いを行いながら演劇を創りあげている。これから沖縄の中学生にもこの演劇の醍醐味を味わってほしい。これからはこの力を育てたい。そのために専門部を立ち上げたい」と熱い思いがありました。立ち上げる際には、長年演劇指導を行い、専門部の立ち上げや組織を生かした指導等も行う大沢清先生がお手伝いしてくださるお話がありました。照屋誠先生の熱意と大沢清先生の「沖縄の演劇が根付くまで私はお手伝いしますよ」と心強く、温かいお言葉に私自身背中を押されました。誠先生と清先生との出会いから少しずつ沖縄をテーマにする作品が毎年うまれてきました。今では本脚本集に掲載されている作品を改めてみると誇らしく思います。そして、これまで県演劇専門部を支えてくださった先生方（島袋薫、又吉弦貴、安里秀子、川満美幸）にも心より感謝申し上げます。

二〇二三年（令和5年）十二月九・十日には、浦添市で全国中学校総合文化祭が開催され、県選抜演劇チームも出演します。演目は『マブニのアンマー』（脚本＝島袋薫）を上演します。この作品は、十年前中頭地区演劇合同チームが上演した作品でもあります。私はこの作品を観たとき、島袋薫先生の「平和」から目をそらさない強い思いを感じました。そして、子どもたちが沖縄戦のことに関心を持ち、それを伝えようとするメッセージがありました。それから十年。

沖縄は本当に平和に向かっているのか、世界の人々は幸せなのか。沖縄には、実際に沖縄戦で亡くなった人々の骨を探すガマフヤーの具志堅隆松さんが活動を続けています。まだまだ見つかっていない骨が含まれる土を辺野古新基地の埋め立てに使用する政府の動きもあります。これが十年間で進んでいること。この十年はなんだったのか。でも沖縄の中学演劇は、少しずつですが確かに前に進んでいます。中学生が演じる沖縄の文化、風習、言葉また、沖縄戦、戦前の沖縄など、演劇を通して、沖縄を知り、感じようとする十年間だったように思えます。今年の『マブニのアンマー』では、これからの十年後、五十年後の沖縄を考えてもらいたい。考えることから逃げない私たちでありたい。子どもたちとも同じ目線で語り合いたい。演劇を通して、沖縄を語る。演劇の醍醐味に魅せられて十数年。もっと多くの人と関わる中で、一緒に沖縄を感じたい。何もないところから子どもたちの歌、台詞、ダンス、表現。創り出す喜びを共感したい。その思いが込められたのが、この脚本集です。

最後に、大沢清先生との出会いが沖縄県中学校の演劇活動の普及や発展に繋がり、感謝申し上げます。本書がこれからの沖縄演劇の活力となることを願っております。

豊かな文化・芸術の伝統と沖縄の中学校演劇

『中学校創作脚本集 沖縄』の刊行に寄せて

元 全国中学校文化連盟会長
元 東京都中学校演劇教育研究会長
髙﨑 彰

白砂の浜辺に聴こえる神女（ツカサ）たちの美しい祈りの唄声、太鼓や鉦や三線の音の中に、手に神扇をもってゆったりと歩む仮面の「弥勒神（ミルク）」の姿……。夜は東西に分かれた村民の綱引きや酒盛りなど……。沖縄・八重山の豊年祭は、私たち東京から来た大学生たちの心を魅了しました。

そうした「祝祭空間」の中で、幼少期から唄い・踊り・育まれてきた沖縄県の青少年の皆さんたちには、生まれながらの伝統文化の中で培われてきた音楽的な素養や演劇的な感性などが備わっていると確信しています。

秋田県の男鹿半島に「ナマハゲ」という仮面の来訪神がいることはよく知られていますが、八重山の仮面の来訪神「アカマタ・クロマタ祭祀」もその一つです。海の彼方の《ニライカナイ》という幻の国から農作物の豊穣をもたらしてくれる来訪神で、赤や黒の仮面を被り、全身に蔦や葉で覆われた衣裳つけています。現在でも写真や動画で撮影することは固く禁じられていますが、この祭りには日本（ヤマト）の神話体系とは極めて異質な、南方の文化圏から伝わった神話的な世界が背景にあると言われています。

簡単に述べましたが、沖縄県を中心とした南西諸島の文化は、かつての「琉球王国文化圏」すなわち北のトカラ諸島から最南端の八重山諸島へと続く島々まで、それぞれ独自の文化的構造を備えており、日本本土の影響だけではなく、台湾や中国大陸の文化、そして「万国の津梁」と謳われた「大航海時代」の太平洋の島々や、東南アジアなどとの交易によってもたらされた「海洋国家」としての国際性豊かな文化の特性をその基層にもっているのです。

「全国中学校文化連盟」は、各都道府県の生徒相互の交流を図り、意欲をもって各分野の課題を追究するために、各都道府県の「中学校文化連盟」と連携して「全国中学校総合文化祭」を開催してきました。今年二〇二三年の「沖縄大会」で第二十三回目の大会となります。

「沖縄県中学校文化連盟」は「全国中学校総合文化祭」を沖縄県を会場として過去二回、二〇〇四年と二〇一四年に開催してきました。今年の大会は沖縄での三回目の大会となります。「沖縄大会」では、いつもその準備に入念に力を入れて、全国から集まる皆さんをびっくりさせていますが、今回も「歌三線合奏」「ヤング・パフォーマンス・フェスタ(YPF)兼沖縄県ダンスコンテスト」などを企画しており、その斬新な発表の内容には期待がもたれています。

沖縄県の「学校演劇」は、かつての沖縄の伝統的文化の影響を受けながら、着実な発展をとげてきました。毎夏、東京の国立劇場で開催されてきた『全国高等学校総合文化祭優秀校公演』でも、二〇一三年の夏に九州代表として出場した沖縄県石垣市の八重山高校が、なんと全国大会の優秀校から選ばれて、この「国立劇場」で『0(ラブ)〜ここがわったーぬ愛島(アイランド)』という作品を上演することになったのです。

緞帳が開いて、冒頭の「八重山舞踊」も良かったですが、出演者全員がまるで島の「唄者」のように声がよくとおっているのも不思議でした。ギャグ満載の楽しいやり取りも、生まれた時からの「アンガマ」などの島の笑いとリズムの中で育ってきて、自然に身についたものなのだろうなと感心いたしました。

また、近年、島で大きな話題となっている子どもたちの演劇集団「ウィングキッズリーダーズ」による現代版組踊『オヤケアカハチ〜太陽の乱(てぃだのらん)〜』(作・演出=平田大一)に参加・出演してきた生徒たちもいるようでその活躍ぶりに期待がもてました。

今回の『中学校創作脚本集 沖縄』の刊行が、そうした地域の文化的・芸術的伝統を踏まえた沖縄の「学校演劇」の益々の発展を支え、そのために努力されたきた生徒や先生方、地域の関係者の皆さま方への励ましと発展の契機となりますよう祈ってやみません。

装幀写真構成——又吉弦貴

やくそく　～涙をこえて～

作＝宮國敏弘

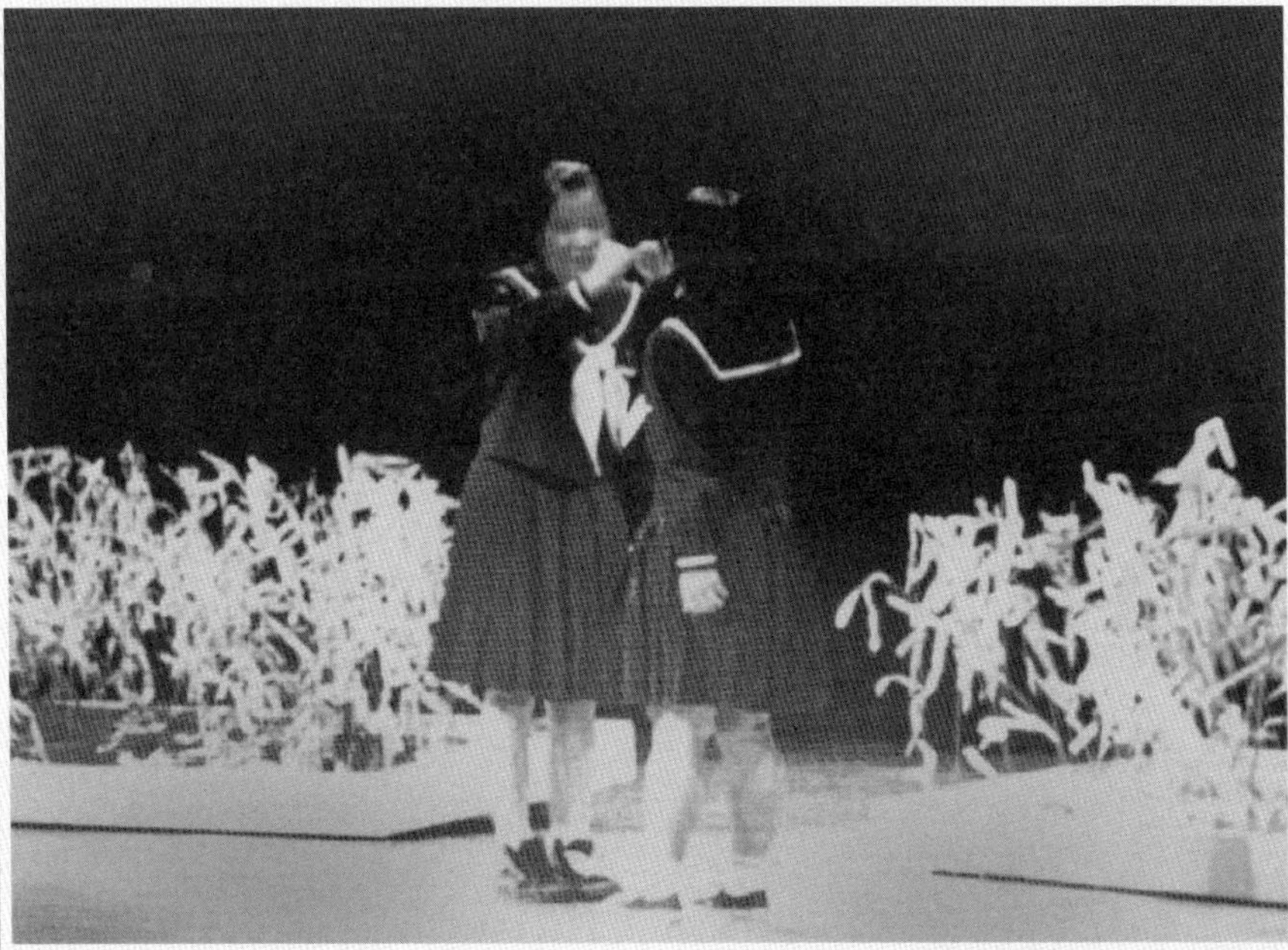

上演＝宮古島市立久松中学校

登場人物

大城美咲
友子
エリ
ワタル
ユミ
イズミ
マサト
ケンタ
サナエ
タケシ
マミ
ユカリ
アキラ
砂川先生

一　笑顔の転校生

▼時……平成二十年九月
▼場所…久松中学校一年一組
▼人……美咲、友子、他クラスメート全員

幕が上がると久松中学校一年一組の教室の中は「朝の会」前のざわついた雰囲気。
テレビの話題で盛り上がる女子グループ。黒板の前で「あっち向いてホイ」で遊ぶ男子数名。
教室に入ってくる友子。

友子　おはよー！
エリ　あっ、友子、おはよ〜。
友子、机にかばんを置き、女子グループの話題に誘われる。
友子　ねぇ、何の話してんの？
友子を中心にスポット(周囲はうす暗い)。出演者の演技はストップモーション。
友子の声でナレーション　わたしの名前は友子。久松中学校の一年一組。田舎の小さな学校の、幼稚園からずっと一緒の、十一人の明るい仲間たちと毎日楽しく学校生活を送っている。
でも、あの日を境に、一年一組のクラスメートたちの心の中に何かが棲《す》みつき、歯車がギシギシと音を立てて狂い始めていった。
そう、笑顔いっぱいの転校生。「大城《おおしろ》美咲《みさき》」が転校してきたあの日から……

砂川先生　おはよーみなさん。おっ！　今日も元気いいですねぇ！　さぁ、席に着いて、席に着いて！　ほれ、アキラ、マサト。みんな、ちゃんと登校しているかな〜
エリ　ワタルがいませ〜ん。
ワタル、息を切らせながら教室に飛び込んでくる。
ワタル　セ、セーフセーフ、せ、先生、お、おはようございます。遅刻じゃないよね。セーフだよね！　ねっ！
砂川先生　また、ワタル。このねぼすけ！　はいはい、席に着きなさい。
エリ　ワタル〜、これでチコク何回目？
ワタル　一回目、二回目、シャ、シャンカイメ(三回目)。
ワタルのお笑い芸人のネタのモノマネに爆笑するクラスメート。

砂川先生　今日は、皆さんに新しい仲間を紹介しま～す！
エリ　転校生？　先生！
砂川先生　はい、転校生です。
ユミ　男？　女？
イズミ　それって、イケメン？
エリ　ラーメン、ツケメン――

エリ、お笑い芸人のギャグをワタルに振る。

ワタル　ボ、ボク、イケメン！

クラスメートの笑いの中、へらへらと媚《こび》を売るワタル。
担任の砂川先生。転校生を呼び、みんなに紹介しようとする
……

砂川先生　今日から皆さんの新しいクラスメート……
美咲　オオシロミサキと言います。「大きいお城」に、「美しく咲く」と書いて「大城美咲」です。お父さんの仕事の転勤で、沖縄本島の那覇南中学校から転校してきました。宮古島は初めてで～す。性格は「明朗快活《めいろうかいかつ》」小さなことにはクヨクヨしません。趣味は、友達とプリクラ撮ることとピアノです。
友子　えっ！　ピアノ？　私もピアノ習っているの！
マサト　おっ！　友子のライバル登場！
美咲　特技はスポーツ！　特にバスケット大好き女の子です！　よろしくおねがいしま～す！（美咲、おどけて敬礼をする）なにか、質問はありませんかぁ！
砂川先生　まいりましたねぇ～小型台風が上陸したみたいですねぇ～。え～と、美咲さんの席はねぇ……
ユミ　美咲さん。部活、バスケ部おいでよ！　うちの学校ってバスケ、けっこう強いんだよ！　監督も美人だし、教え方も上手だし。ネッ！　砂川監督！（担任であり、部活顧問の砂川先生、照れくさそうに頭をかいている）
美咲　部員五十二名の那覇南中では一年キャプテンをやっていました。久松中でも、ぜひバスケット部に命を預けたいと思っております。カントク！　ぜひ、よろしくおねがいいたします。（期せずして女の子たちから拍手が起こる）アッ、先生！　あそこですね、美咲の席！

美咲、クラスメートたちと、ハイタッチを繰り返しながら友子の隣の空席に着席する。

砂川先生　そうそう、大事な連絡。え～と「合唱コンクール」が迫ってきてますが、今日の五校時の学活は音楽室に移動して、課題曲「涙をこえて」のパート練習をします。
美咲　エッ！　先生！　合唱コンクール？　な、「涙をこえて」を歌うんですか？
ケンタ　♪なーみだをーこえてゆこうー
男子全員　♪あーかーるいー　あーしたー　みっつめてーだよなぁ！
美咲　わたし、この歌、大好きなんです！　で、合唱コンクー

ルって、いつなんですか？

友子　三ヶ月後。十二月二十日の日曜日だよ。体育館には、保護者や地域の人たちもたっくさん来てさ、久松中のメインイベントなんだよ。

サナエ　せんせ〜い！「金賞」をとるために、提案がありま〜す！

砂川先生　はい！　はりきってますね。サナエさん、何ですかぁ？

ユミ　ワタル！

ワタル　オ、オレ？

サナエ　そっ！　ワタルさぁ、声だけでかくて音程が全然合ってないんだよね〜。コンクール本番では、声出さなくていいから、口《くち》パクでやってよ！

ワタル　オ、オレ、いっしょうけんめい歌ってるんだけど！

エリ　それは認めるけど、ハーモニーを壊《こわ》すんだよね〜

イズミ　学級のために！　みんなの為に！　口《くち》パクでいってよ！

タケシ　先生！　これは、表現の自由！　基本的人権の侵害《しんがい》なんじゃありませんか？

エリ　な〜に、また、委員長！　訳わかんないこと言って！

マサト　そ、そ〜だよ！　委員長の言うとおりだよ。合唱コンクールなんだよ！ワタルの歌う権利を奪《うば》うのかよ！

アキラ　そ〜んなことしてまで、金賞とりたいのかよ！

マミ　そういう考えだから、昨日の放課後も練習サボッて逃げ帰ったんでしょう！

アキラ　部活！　部活！　サッカー部の顧問、超きびしいんだから！

ユカリ　校内合唱コンクールまでは、学級の練習が部活より優先するってー。

マミ　そっ！　このあいだ、全校朝会で校長先生も話していたじゃない！

ユミ　ねっ！　そういえば、指揮者はサナエで決まりだけど、伴奏のピアノ、まだ決めてなかったよねぇ。

エリ　うちの学級でピアノ弾けるのは友子しかいないじゃん。友子で決まり！

サナエ　あっ！　美咲さん！　美咲さん、「趣味はピアノ」って言ってたじゃん！

エリ　あっ、そうだ！　じゃあ、二人で「涙をこえて」を弾いてみて、上手な方が伴奏者ってのはどう？

ワタル　そ、それって、オーデション？

サナエ　いいねぇ〜！　金賞とるためだ！　オーデション開こう！　オーデション！　友子！　美咲さん！　頑張ってよ！

全員　オーデション！　オーデション！　オーデション！

砂川先生　はいはい、そこまで！　一校時まで後三分しかありません！　残りは五校時に話し合いましょう。

砂川先生はそそくさと教室を出て行く。美咲の周りにクラスメートたち全員が集まり、質問攻めにする。笑顔の美咲。

美咲を中心にスポット。演技ストップモーション。

友子の声でナレーション　美咲さんは、持ち前の明るい性格とその笑顔で、あっという間にみんなの人気を集めた。成績もクラスで一番。スポーツも良くできてバスケ部の練習試合では一人で二十ゴールも決める大活躍をした。先輩たちや監督の信頼も絶大だった。そのプレイぶりは一年キャプテンのサナエよりもうまいと評判になり、学校中の人気者となっていった。もちろん私は、美咲と席が隣だったこともあり、クラスの一番の仲良しになっていた。私は、学校一の人気者の美咲と親友であることがちょっぴりの自慢だった。

暗転

二　積もっていく不満

▼時……平成二十年十月中旬
▼場所…久松中学校一年一組（授業中）
▼人……美咲、友子、他クラスメート全員

暗転から照明が入ると一年一組の教室。数学の授業中。

砂川先生　ということで、この計算式の方法は、この公式をしっかり覚えれば簡単に解けます。出来る人、いるかなぁ！

美咲　ハイ！　先生！　美咲やります！

「また美咲かよ〜」というクラスメートの不満げな声……

砂川先生　あれあれ、また、美咲さん一人ですか？　ほかにいませんか？　もう、さっきから美咲一人、三回目ですよ。どうして同じように教えているのに、みんなにはこの問題解けないのぉ？　しょうがないなぁ。ホイ、じゃあ、美咲、やってみて！

美咲　はい、先生。

美咲、黒板に向かって問題をサラサラと解く。担任は机間《きかん》指導《しどう》中。突然、美咲の頭に丸められた紙くずがコツンと投げつけられる。ビクッとして後ろを振り返る美咲。黙って紙くずを広げて見る。そのまま、何事もなかったかのようにポケットにしまう。

美咲　先生！　できましたぁ！（笑顔で）

砂川先生　おっ！　美咲！　さすがですねぇ！　パーフェクトです！　みんなも少しは美咲を見習ったらどう？　勉強もスポーツも全力投球で、何事にもやる気まんまん。それに……

担任の声をさえぎるように。

ユミ 先生！ どうしてそんなに美咲さんばっか、ひいきするんですかぁ！
エリ そーだよ！ いっつも、美咲、美咲、美咲って、先生、美咲ばっか、かわいがっているよ！ ねぇ！ イズミ！
イズミ 昨日の上地中との試合だって、サナエよりも美咲をポイントガードで使って！ 先生のやり方、おかしいよ！
エリ 今までは「サナエが一年チームの柱だからボールはサナエに集めろ！」って言ってたくせに！
砂川先生 はいはい、今は授業中ですよ！ 誰がバスケの話を……
ユミ 美咲が転校してきてから、先生、授業の時も、部活の時も、美咲ばっか、かわいがって！
エリ そうだよ！ 一年生のレギュラーは、サナエだって決まっていたのに……美咲がレギュラー入りして、レギュラーに固定されてぇ！
イズミ こんなんじゃあ、サナエがかわいそうだよ！
サナエ ちょっと待ってよ！ なんであたしが同情されないといけないのさぁ！ やめてよ！ そんな言いかた！
イズミ あっ！ ごめん、サナエ……
砂川先生 はい、わかった！ 今は授業中ですから。バスケの話は放課後にしましょう！ はい、では、……次の問題文……ワタル君、読んでください。
ワタル お、オレ？

ワタル、突然の指名にびっくりして――自分の顔を指さしながらうれしそうに立つ。

ワタル サ、サ、サチコさんの家から………カ、カ、カブツヤ……
エリ 果物屋《くだものや》！
サナエ 「果物屋《くだものや》」まで読めないのかよ！
ワタル く、くだものやさんまで、あ、あ、歩いて、に、二十分かかります……えっと……
ユミ 時速《じそく》！ な～んで、こんなかんたんな漢字も読めないのかな～まったく！

ユミの一言で、教室中嘲笑《ちょうしょう》が起こる。ワタル、Vサインでヘラヘラしながら――

ワタル じ、じそく四キロで行ったとき、二、二十分かかりましたとさ！

教室は、ワタルの変な読み方に大爆笑！ 友子と美咲は、つらそうに座っている。

ワタル で、では、サチコさんの家から……カ、カブツヤ……
エリ 果物屋《くだものや》だってば！ バーカ！

ワタル、いきなりエリを指さして――

ワタル　ケ、ケダモノヤ？

エリ　ガーオ！　イリオモテヤマネコ！

ワタル　ヒエー！　オタスケヲ！

ワタルとエリ、授業中だというのを忘れてはしゃぐ。

砂川先生　ワタル君、ありがとう。はい、もう一度整理します！　いいですかぁ。果物屋《くだものや》さんまで時速四キロで歩いて行って二十分かかったんですよ。さて、サチコさんの家から果物屋さんまでのキョリを出してみよう！　ハイ、計算！

みんな一斉に計算にとりかかる。何かモタモタと机の中やカバンの中を探す美咲。

砂川先生　どうしたの？　美咲？

美咲　美咲の……筆箱がありません……。

砂川先生　ちゃんと探したの？　家に忘れてきたんじゃないの？　ん？

美咲　いいえ、ちゃんと、二時間目の理科の授業までは、ありました……

砂川先生　じゃあ、理科室でしょう！

美咲　(何かを吹っ切るように、笑顔で)はい！　きっとそうですね！　理科室です！　きっと！　美咲っておっちょこちょいだから……よくあるんです。こんなこと……

砂川先生　今度から気をつけてね。友子さん、美咲さんに筆記用具を貸してあげなさい。

美咲、笑顔で友子から筆記用具を借りて、計算に取り組む。照明うす暗い。

友子、席を離れ　美咲をじっと見つめて……(スポット)

友子の声でナレーション　わたしは気づいている。サナエやエリやユミたちが、わざと美咲の筆箱を隠して困らせていることを……そして美咲自身もそのことをうすうす感づいていることを……。

コンクリートのひび割れから、少しずつ染《し》み出した雨水のように、先生や大人たちの気がつかない所で、静かに、そして確実に、美咲はサナエたちグループの「いじめ」の標的《ひょうてき》になっていった……

サナエ、含み笑いをしながら、黒板に向かっている砂川先生のスキをついて美咲に近づき隠してあった「筆箱」を美咲の頭にぶつける！　びっくりして振り返る美咲やクラスメート。

暗転

三　仮面の親友

▼時……平成二十年十月下旬
▼場所…久松中学校一年一組
▼人……美咲、友子、他クラスメート全員

一年一組の教室。清掃活動中。
ワタル、教卓の前で一人何やら喜んでいる。アルミ缶の上にミカンを乗せて一人で笑っている。それを不思議そうに見ているアキラたち。

ワタル　エッヘヘヘヘヘ！　ウッフフフフフ！
マミ　さっきから何してんのサ、ワタル。
ワタル　み、見て見て！　ぼくの最高けっさく！
アキラ　何、これ？　給食のみかんじゃん！
マサト　なにが、最高けっさく？
ケンタ　意味わかんねー！　何だよ！　ワタル！
ワタル　ミ、ミカン！
男子全員　ミカン！
ワタル　ア、ア、アルミカン！
男子全員　アルミカン！
ワタル　アッハハハハハ！　アルミ缶の上にある・・・ミカン・・・！
男子全員　アルミ缶の上にある……みかん？　アルミ缶の上に……あるみかん、アルミカンの上にアルミカン！

ワタルのダジャレに気づいた男子たち、大爆笑で拍手！「天才！　すごい！」とはやしたてる。
マミ、首をすくめながら、あきれてその場を離れる。美咲、バケツを手に持ち教室に入ってくる。

友子　ねぇ、美咲、今度の中体連陸上、選手に選ばれたんだってね！
美咲　あっ！　うん。何でかね。美咲、そんなに速くないのに……
友子　そんなことないよ！　美咲の走りは最高だよ！
マミ　そうそう！　美咲がうちの学校来てから、バスケも陸上もグンと強くなった！
マサト　で、でさぁ、美咲！　昨日のバスケの練習試合、どうだった？
アキラ　もう、すごかったんだぞ！　四十五対四十四！　一点差で北平中に負けていたんだよ！
ケンタ　残り一分！　砂川監督の指示は、オールコートマンツーマンディフェンス！
ユカリ　久松中の気迫あふれる、オールコートのつぶしに恐れてね、北平中はミスばっかり！
友子　そして、残り六秒！　相手のパスをカットした我らが「大城美咲！」あっという間にドリブル開始！

全員で、五、四、三、二、一！のコール。

ケンタ　シュート！　ゴール！

全員で、ワーとはしゃぐ！

ケンタ　センターサークルからのミラクルシュート！　スリーポイントゴール！

アキラ　四十七対四十五！　ドラマチックな逆転シュートだったね！

ユカリ　かっこよかったぁ！　美咲！

美咲　エヘッ！　そんなことないよ！

友子　もう、ベンチ中、ひっくりかえるような大騒ぎでさ、夏の沖縄県大会準優勝の北平中に勝ったんだからね。

アキラ　感動したなぁ！　十二年間生きてきて、あんなすごい感動は初めてだよ！

サナエたちグループが、清掃活動を終わり、教室に入ってくる。

ユミ　あれぇ～音楽室の掃除、もうとっくに終わって来たのに、教室当番さんはナ～ニ、サボッテいるんですかぁ～

エリ　きのうのヒロインさんは、先生が見てない所では、やる気ないみたいですねぇ～！

ユミとエリ、美咲に近寄ってくる。

友子　何なのよ！　美咲に文句があるの？

ユミ　どいてよ！　友子には関係ないことだよ！

友子　関係あるよ！　美咲はわたしの親友なんだから！

イズミ　親友？　いつから親友なんだよ、友子！　美咲、言ってたよ！「友子みたいなどんくさい子が自分の周りをウロついて困っている」って！

友子、思わず後ろに立っている美咲を振り返り、真偽を確かめる様にじっと見つめる。
美咲、大きく頭を振り、「私、そんなこと言ってない！」と目で訴える。

友子　いいかげんなこと言わないでよ！

ユミ　アッハハハハ！　バレバレ！　あんたこそ、今、どうして後ろを振り返って確認しているんだよ！

エリ　そーだよ！　心から信じ合うのが親友じゃないの？

イズミ　ちょっとためしてみたら、オロオロとあせっちゃって！　確認したりしてさぁ！

エリ　そ～んなの、ホントの親友じゃあ、ないんじゃないの～

ユミ　そっ！　仮面をかぶった、ただの、ナ、カ、マ！

イズミ　自分だけがかわいい、うわべだけの、お、つ、き、あ、い。

友子　ち、ちがうよ。そんなんじゃないよ！　だいたい、ユミもエリもイズミも変だよ！　前はもっと、みんなと仲良かったし！　友達だったのに！

「友達」という声を聞いて、後ろで黙って聞いていたサナエが、友子の前に、挑発的に歩み寄る。

サナエ はぁ？ 友達ってなに？ あんたたちみたいに、私たちグループの悪口コソコソ言い合うのが友達ってコト？

友子 悪口？ 悪口なんて言ってないよ、そんなこと……

たじたじの友子をかばうように、美咲は前に立つ。

美咲 友子たちは、サナエやサナエのグループの悪口なんて言ってないよ！ ただ、きのうのバスケの話で盛り上がっていただけ！

サナエ ふ〜ん。それで、ヒロインさんは、自分一人の力で、あの強い北平中を倒したんだって、自慢していた訳ねぇ〜

美咲 そんな……自慢だなんて……

サナエ 美咲！ だいたい、あんたナマイキなんだよ！ いっつもヘラヘラ笑っててさ、先生たちの前ではいい子ぶって、何でもかんでも目立とう精神で、そ〜んなにみんなに認められたいの？ 女王様でいたいの？

美咲 女王様だなんて……そんなつもりじゃあ……

サナエ 二ヶ月前、あんたがこの学校来たときには、バスケは強くなる。陸上は活発になる。そりゃあ良かったさ。でもね、あんたのせいでメーワクしているのもたっくさんいるんだよ。マミを見てみなさいよ！ こんなに身長あるのに、あんたが来たおかげで、先発メンバーからはずされて、今やりっぱな補欠！ 去年から、ずっとリレーメンバーで一緒だったユカリなんか、あんたのせいでお呼びもかからない。この平和で小さな学校の仲間たちはね、あんたが来てから、みんな押しのけられて、くやしい思いをしてるんだよ！

友子 そんなこと、美咲のせいじゃないでしょ！ 美咲は美咲なりに頑張ってナニが悪いのよ！

ユミ だったら、友子！ はっきり言うけど、あんた、美咲のお情けで、ピアノ弾けることになったんだからね。

イズミ 那覇にいる、イズミのいとこの情報によるとネェ、実はさぁ〜、美咲さぁ、ピティナのピアノコンクール、九州チャンピオンだったってよ〜。

エリ このあいだの合唱コンクールのための「伴奏者・学級オーデション」。あんたは九州チャンピオン様が手を抜いたおかげで、学級代表に選ばれたんだからね！ 知らなかったぁ？

友子 そ、そんな……そんなことないよね……美咲！

すがるように見つめる友子に、美咲、目をあわせようとしない……

ユミ おやおや、だんだんとあやしくなってまいりました！　仮面親友！　笑顔の仮面の下では、うらみと怒りの顔が真っ赤っか！

サナエ　とにかく！　美咲に忠告しとく！
あんまりでしゃばらないで！　あんたの顔見てるとムカつくし、あんたがでしゃばるとウザイんだよ！　み～んなだって、心の底ではメイワクしてる！　もうちょっとおとなしく、控えめにしてなよ！　友子！　あんただって美咲の周りをウロチョロしてると、このクラスからはずすからね。いい――わかったぁ！　みんな、行こ！

サナエたちグループが教室から笑いながら出て行く。

暗転

友子の声でナレーション　グループのリーダー、サナエの一言で、その日からの美咲の様子が少しずつ変わっていった。授業中も手を挙げなくなったし、心なしか、みんなに気をつかって遠慮しているように私には思えた……そして何よりも心配なのは、美咲の顔から笑顔がなくなっていったことだ……

四　やくそく

▼時……平成二十年十月下旬

▼場所…久松中学校校舎裏

▼人……美咲、友子、サナエ、ユミ

校舎裏、一人でぽつんとたたずむ美咲。そこへ心配した友子が探しに来る。

友子　美咲……どうしたの？　こんなとこで、ひとりぽっちで……

美咲　あっ……ううん。飼育小屋《しいくごや》当番だったでしょ。うさぎにやるタンポポのはっぱ……この辺にないかなぁ……と思って……

友子　美咲、泣いてたの？　また……サナエたちグループに何かいじわるされたんじゃない？

美咲　大丈夫！　大丈夫！　心配ご無用！（小さく敬礼する）ねっ！　それにしても、ココ、「一年生」ってプレート立ててあるけど……

友子　うん、ホントはね。一年生分担の花壇なんだ。でも、うちの学校って敷地広いでしょ。生徒の人数の割に。そんで、この校舎裏のスペースは清掃分担からはずされたんだ。

美咲　へぇー、もったいないねぇ。こんないい場所があるのに雑草だらけにしちゃって……

友子　三年前までは、この花壇、けっこうお花も咲いてたんだけどね、でもあの頃の生徒数は百人くらいいたし……今は…半分の人数しかいないからね……

美咲　ふ～ん……アッ！　蝶々！　ホラ、そこ！

友子　ほんとだぁ……

ふたりして、ヒラヒラと舞う蝶々をじっと見つめる……蝶がゆっくりと一輪の花に留まる。

美咲　アッ！　こんなとこにお花が……

美咲、しゃがみこんで、一輪の花をじっと見つめながら……

美咲　たった一輪だけど……一生懸命、自分の色を咲かせているんだね……一生懸命……いいね、おまえは……自分の居場所があって……

友子　美咲……「自分の居場所」って……やっぱり美咲は……

美咲、急に立ち上がり、笑顔で友子を振り返り……

美咲　ねぇ！　友子！　ここの花壇！　美咲と友子でお花いっぱいにしない？

友子　えっ？　なに言うの！　突然！

美咲　ねっ！　そうしようよ！　このお花、たった一輪じゃかわいそうでしょ！　こんな陽のあたらないトコでけなげに頑張っているこのお花に、友達をいっぱい作ってあげようよ！　ねっ！　友子。

友子　う、うん。わかった！　美咲がそう言うなら――

美咲　わー良かった！　絶対だよ！　友子！　ヤ、ク、ソ、ク！　約束だよ！

友子　うん、ヤ、ク、ソ、ク……約束ね。

無邪気にはしゃぐ美咲。二人で約束の指切り。友子、なにやら狐につつまれたような表情で美咲を見ている。そこへ、サナエとユミがやって来る。

ユミ　ほーら、やっぱりここだ！　美咲と友子！　二人してコソコソとヒロイン気取りね！　お二人さんのために、み〜んなが帰れなくて待ちぼうけを食らっているというのに……

サナエ　友子！　こないだ言ったこと、まだ分かってないみたいねぇ〜。美咲と関わりすぎるとクラスからはずすって、忠告したはずだけど……

友子　サナエにそんなこと言われる筋合いはないよ。私が美咲と仲良くしたってサナエには関係無いことでしょ……

サナエ　そっ！　じゃあ、みんなに『友子があっちこっちで、みんなの悪口言ってるよ！』っていいふらすよ。みんなショック受けるだろうなぁー

友子　そんな……そんなひどいコト……

ユミ　だったら、そんな「よそ者」相手にしないでよ！　人の学校来てグチャグチャかき回すようなウザイ奴なんかさぁ！

サナエ　美咲！　あんたも考えた方がいいよ！　あんたを

相手にする友達なんか、この学校にはだ〜れもいないんだからね！　あんたの居場所は、ココ、陽の当たらないこの場所がお似合いなんだよ！

ユミ、友子の背中を押して急《せ》かせる

ユミ　ほら、帰りの会！　みんな待ってるんだから！　さっさと教室戻ってよ！　ホ〜ンと、日直だというだけで、な〜んでこんなことまでしないといけないわけぇ〜

友子、振り返り、振り返り、ユミに急《せ》かされるまま、教室に向かう。
一人取り残される美咲……涙ぐみ、静かに立っている美咲……美咲にスポット。

友子の声でナレーション　わたしは怖《こわ》かった。これまで何でも言い合える仲の良いクラスメートたちが、突然離れていくことが……ナニもしてないのに……つまらないウワサのせいで、自分一人取り残されることが……怖《こわ》かった。しょうがない、仕方のないことだ……と自分に言い聞かせながら……わたしはいつしか美咲とのやくそくを忘れてしまっていた…………

暗転

友子の声でナレーション　あの日から数日が経《た》った。クラスのみんなは五日後の「合唱コンクール」金賞めざして盛り上がっていた。
そんな中、美咲はいつもひとりぼっちで、輪《わ》の中に入ることもなく、ただ黙って外ばかりながめていた。わたしは、そんな美咲に近寄りがたく、いつも後ろめたい気持ちでいた……

五　それぞれの居場所

▼時……平成二十年十二月中旬
▼場所…一年一組教室
▼人……友子、サナエ、ユミ、砂川先生、学級の仲間たち

暗転が明けると、一年一組教室。朝の登校風景。雑談をする子。読書する子。

サナエたち　おはよー！
友子　ねぇ、今日、美咲お休み？
マミ　だよね〜！　かばんもないし……まだ来てないみたいだよ。いっつも、登校は誰よりも早いのにね。
友子　誰かぁ、聞いてない？
ケンタ　校舎裏に寄っててんじゃないかなぁ……
友子　校舎裏って……何で……

ケンタ　オ、オレ知らないよ！　オレが登校する時、よく校舎ウラから出てくるの……見るから……

アキラ　ふ～ん、校舎裏でナニしてんかね、美咲。

校舎裏と聞いてドキッとする友子。あの日の美咲との「やくそく」を思い出す友子。

友子ふらふらと席を離れ、想いをめぐらしつぶやく……

友子　校舎裏……

ワタル　わー、セーフ！　セーフ！　先生より先に入ったから今日はチコクじゃないよ！　ギリギリセーフ！

マサト　またワタル！　おまえ、学校の向かいにおうちがあるのに、いっつもチコクするんだから……

ワタル　セーフ！　セーフ！　今日はセーフだよ！　先生、まだ来てないし！（と廊下の方へ目をやり……）　あっ！　先生来たよ！

担任の砂川先生、出席簿を手に入ってくる。心なしか元気ない様子……

タケシ　起立！　きおつけー！　これから「朝の会」を始めます。おはようございます！

全員が着席すると、担任はチラッと空いた美咲の席に目をやり、しばらくしてから……

砂川先生　今日は、みんなにとって、いえ、先生にとってもだけどね……寂しいお知らせをしたいと思います……。実は……みんなの大切な仲間である「大城美咲」さんが急に転校することになりました。

エーっとざわつく教室。友子、思わず立ち上がる……

砂川先生　友子さん、座って……。銀行に勤めているお父さんの都合で、急に、沖縄本島の那覇に戻ることになりました。

タケシ　先生！　どうして引き留めてくれなかったのですか！

砂川先生　九月に転校してきて、わずかな期間でしたが、美咲さんには、みんなとても仲良くしてくれたと思います。

クラス全員、サナエやユミたちグループに視線を送る。

砂川先生　実は今日、美咲さんからみんなへの手紙を預かっています。

友子　先生！　読んで！

全員　早く読んで！　先生！

砂川先生　はい、わかりました。じゃあ、読みます。

『大好きな一年一組のみんなへ。みんなの前でちゃんとあいさつしてからお別れしようと思っていたのに……ごめんなさい……先生にこのお手紙を預けていきます。この手紙をみんなが読む頃には……

途中から美咲本人の声　美咲は飛行機に乗って、沖縄本島へ向かっている頃だと思います……この三ヶ月間本当に楽しかった。ありがとうね……みんなとの楽しい思い出は、ずっとずっと美咲の宝物だよ……ホントのこと言うと、ちょっぴりつらいこともあったんだけど、今はいい思い出だよ。

もっとホントのこと言うと、美咲ね、前の学校で、とってもひどい「いじめっ子」だったの。同じクラスの子を三人グループで毎日いじめていたの。「クサイ」とか「キモイ」とか言って——とうとうその子、不登校になっちゃって——問題になって——担任の先生は病気になるし……美咲も……学校行くのが怖くなって……二ヶ月くらい休んじゃって……

「環境を変えたら、何とかなるだろう……」って、それで逃げるようにして、お父さんの生まれた、この宮古島に家族で引っ越してきたの——

サナエさん。ユミさん。だから、美咲……二人のこと、昔の自分を見ているようで、つらかった……心のブレーキの効《き》かないいらだちや、どうしようもない苦しみ、分かるような気がしてた。だって、あの時のわたしとおんなじだもの。わたしも、自分の居場所《いばしょ》を探して、毎日荒《あ》れていたの——誰かに認めてほしかったの……ホントウの自分を……

サナエさん。ユミさん。美咲は、二人のことが好きです。だから、わたしと同じ過《あやま》ちをおかしてほしくない……

友子……これまで、いっぱい助けてくれてありがとう。いつもいつも、友子に甘えていたね。美咲が何とか頑張ってこれたのも友子のおかげだよ。ホントにありがとう。これからも、ずーと、親友でいてね。それから、学級のみんな、こんな、ワガママでナマイキな女の子に優しくしてくれてありがとうね。みんな大好きだよ。　美咲より』

サナエ　こんなの許せないよ！　ひどいよ美咲！　最後までカッコつけて！　ひどいよ！　アタシ……アタシ……美咲にちゃんとあやまりたかった！　寂しかったんだよ——今まで誰にも負けたことないバスケで、美咲に負けて——みんなの期待が美咲一人に集まっていることが悔《くや》しかったんだよ——だから……だから……アタシ……

ユミ　どうして……どうしてこうなるの……わたし、美咲のこといじめたけど——ホントは、そんな自分が厭《いや》だった——美咲の前に立つと、自分で自分がみじめになって……それで……それで……

友子　わたし！　私、親友なんかじゃない！　美咲に一番ひどいことしたのは私よ！　自分だけ良ければいいって——美咲とのやくそくを破って……美咲のコト裏切ったのは友子なんだよ——

三人の告白に泣き出す子、びっくりする子。クラス中ざわつく。黙って座っていたワタルいきなり立ち上がる——

ワタル オ、オレもがまんしてたんだぞ！ オ、オレ、みんなに「バカ」とか、「ノロマ」とか言われて笑っていたけど、くやしかったんだぞ！ 少しくらい、みんなより遅れても、か、漢字が読めなくても、オ、オレ、自分なりにがんばっていたんだぞ……それを…それを笑われたら……オ、オレ……

担任、泣き出すワタルに近寄り、肩に優しく手を置く。突然、友子、教室の入り口に走り出す――

サナエ 友子！ どこ行くの！
友子 校舎の裏！ 美咲とのやくそくの場所！
サナエ 待って！ わたしも行く！
全員 わたしも！ オレも！

友子、駆けだして行く。全員、友子の後を追う。ワタル、砂川先生に励まされるようにゆっくりと教室を出る。

暗転

舞台は全員が掃《は》けた後、紗幕《しゃまく》が降り、美咲の映像（汗を流しながら、一人で一生懸命、花壇の草を刈ったり手入れしたりしている様子）が投影される。

六 自分探しの旅

▼時……平成二十年十二月中旬
▼場所…久松中校舎裏
▼人……友子、サナエ、砂川先生、学級の仲間たち

美咲の映像が終わり、紗幕が上がると、校舎裏。きちんと整備された花壇には、色とりどりの花が咲き乱れている。「一年一組」のプレートが立ててある。息をはずませながら会場内を走ってくる一年一組のクラスメートたち。会場中央を走り、舞台に上がってくる。色とりどりに花が咲き乱れる花壇を見て、全員ワーと歓声をあげる！

友子、息をはずませながら、涙声で……

友子 美咲……美咲ひとりで、こんなにがんばって……

砂川先生、一人一人の生徒の顔をゆっくりと見回しながら……

砂川先生 みんな、これが、美咲からの、みんなへのメッセージだよ――ひとつひとつ、花の色や形は違っても、みんなそれぞれ個性を輝かせて、一生懸命咲いているじゃない……
中学校時代というのはね、「自分探しの旅」なんだよ。自分探しの……ね。みんな……みんなそうやって、成長していくものなんだよ……

上空に「グオーン」と飛行機の爆音。全員見上げる。

ワタル　あっ！　ひ、ひこうき！　み、美咲の！
サナエ　みさきー！　バカー！　サナエの、サナエの気持ち……どうすんだよーもどってこーい！
友子　美咲ーごめんねー。や、く、そ、く。ごめんねー美咲ー
全員　美咲ー元気でねーー

サナエ、突然、飛行機に向かって、涙声で歌い出す。

サナエ　♪なーみだを……こーえーてー……ゆーこーおー……なーくーした……かーこーに……なーくーよりは……♪
全員　♪なーみだを、こーえーてゆーこーおー　あーかーるい　あーしたー　みーつめてー♪

「涙をこえて」の音楽が流れ、全員があわせて歌い出す。

途中から、紗幕が降り、一年一組のこれまでの写真映像が映し出される。

おどけた表情の美咲とサナエ。
海水浴へ全員で参加した際の集合写真。白い砂浜。
波打ち際ではしゃぐ友子と美咲。クラスメートたち。
部活のバスケットで汗を流す仲間たち。
水平線に沈む真っ赤な夕陽に映る、友子と美咲の影のシルエット。

映像が終わり、紗幕が上がると「涙をこえて」のラストの部分を全員で歌っている。

全員　♪なーみだを、こーえーてゆーこーおー　あーかーるい　あーしたー　みーつめてー♪

緞帳が降りる。

了

▼劇中歌　「涙をこえて」かぜ耕士作詞、中村八大作曲

作者からのメッセージ

演劇で「自分探しの旅」を

宮國敏弘

「虎かんむり」に「爪」と書いて「虐《いじ》め」と読む。虎が獲物の小動物を捉え、その太い前足の鋭い爪で転がし、もてあそびながら息の根が止まるまで執拗に殴り、叩きつけ傷つける……やがて、獲物はぐったりとなる……。

この戯曲が舞台化された二〇〇九年は全国の多くの教育現場で「虐め」が深い影を落としていた。その虐めに端を発する「不登校」や「学級崩壊」の連鎖で、学校現場はその対策に追われ常に緊張感に包まれていた。

きっかけは、地区の「中学校総合文化祭舞台の部」への挑戦だった。この戯曲は、虐める子、虐められる子、傍観する子、三者の対峙《たいじ》するもがきや苦しみ、揺れる心情がからみあって濁流のように終末に向かう。

「いいね、おまえは……自分の居場所があって……」と一輪の花に話しかける転校生・美咲のつぶやきが、実はこの作品のテーマと重なる。

舞台に挑戦するのは、田舎の小さな中学校の演劇経験皆無《かいむ》の十四人。照れ屋で純朴で引っ込み思案のど素人集団が、放課後や休日、三か月間の稽古の中で見る見る成長していった。彼らは稽古中、自分たちで意見を出し合い、リアルさを追及するための立ち位置やセリフの修正を私に求めた。ラストシーンの舞台一面に咲き乱れる色紙の花を作りながら、お互いの演技を助言しあうほど夢中になっていた。

転校してきた美咲を迎える場面（上）は夏の制服、後半は冬の制服に変えることで、クラスの雰囲気の変化を視覚的にも強調して示すことができた。

舞台では、夏の制服から冬の制服への衣替えという時間の経過を通して、教室の雰囲気がガラリと変わる。照明のせいだけではない。いつの間にか、ト書きには書いてない長袖の袖をまくり上げて、虐めグループは表情まで「虎」そのものになり舞台を制圧していた。

「演劇」は、それに情熱を注ぐ者に確かな成長を施してくれる。多くの小・中学生が舞台に挑戦して「自分探しの旅」を満喫してほしいと願っている。

▼**初演**＝二〇〇九年／宮古島市立久松中学校

鬼子《おにご》ユガフ

作＝宮國敏弘

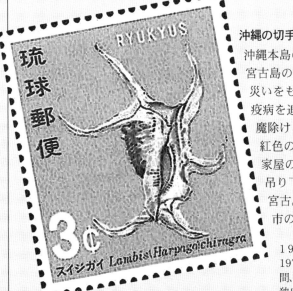

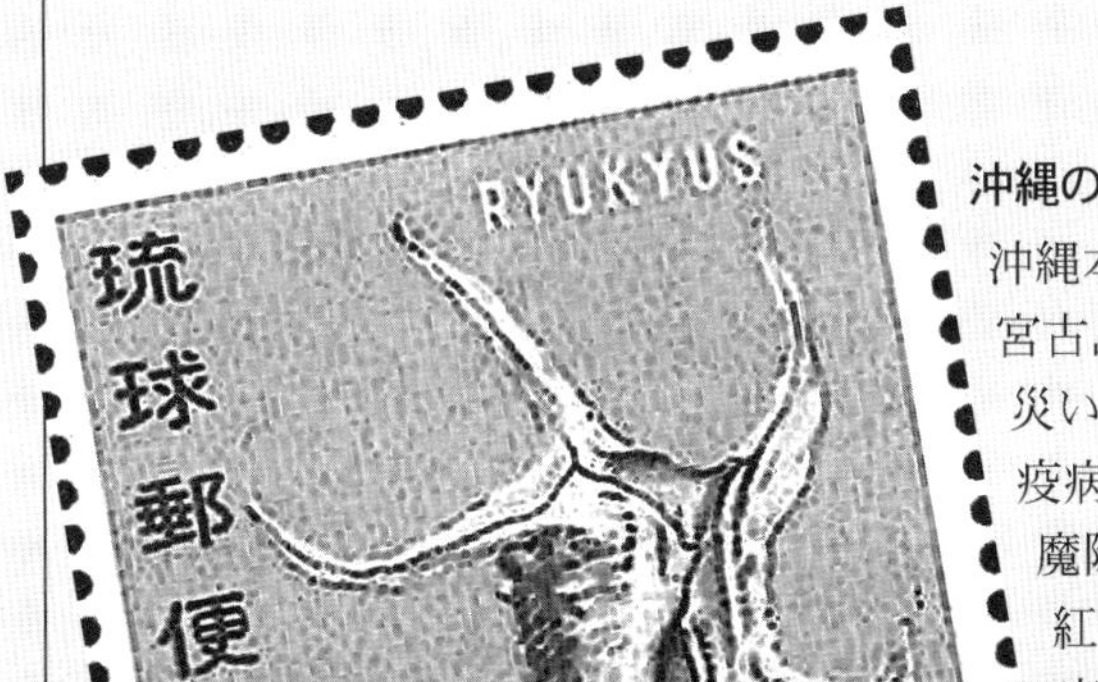

沖縄の切手に描かれた水字貝《スイジ》

沖縄本島の「シーサー」と同じ様に、
宮古島の各地では現在でも、
災いをもたらす火難や悪霊、
疫病を追い払う守護神、
魔除けとして「水字貝」の
紅色の殻口を外に向けて
家屋の入口や家畜小屋に
吊り下げる風習が残っている。
宮古島市はスイジ貝を
市のシンボルとしている。

1945年のアメリカ軍占領から
1972年5月14日の本土復帰までの
間、沖縄では「琉球郵便」と記された
独自の切手が使われていた。

主な登場人物

ユガフ　大きな紅い口と六本の角を持った少年（ユヌスとカマドの子）
ユヌス　ユガフの父。村の漁師仲間の頭領
カマド　ユガフの母。海女《あま》
長老　村の長《おさ》（村人たちから敬意を集める人格者）

玄幸　ニライとカナイの祖父
ニライ　玄幸の孫（小学校五年生の男の子）
カナイ　玄幸の孫（小学校二年生の女の子）

壱　鬼の子

ゆったりとした民謡のＢＧＭとともに緞帳《どんちょう》が上がる。

舞台背景は美しい砂浜と小さな漁港。茅葺《かやぶき》の家々が点在する漁村。

サバニの傍で網の手入れをする年老いた漁夫二人。傍らに村の長老。

近くで赤子を背負った女の子と幼い男の子たち、無邪気に遊んでいる。


ナレーション（玄幸おじいの声）　おじいが生まれる、ずっと、ずーと昔のことさあ。まわりをサンゴの海に囲まれた、この小さな島にあったお話さあね。

島の深い入り江の近くに小さい村があったさぁ。

村の男たちはサバニに乗って入り江の外海《そとうみ》に出掛けて魚を獲《と》っておった。女たちは、入り江のサンゴ礁が恵んでくれる海胆《うに》や蛸《たこ》を獲《と》って暮らしておったんだね。

村には、ユヌスとカマドという若い働き者の夫婦が住んでおったんだが、なかなか子宝に恵まれなくて寂しい思いをしておったんだ……。

女の子　くいとぅー　くいとぅー　んじがどぅ　ます！
くいがどぅ　ます！
くーりゃー　なびんまやぁーぬ　むくぅんどぅ　なず！
じんたん　じんたん　さびちびるん！
（これと　これと　どっちがいいかなぁ！
これが　いいだろう！
これは　なびんま家の　婿《むこ》になる！
じんたん　じんたん　ぶつぶつの臭い尻！）

※子どもの遊びで「鬼役」を決めるための数え歌。履いていた草履《ぞうり》を片方ずつ並べて、指さしながら順番に数えて鬼を決める。

女の子　あっ！　マツガニぬどぅ　鬼《うん》！
（あっ！　マツガニが　鬼だ！）

男児たち　ぴんぎるーー！　わーーい！
（逃げろーー！　わーーい！）

並べられたマツガニの草履を取って放り投げて、笑いながら一目散に逃げ出す子どもたち。草履をあわてて拾って、追いかけるマツガニ。

浜に上がったばかりの海女（あま）の恰好をした村の女たち四〜五人が疲れて険しい表情でやってくる。

長老　あば、きゅうや　また　ぴゃーむぬやー。海胆《かずき》まい
蛸《たく》まい　とぅらいんなー
（あれ？　今日はまた早いなぁ。海胆《うに》も蛸《たこ》も獲れなかったのか？）

海女1　あがいーたんでぃ！　うかぁすむぬ長老《しゅー》！　うぱあた　うたずすが　あんちぬ潮《す》うやーむぬー　海《いん》ぬマズムヌぬどぅ　暴《あば》りぱいじきしきゅうや　んにゃ　うとぅるすかいば　すかまあ　ならんゆー！

（ああーもう、恐ろしいことだよ長老様！　海胆《うに》も蛸《たこ》もいっぱいいたけどね、この上げ潮に乗ってさ、ハブクラゲの大群が大暴れで入り江に入ってきてから、今日はもう恐ろしくて仕事になんないよ！）

漁夫1　だいずなむぬやー！　んぬっつぁ　ぴてぃーつどぅ。がまらす　のーてぃまい　ならんがらやぁ！

（大変なことさぁ！　命あってのものだねだよ！　腹立たしい　どうにかならないのかね！）

海女2　まーんてぃーやー！　海《いん》ぬマズムヌんかい　刺《さ》さいっつかぁ　ばんたぁ　んにゃ　死《す》んぷかぁ　にゃーんむぬーやぁ　あしっ！

（ホントだよ！　ハブクラゲに刺されたら、あたしらもう死ぬしかないものね！）

オーダ（縄で編んだ背負い篭）いっぱい草を背負ったユヌスがやって来る。

漁夫2　ユヌス！　きゅうや　八重干瀬《やびじ》んかいや　行かったんなぁ？

（ユヌス！　今日は　漁場の八重干瀬《やびじ》には行かなかったんか？）

ユヌス　ばんたが　カマドぬどぅ　赤子《ふふぁ》　なさってぃぬ周期《ばんず》やりばんなまぁ（客席を指さしながら）かまーたぬ海《いん》かいや　舟《ふに》や　出《い》ださいん。あしば　んなまなぎゃ山羊《ぴんざ》ゆちゃーか世話《みば》かりうず！　はっははは！　陸《ずー》んうてぃぬ　漁師《いんしゃー》や　子供《やらび》とぅ　一緒《ぐー》ゆー！

（わしの妻のカマドが出産間近なんでね。遠出をしての外海にはなかなか行けないさ。近頃はもっぱら、山羊の世話で暇を持て余しているよ！　はっははは！　陸《おか》に上がった漁師は、役に立たない子どもと一緒だよ！）

※客席＝舞台から見て「海」の設定

海女3　うわたぁ夫婦《みゅーと》りゃ　なぎゃーふ　子供《ふふぁ》　みーたんだらぁ　ユヌス。八年ばかずな？　カマドんかい　すなかぎ　ぞーぞーぬ子供《ふふぁ》ゆ産《な》しぃてぃ　あいじゅーきよー！　ばんたぁんーなしー　うぷよーずゆ　すーうちゃー。

（あんたら夫婦は、長いこと子供が授からなかったんだよねユヌス。八年ぶりかね？　妻《とぅず》のカマドに、丈夫で素直な赤ちゃんを産んでって伝えておくれよ。あたしらみんなでお祝いに駆けつけるからね）

ユヌス　たんでぃがーたんでぃ　ツルあんが。ばが　あたらか　ふふぁ　いつが産《う》まり　来《き》すがぁーてぃ　ばんまい　んにゃ　待つかにどぅ　うず。

（ありがとうツル姉さん。わしの愛《いと》しい赤ちゃんがいつ産まれてくるのか、わしもそわそわして待ち遠しいよ。）

長老　ユヌス！　うわが　子供《ふふぁ》やーむぬぅ。　頭《かなまず》　んだかに うかあす漁師《いんしゃー》ぬどぅ　神《かん》から授《さず》かずぱず！　はっはは は！

（ユヌス！　お前の子じゃよ。みんなを束ねる頭領のように、尊敬されるりっぱな漁師が神様から授かるのは確かじゃよ！　はっははは！）

岬の向こうの海に大きな虹が現れる。遠くから雷鳴が聞こえる。

ユヌス　おおぅ！　うぷぉーうぷぬ　天蛇《てぃんばう》（虹）ぬどぅ 東《あがず》から　んみゃい来《き》す！　神響《かんとぅゆん》ぬどぅ　響《とゆ》ましうず！ うりゃーまず　のーてぃぬ　ばーがらやぁ！

（おおぅ！　大きな虹が　東の空から降りてきたぞ！　雷鳴まで轟いている！　これは　一体　何の報《しら》せなんだ！）

海女1　あがいー！　のーがらぁ　うとぅるっさぁ！　さんぎまいどぅ　うるみきす！　やなくとぅ　あらんな？

（ああー！　なんか恐ろしいねぇ！　鳥肌も立ってきたよ！　これは　なんか　悪いことが起こる前兆なの！）

長老　蛇《ぱう》や　神《かん》ぬ遣《つか》いどお。東《あがず》からぬ天蛇《てぃんばう》や　美《か》ぎく とぅぬどぅ　あずならーすてぃ　んきゃーんから　あいざいうず！

（蛇は神の遣いなんじゃ。東の空に架かる虹は　良いことが起こる吉兆じゃって　昔から言い伝えられておるんじゃ！）

遠くからの雷鳴の中、皆が東の空に架かる大きな虹をうっとりと眺める。

暗転

紗幕《しゃまく》下り、暗い舞台。「おんぎゃあ　おんぎゃあ！」と赤ん坊の泣き声。

紗幕の中、柔らかいスポット照明の下で赤ん坊を抱えて嬉しそうにあやすユヌスとカマド夫婦。

ユヌス　あがいー　ばが子《ふふぁ》　ユガフ！

（ああ、俺の子、ユガフよ！）

カマド　ばが　産《な》すたず　なすかにユガフ！

（ああ、うちが産んだ　可愛いユガフよ！）

紗幕の前方上手《かみて》。スポット当たり、眉間にしわを寄せた村の女たち数名。

右往左往しつつ、周囲を気にしながらひそひそと噂話。

村の女1　あがんにゃよーい！　はい、かぬ赤子《ふふぁ》ゆばぁ 見《み》いたずな！　あがいいー　うとぅるす！

（大変なことだ！　ねえ、あの赤ちゃん見た？　ああもう恐ろしい！）

村の女2　うかあすむぬやー！　鬼の子《うんふふぁ》ゆう　産《な》しうく！　紅《あかーあか》ぬ　うぷぉーうぷぬ口《ふつ》ぬどぅ　耳《みん》がみ　裂《さ》きどぅーたず！

（恐ろしいねえ！　鬼の子を　産んじまったよ！　紅《あか》い大きな口がさ、耳まで裂けていたんだよ！）

村の女3　あがいー　可哀想《つんだらーさ》ぁ　カマドぅ。　うながい　ぬずんたず　赤子《ふふぁ》ぬどぅ　あんちぬむぬよーてぃー。

（あぁ、なんて可哀想なカマド。長い間待ち望んで、やっと産まれた子どもがあんな奇怪で！）

紗幕上手のスポット消え、下手《しもて》にスポット当たると、村の男たち三名。
右往左往しつつ、周囲を気にしながらひそひそと噂話。

村の男1　うわたぁ　はい、かぬ赤子《ふふぁ》ゆばぁ　見《み》いたずな！　てぃーまい　ぱぎまい　貝《しな》んだかに　くぱーくぱどお！

（お前ら、おい、あの赤ん坊を見たか！
手足も　貝のように固い皮膚に覆われていたぞ！）

村の男2　うかあすむぬやー！　鬼の子《うんふふぁ》ゆう！　かりゃー！　頭《かなまず》ぬ　ぐすぬどぅ　むすぅず　ありゅうーどぉ！　あやすき！

（恐ろしいことだねえ！　鬼の子だよ、あの子は！
頭のつむじが　六つも渦巻いていたぞ！　不吉だ！）

村の男3　あがいー　可哀想《つんだらーさ》ぁ　ユヌスぅ。世果報（ユガフ）てぃ名ゆ　ふぃーりゃーまい　あんちぬむぬよー　てぃー。

（あぁ、なんて可哀想なユヌス。ありがたい意味のユガフと命名したのに　あんな異様な身体で！）

紗幕下手のスポット消え、紗幕、ユヌスとカマドに当たっていた照明フェードアウト。

暗転

弐　山賊襲来

紗幕下りたまま、薄明かりの中の集落。茅葺《かやぶき》の粗末な家と家畜小屋など。

ナレーション（玄幸おじいの声）　ユガフが産まれて三年が経《た》った、旱魃《かんばつ》が長く続くある夏の夜のことだったさぁ。食い物が無くなり腹を空《す》かせた山賊（やまぐ）の荒くれ者たちが、村を襲おうと山から下りてきたんだよ！

低重音のＢＧＭが流れ、手に手に松明《たいまつ》を掲げた山賊が大声を張り上げながら十数名ほど勢いよくやってくる。

山賊の頭　家々《やー》ゆまい　山羊小屋《ぴんざたつ》ゆまい　皆《んーな》　焼《や》き捨《す》てぃる！　村人《ういた》が　逃《び》んぎりば　山羊《ぴんざ》ゆまい　のーまい　くんぎぴらでぃ！

（家々も山羊小屋も　みんな焼き払ってしまえ！　村の連中が逃げまどう隙に、山羊も家財道具も盗むんだ！）

山賊たち　皆《んーな》　焼《や》き捨《す》てぃる！　皆《んーな》　焼《や》き捨《す》てぃる！
ばんたぁ　山賊《やまぐー》！　悪霊《まずむぬ》まい　逃《ぴ》んぎぴず
ばんたぁ　山賊《やまぐー》！　神《かん》まい　座《び》じ拝《うが》ん！
（みんな焼いてしまえ！　みんな焼いてしまえ！
俺たちは山賊様だ！　悪霊も逃げ出す　恐い集団だ！
俺たちは山賊様だ！　神々も膝まづく　恐い集団だ！）

山賊たちが家々や山羊小屋に火を放とうとするちょうどその時、幼児《おさなご》の大きな声が響いてくる。

ユガフ　んーな　起《う》きるぅー　ヤマグー！ヤマグぬどぅ来《き》す！
んーな　起《う》きるぅー　ヤマグー！ヤマグぬどぅ来《き》す！
（みんなー起きろ！　山賊！山賊！山賊が襲ってきたぞー！
みんなー起きろ！　山賊！山賊が襲ってきたぞー！）

村の男たちはびっくりして飛び起き、銛《もり》や棒を持って外に飛び出してくる。

村の男たち　くぬ　山賊《やまぐー》ぬきゃー！
（この山賊どもめ！）

対峙し睨《にら》みあう村の男たちと山賊。村の男たちを掻きわけるように幼児のユガフ（口が大きく紅い）が前に一人進み出る。眼を閉じてゆっくり両手を挙げ空を指さす。

ゴロゴロゴロゴロゴロ！（雷・効果音）

轟く雷鳴ー上空を見上げたじろぐ山賊と怯える村人。

ピカッ！　ガラガラガラーー　ドーン！（落雷・効果音）

突然、雷が山賊たちの群れに落ち、松明《たいまつ》を持ったままひっくり返る山賊！

山賊たち　あがいーーー！　逃《び》んぎるぅー！　ぱーんとぅ子《ふ》ふぁ！
（うわぁーーー！　逃げろ！　化け物め！）

我先にと逃げまどう山賊たち。雨が降り出す（効果音）。
幼いユガフと雨を降らす空を交互に見上げながら、銛《もり》や棒を振り上げて勝鬨《かちどき》を挙げる村の男たち。

村の男たち　ヒヤサッサー！　アララガマー！
（やったぞー！　負けてたまるかぁ！）

ユヌス、村の男たちを掻きわけて前方に立つユガフを強く抱きしめる。

ユヌス　あがい――！　ばが息子《ふふぁ》！
（ああ――！　俺の息子よー！）

二〜三名の村の男がユガフを抱くユヌスに近づき肩に手をかける。

紗幕の中の照明、フェードアウト。

紗幕の前方上手《かみて》。スポット当たり、笑顔の村の女たち三名。うれしそうに噂話に花を咲かす。

村の女1　あがんにゃよーい！　はい、かぬユガフが　うかぎどぉー
（あれまぁ！　ねえ、あのユガフのお蔭だよ！）

村の女2　まーんてぃーやー！　ばんたが村《すま》ゆ　焼《や》きふぉーてぃぬ　山賊《やまぐー》ぬきゃーゆまい　すなし　助きふぃーたずやぁ！
（ほんとだねぇ！　うちらの村を焼き滅ぼそうとした山賊どもを懲《こ》らしめて　うちらを助けてくれたねぇ！）

村の女3　あがいー　ユガフや　鬼《うん》の子《ふふぁ》やあらん！　かぬ子《ふふぁ》　神《かん》の子《ふふぁ》ゆ！
（あぁー　ユガフは鬼の子なんかじゃ無いよ！　あの子は、神の子だよ！）

暗転

参　海《いん》ぬマズムヌ

紗幕下りたまま、舞台背景は美しい砂浜と小さな港。（壱幕と同じ）

村の長老と　サバニの傍で網の手入れをする漁師。

十歳に成長したユガフが背負い篭いっぱい、山羊の草を背負って通りかかる。頭には六本の角が生えている。

長老　ユガフ！　働《ばたら》きむぬやー！　かなーがいや　うわがうぬ　むすぅずぬ角《つぬ》しい　人喰鮫《ぴとぅふぉーさば》ゆ　突きまやがらすたずてぃ　んーな　ぷからすきなり　あいじゅーたずどー！
（ユガフ！　働き者じゃのう！　このあいだお前がその六本の角で人喰鮫を突き刺して退治したって　みんなが喜んで噂しておったぞ！）

ユガフ　たんでぃがぁたんでぃ！　長老《しゅー》！　吾《ばん》まい　んーなが　助《たす》きんなりぷからすむぬ！　安心《うむやす》っあしい　漁《いざり》ぬしいらいつかぁ　ういしい　じょうぶん。
（ありがとうございます！　長老！　おいらもみんなの役に立って嬉しいよ！　安心して漁ができるんならそれで充分だよ！）

慌てふためき海から浜にあがってきた海女が海（客席）を指さしながらー。

海女　あがいたんでぃー！　助《たす》きふぃーるぅ！　海《いん》ぬマズムヌぬどぅ　うぱあた　たばりきすぅ！
(あれーー！　助けてー！　ハブクラゲが大群で襲ってくるよ！)

漁夫　あがんにゃ！　大変《だいず》！　んーな　のーしがなりうりゃあ！
(なんてことだ！　大変だ！　仲間のみんなは無事か！)

海女　うかあすむぬーー！　んーな　海《いん》ぬマズムヌんかい喰《ふ》わーい　死なってぃどぅうず！　ユガフ！　助《たす》きふぃーるぅ！
(恐いよー！　みんなハブクラゲに喰われて　死にそうだよ！　ユガフ！　助けてよー！)

ユガフ　海《いん》ぬマズムヌ！　ばが退治《ういびら》さでぃ！
(ハブクラゲめ！　おいらが退治してやる！)

海(客席)に向かって飛び込むように駆けだしていくユガフ。

暗転

紗幕の中(海中)、激しく点滅する青い照明と効果音。巨大ハブクラゲ(長い吹き流しが付いた透明のビニール傘を広げて走り回る無数の黒子)と海中で激しく格闘するユガフ。

海底の岩に飛び乗ったりジャンプしたりして泳ぎ回り、ハブクラゲの大群を六本の角で突き刺して壊滅《かいめつ》させる。

照明フェードアウト。

紗幕の前方中央。スポット当たり、命を救われた十数名の海女たちがユガフを囲んでお礼のことばをかけている。照れて笑顔のユガフ。

海女1　あがんにゃよーい！　はい、ユガフぅわが　うかぎどぉ！　まーんてぃー　たんでぃがぁー　たんでぃ！
(もう本当に！　ねえ、ユガフ　あんたのお蔭だよありがとう！)

海女2　まーんてぃーやー！　かぬ　うかあす　海《いん》ぬマズムヌゆ　たたき死《す》なし　ばんたが命《んぬっ》あ　助きふぃーたずやぁ！　うわあ　まーんてぃぬ　やぐみ　ありゃーみーんうやきぴとぅゆー。
(ほんとだねぇ！　あの恐ろしいハブクラゲを退治してくれて　うちらの命を助けてくれたねぇ！　ユガフには本当に敬服するよ！)

海女3　あがいー　ユガフや　神《かん》の子《ふふぁ》ゆ　守護神《すまむりや》どぉ！
(あぁー　ユガフは神の子だよ！　この村の守護神だよ！)

暗転

紗幕の中。舞台背景は美しい砂浜と小さな港。(壱幕と同じ)ユガフが父のユヌス、母のカマドに向かって悲しそうに言葉を紡ぐ。

ユガフ　父《うや》、母《あんな》。吾《ばあ》やー二人《ふたあず》が子《ふふぁ》てぃ　今《んなま》がみ　かなっすぁーしぃ　育《すぅだ》てらい　あんちぬ　ぷからすむぬやにゃーたん。あすぅがどぅ　ばーやー　んにゃ　むどぅらだかぁならん。許しふぃーさまち。十年てぃぬ　くとぅどぅやたず。東《あがず》からぬうぷぉーうぷぬ天蛇《てぃんばう》ぬ海《いん》かい降臨《うり》きすとぅきゃんどぅ　吾《ばぬ》う　迎《んか》いが来《き》すがまたてぃぬ運命《ふぅー》。許しふぃーさまち。

（おとう、おかあ、俺は二人の子としてこれまで大切に育てられ、こんなに嬉しいことは無かったよ。だけど、俺はもう戻らないといけないんだ。許して下さい。十年という約束で来たんだ。東の空から大きな虹が海に降りてくるその日に、俺の迎えが来る運命《さだめ》なんだ。許して下さい。）

ユヌス　ユガフ！　誰《たー》が迎《んか》いが来《き》しゃーまい　うわゆばぁ　行《や》らさじゃーん。父《うや》まい　母《あんな》まい　うわが命《んぬつ》。運命《ふぅー》んかい　逆らいまいばんたぁ　うわゆばぁ　離《ばな》さじゃーんどお！

（ユガフ！　誰が迎えに来ようが、お前のことを行かす訳にはいかないよ。俺も母親も、おまえが命そのものなんだよ！　運命に逆らってでも、お前のことは絶対離さないぞ！）

カマド　あがいいー　ばが産《な》すたず　なすかにユガフ！のーしいぬくとぅぬ　ありゃーまい　うわゆばぁ　行《や》らさじゃーん。

（ああ、うちが産んだ可愛いユガフよ！　どんなことがあってもお前のことは連れて行かさないよ！）

ユガフ　父《うや》！　母《あんな》！

（おとう！　おかあ！）

親子三人、涙ながらに抱き合う。

四　竜宮の神

紗幕上がる。舞台背景は美しい砂浜と小さな港。（壱幕と同じ）サバニの傍で十数人の漁師たちが出漁の準備に慌ただしい。多くの見送りの村の女たち。頭に六本の立派な角を持った二十歳に成長したユガフ。

長老、海に向かって膝まづき　祈りを捧げた後——

長老　今日や　んーなが待ちかにうたず　三《さ》月三《に》日《つ》。大潮《うぷすー》。見ーる！　かんちぬ　かぎわーつきやりば　年《とぅす》ん一《びてぃ》つ上がり来《く》うってぃぬ　八重干瀬《やびじ》まい　うぱあた海《いん》の土産《つとぅ》ゆ持《む》たさってぃ　待ちうずぱず！

（今日は皆が待ちに待ったサニツ、大潮の日だぞ！　見ろ！　こんな良い天気に恵まれ　年に一度浮上するという幻の大陸、八重干瀬《やびじ》も大漁を約束して待ち受けているぞ！）

ユヌス ばんとぅ くぬユガフが先《さく》んなり 航路《んつ》ゆ つっふぁっちば 干瀬《びし》んかい 乗《ぬ》ーらんよーん 組《ぐな》ゆ つっふぃ 後《あとう》から来《く》うよ！

（俺と息子のユガフが先頭に漕いで航路《みち》を定めるから、岩礁に乗り上げないように、それぞれ組を作って後からついてきてくれ！）

漁師たち おう！ ずう！ やらさでぃ！

（わかった！ よし、やってやるぞ！）

ユヌス ユガフ！ んなまどぅ 漁師《いんしゃー》ぬ 度胸《ばた》ぬ見しどぅくまどぉ！

（ユガフ！ 今こそ 海の男の度胸を発揮する時だぞ！）

ユガフ 父《うや》！ んなまぁ 待ちとぅらし！ 竜宮ぬ大主神《うぷぬすかん》ぬどぅ 吾《ば》ぬぅ 呼《あ》びりゅーんだかに うず！ のーがらぁ あやすき海《いん》どぅ！

（おとう！ 今すこし待って下さい！ 竜宮の大主神が俺を呼んでいるように気配を感じます！ なんか、妖《あや》しい波の動きです！）

ドドーン！（地震の効果音）

大音響とともに大きな揺れを伴った地震。

漁師たち 地《な》震《い》ぬどぅ うし来《き》す！ うぷぉーうぷぬ 地《な》震《い》どぉー！

（地震だぁ！ 大きい地震だぞ！）

ドッドッドッドッ ザバザバザバー（大津波・効果音）

漁師たち かりゅー見ーる！ うぷぉーうぷぬ 波《なん》ぬどぅ上《ぬ》ぶり来すーー！

（あれを見ろ！ 大津波が押し寄せて来るぞ！）

長老 竜宮ぬ神《かん》ぬどぅ 怒《う》りゅうどぉー！

（竜宮の神々が お怒りだ！）

ユヌス 逃《び》んぎる！ 山んかい 飛《と》ぅばし！

（逃げろ！ 山に向かって逃げろ！）

ユガフ 吾《ば》が！ 竜宮ぬ神《かん》ゆ 拝《うが》みくーでぃ！

（俺が！ 竜神様の怒りを鎮《しず》めてくる！）

海にザブンと飛び込むと、沖合までの海をあっという間に切り裂き、山のような大津波を押し返し格闘するユガフ。映像と大きな青い布で演出。

ユガフ ヤグミ リユウグウヌ カンガナス

（畏《おそ》れ多い 竜宮の 神々よ）

バヌー ウサギリバ シズマリサマチ！

（私を捧げるので怒りを鎮《しず》めて下さい！）

ドッドッドッドッ ザバザバザバー（退《ひ》いていく波・効果音）

ユヌス　ユガフ――――！

暗転

五　家護貝（やどぅむりゃ）

紗幕上がり、舞台背景は美しい砂浜と小さな港。（壱幕と同じ）
ゆったりとした民謡のＢＧＭと波の音。

長老が杖をつきながらゆっくり歩いてくる。（舞台は薄暗いが長老にのみスポットが当たっている）
ふと、浜辺に打ち上げられた水字貝を手に取り、じっと見つめる……

ナレーション（玄幸おじいの声）　ユガフが海に消えてから三《み》ケ《つ》月《き》めの朝のことさぁね。
長老が浜に打ち上げられた、殻口《からくち》が紅《あか》く輝く六本の長い角を持った大きな巻貝を見つけたんだ。長老はそれを拾い村の御嶽《うたき》の祠《ほこら》に祀《まつ》ったんだね。
そして、長老は村人を集め……

舞台全体に照明が戻ると、多くの村人を前に長老が杖をつき立っている。
水字貝を村人に見せながら

長老　くぬ貝《しな》や、うかあすくとぅから　ばんたゆ　助きふぃーたずユガフが　生《う》まり代《か》あり。かぬ子《ふふぁ》や　神《かん》から持《む》たさいたず　ぴるます　能力《わざ》ゆ持ちぬ　子《ふふぁ》どぅやたず。ばんたがたみん　どぅーゆ　「捧《ささ》ぎむぬ」てぃ　竜宮の神《かん》かい　すきたず。くぬ貝《しな》ぬ口《ふつ》ゆ　前《まう》きゃーんかいふっつぁしい　やどぅうつ　畜舎《たつ》ぬ　んきゃすばなんかいすばりうきばどぅ　疫病《えきびょう》まい　悪霊《まずむぬ》まい追《う》いぴらす魔除《まよけ》てぃーなずぱず。
（この巻貝は、災いから村を救ってくれたユガフの生まれ変わりじゃ。あの子は神から授けられた不思議な力を持った子じゃった。
わしらの為に己を「捧げ物」として竜宮の神に供えたんじゃ。この巻貝の大きな紅い口を外に向けて、家の間口や家畜小屋の軒先に吊るしておけば、疫病《えきびょう》や悪霊を追い払う魔除《まよけ》として護《まも》ってくれるじゃろうよ。）

長老の言葉に驚き、やがて納得し、顔を見合わせる村人たち。

暗転

暗転が明けると、現代の田舎の家。

庭先の縁側に玄幸おじいと孫のニライ（五年生の男の子）とカナイ（小学二年生の女の子）が座っている。
木造の家の軒先には「水字貝」が吊り下がっている。蟬の鳴き声――。

玄幸　話を聞いた村人たちはね、長老に言われたとおり、水字貝を家や家畜小屋に吊るすようになったんだね。それからというもの、村では火事や疫病、盗賊などの災難がピタリと無くなったんだ。村人たちは水字貝のことを、家を護《まも》る貝と敬《うやま》って「家護貝（ヤドゥムリャ）」と呼ぶ様になったんだよ。

ニライ　それで、ユガフはどうなったの？　じいじ。死んじゃったの？

カナイ　ホントに貝になっちゃったの？　ねぇ、じいじ！

玄幸　さぁ、大昔の話だからねぇ。じいじにも分からんさぁ。

ニライ　竜宮の神様のお遣《つかい》だったのかな？　ユガフは……

玄幸　どうなんだろうねぇ。

カナイ　お月様に帰っちゃった、かぐやひめみたいだね。ユガフ。

ニライ　ふーん。（軒先に吊るされた水字貝をじっと見ながらー）じいじの家にある不思議の謎が一つ分かった気がする……家護貝《やどぅむりゃ》っていうんだぁ……この貝。魔除《まよけ》だったんだね。

玄幸　ニライ、じいじの家だけじゃないぞ。この島のあちこちの家ではな、今でも魔除として玄関や軒先に家護貝《やどぅむりゃ》を吊るしているんだぞ。島の昔からの風習として大切に伝えられてきたんだよ。

カナイ　あっ！　カナイも見たよ。ミサキちゃん家《ち》の牛小屋にも、お口《くち》の紅い「ヤドゥムリャ」がいたよ！

家の奥から「ばあば」の声が聞こえてくる。

ばあば　じいさーん！　ニライ、カナイ。西瓜《すいか》切ったよー。冷え冷えでおいしそうだよー。早くおいでー。

ニライ　はーい！

カナイ　はーい！

ニライ、立ち上がり嬉しそうに家の奥に向かう。後ろからカナイが兄を追いかける。家の奥からすっとんきょうな声がする。

カナイ　あっ！　よく見ると、お兄ちゃんの頭、つむじが六つもある！

縁側で立ち上がろうとして、カナイの声に薄笑いで軽くコケる玄幸じいじ。
照明、フェードアウト。

了

作者からのメッセージ

先人からの心の財産を未来へ

宮國敏弘

「ユガフ」とは漢字で表すと「世果報」と書き、沖縄の方言で豊年満作「世の中が豊かで平和でみんなが幸せでありますように」という意味である。「鬼子ユガフ」とは鬼のような姿態を持ち人々に幸せをもたらす子」という演目である。

この戯曲は二〇二一年に公益財団法人沖縄県文化振興会が主催した「第17回おきなわ文学賞・しまくとぅば演劇戯曲部門」にて第一席・沖縄県知事賞を受賞した作品である。

沖縄の各地で見られる、赤瓦の屋根に鎮座する「シーサー」と同じ様に、宮古島の民家では現在でも天災や悪霊・疫病を追い払う守護神として、六本の角を持つスイジ貝（水字貝―島の方言でヤドゥムリヤ）の殻口を外に向け家屋の入り口や家畜小屋に吊り下げる風習が残っている。この伝統文化の「風習の由来」を子どもたちの冒険心とファンタジーを揺さぶりながら、「戯曲」という形で表現できないものかと思案し創作に取りかかった。

民家の前に吊り下げられたスイジ貝
――宮古島で

鬼と見紛う容貌で誕生した子どもが、その成長の段階で、災難から度々村を救い「神の子」と崇め讃えられるようになるが、最後は大津波から村を救うために身を投じて犠牲になる……というストーリーである。

執筆にあたっては、島の人々に息づく祈りと風習を土壌にした「精神文化」を子どもたちに伝えたいという私の思いを込めた。あたりまえに、さりげなくそこにある風習は、時代を超えて尊厳を持って先人が守り引き継いできた大切な心の財産であることを、未来を創る子どもたちに繋いでいきたいという思いである。宮古島の方言で書かれた作品だが、共通語でも対訳してあるので、内容は理解出来るかと思う。おこがましいことだが、それぞれの地域に残る「風習」や「伝統文化」を、この作品をベースとして戯曲化するのも面白いかと思う。

▼**受賞**＝二〇二一年／第17回おきなわ文学賞・しまくとぅば演劇戯曲部門 第一席・沖縄県知事賞受賞

マブニのアンマー

原作＝赤座憲久（ほるぷ出版）

脚色＝島袋 薫

上演＝中頭合同演劇

登場人物

キジムナー　沖縄をガジュマルの木の上から見守っている。
現代の子ども1
現代の子ども2
マツ　昭夫の母。戦争で亡くした昭夫の骨を探し求める。
昭夫　マツの息子。戦争で自決。
伝男　ガマで昭夫と一緒だった。
村人1
村人2
村人3　マツの親戚。
アメリカ兵　沖縄に戦争でやってきて戦死。
村母1
村母2
女の子　姉妹の骨。
日本兵1　本土から沖縄にやってきた。
日本兵2　本土から沖縄にやってきて戦死。
女房　日本兵2の奥さん。

『マブニのアンマー』中頭合同演劇の参加者たち

第一場　キジムナーの世界

キジムナーの世界を表す音楽。
キジムナーの姿が浮かび上がる。
キジムナーに駆け寄る子どもたち。

現代の子ども1　キジムナー。ねぇ。キジムナー、いろいろ教えてよ。
キジムナー　教えるって何を？
現代の子ども2　だって、キジムナーは、ずっと沖縄を見守ってるんでしょ。
現代の子ども1　戦後70年、僕たちも何かできるはず。
キジムナー　何を教えてもらいたいんだい？
現代の子ども2　私たちは戦争を知らない。いろんな体験者の話やいろんなことを知って、私たちが平和を伝えたいんだよ。
現代の子ども1　ねぇ。キジムナー、私たちにだってできることはあるはずだよ。
キジムナー　そうだね。

キジムナーの両脇に座る子どもたち。

キジムナー　戦争の終った年のことである。沖縄の北の方、山原《やんばる》へ逃げていたマツさんは久しぶりに那覇の町へ帰ってきた。赤い屋根瓦や、シーサーのかけらがゴロゴロ散らばっている焼け跡にマツさんはひとまず、バラックを立て、前の年の空襲で死んだ夫の供養をしている。そこへ、激しい戦のあった摩文仁《まぶに》にいた人がマツさんを訪ねてきたのです。

キジムナーの世界、溶暗。
明るくなると、マツの家。
伝男、登場。

伝男　すいません。誰かいませんか？
マツ　はいはい、どなたでしょうか？
伝男　昭夫さんのことを伝えに来ました。
マツ　昭夫は戦争で死んでいます。
伝男　存じております。私はガマの中で息子さんの昭夫さんと一緒にいました。仲宗根といいます。
マツ　昭夫のこと知ってるんですか？
伝男　家族が昭夫さんのこと気にかけていると思い、昭夫さんの最期を伝えなければと思って訪ねてきました。
マツ　最期は……昭夫の最期は……どんなだったのでしょうか？
伝男　……ガマの中で私たちは一緒でした。昭夫さんは、ガマの中で自分の胸に手榴弾を投げつけて亡くなりました。……私が水をくみにいってたほんのわずかな間のことでした。

マツ　昭夫が自決を……。自分で手榴弾を……。

伝男、去る。
マツ、仏壇の写真を手に取る。

マツ　お父さん。昭夫がいる場所が分かったよ。……昭夫がいたよ……昭夫がいたよ……。昭夫にヌチドゥ宝、命は大切だと教えてやれなかった。そう思うことさえ許されなかった。昭夫ごめんよ。昭夫、昭夫を家に連れてくるからねー‼

暗転。

「お父さん。昭夫がいる場所が分かったよ」

鈴虫のなき声、山道を歩く音。
朝やけ頃の山道を歩くマツ。
マツ、ガマの入口を見つけ「昭夫」と叫ぶ。
マツ、ガマに入り、散らばっている頭蓋骨に話しかける。

マツ　昭夫――‼　アンマーが迎えにきたよ‼

骨を寄せ集め、昭夫に呼びかけては、昭夫の骨を探す。
幼い頃に歌ってあげた歌を口ずさむ。

いったーアンマー　まーかいが
(おまえのかあさん　どこへ行ったの)
べーべーぬ　草かいが
(子山羊にやる　草を刈りに行ったの)
べーべーぬ　まさぐさや
(そうかい、子山羊のいちばんよろこぶ草は)
畑ぬ　わかみんな
(野原にあるハコべだね)

マツ　昭夫‼　昭夫‼
マツ　昭夫！　返事して‼
マツ　これも昭夫じゃない。これも昭夫じゃない。これも……。これも。
マツ　昭夫‼　昭夫‼　どこにいるの‼

骨を抱き集め泣き崩れるマツ。
マツの頭に昭夫の子どもの頃が現れては消える。
顔をあげるマツ。

マツ　昭夫は小学校四年の時、鼻血を出して帰ってきた昭夫。鉄棒からおちて、前歯にヒビが入った。ヒビは黒いスジになって、笑うとそれがよく見えた。中学1年の時、下の歯が虫歯になってぬいた。昭夫は6番目の歯がなかった。これも昭夫じゃない。これも昭夫じゃない。これも……。

マツ　昭夫‼

暗転。

第二場　骨たちの語り(ガマの中)

キジムナーの世界の音楽。
キジムナーの世界、明るくなる。

現代の子ども1　ねぇ、キジムナー、骨は見つかったの？
キジムナー　ううん。
現代の子ども2　あきらめたのか？
キジムナー　いや。
現代の子ども1　たくさんの人が沖縄戦で亡くなったんでしょ。

キジムナー　そうだよ。3か月にわたる激しい地上戦によって、県民約10万人が犠牲になったね。
現代の子ども2　10万人が犠牲に？　骨っていっぱいでしょ。

現代の子ども1と2、立ち上がる。

現代の子ども1　無理だよ。
キジムナー　だからマツさんは、いつ骨が発見できるか分からないからと摩文仁に近い島尻《しまじり》に家を借り、そして、前の日の続きのところにしゃがみこみ、竹ベラで昭夫の骨を一生懸命探したんだよ。

キジムナーの世界、溶暗。

土掘る音。
明るくなるとガマの中。
マツ、前の日の続きの場所にしゃがみ竹ベラで骨を探している。

マツ　(ガマに声が響く)アンマーが来たよ！　昭！　迎えにきたよ！
いったーアンマー　まーかいが
べーべーぬ　草かいが
(小さく)べーべーぬ　まさぐさや　畑ぬ　わかみんな

マツ　……

マツ　昭夫だけじゃない。みんなアンマーをまってる。

骨を一か所にあつめ、慰霊棒を立てるマツ。

マツ　私はみんなのアンマー、さあ、みんな、安らかにねむるんだよ。

慰霊棒だけに光が集まり、暗転。

山道。曇りの日の夜。マツが登場。

マツ　昭夫、必ず家につれて帰るからね。

山道の途中で、立ち止まるマツ。

マツ　前歯のヒビと1本ない歯。それだけじゃないよ。赤ん坊のとき、乳首を含ませた歯茎は、上アゴや下アゴの形と一緒に、大きくなっても変わらなかった。乳首にすいついてくれた、この世の初めての出会いだったから。

強い風が吹く。

マツ　昭夫は、きっといる。昭夫はきっといる。

雷が鳴り、雷雨になる。

暗転。

鳥の鳴き声。

山道を歩くマツ。

村人1・2、空き缶をたたく。

村人1　え、見てごらん。カニハンディヤー(気がふれてしまった)マツだよ。摩文仁に向かっているさ。

村人2　ヌーシ(亭主)とイキガングヮ(息子)を戦争で亡くし、いよいよフラーになってるさ(おかしくなっている)。

村人1　毎日毎日、1年間ワラバー(子ども)の骨さがし。

村人2　死んでるのと一緒さ。

村人1　カニハンディたら、おしまいさ。

村人2　(空き缶をならし)

カニハンディヤー　マツ　あまんかい行け(あっちへ行け)。

マツ　昭夫はきっといる。昭夫はきっといる。

マツ、去る。

暗転。

ガマの中、マツがいる。

骨がカタカタする音。

舞台下手に頭蓋骨がある。

アメリカ兵　おばさん。おばさん。

骨の近くにアメリカ兵の姿が浮かび上がる。
骨に駆け寄るマツ。

アメリカ兵　おばさん。いくつですか。
マツ　今年は58歳。まだ若いと思ってたけど、おばあさんに見えるかい。
アメリカ兵　おー!! 58歳、僕のママと同じ。僕のママは病気で足がマヒしていた。ママどうしているかな?

思い出すかのように、上を見るアメリカ兵。

アメリカ兵　別れるとき、両手で僕を引き寄せ抱きしめてくれた。たまらないなぁ。ここの土になってしまうなんて……。
マツ　おお、おお、つらかろ……。好きでせめて来たんじゃないのに……さあ、しずかにな……。

頭蓋骨をやさしくなでるマツ。
爆撃の音や玉の飛び交う音。
アメリカ兵の姿が消える。

舞台上手ガマの入口の近くから村母1の声。

村母1　おばさん。おばさん。

マツ、声のする方へ。村母1、子どもを背負い、登場。

村母1　この子を背負い、やっとここまで逃げてきて、そこのガマに入ろうとしたら、こら、ここは日本軍の陣地だ！って追い出された。アメリカ軍の玉は飛んでくる。岩カゲから、くぼみ、くぼみから岩カゲへと。逃げて逃げて草の茂みに隠れた。背中からこの子をおろしたら、頭がなくなっていた。

村母1、ガマに逃げ込む。

村母1　お願いです。お願いです。助けてください。お願いします。

下手から日本兵1登場し、村母1を引きずり起こす。

日本兵1　だめだ、だめだ。日本軍の陣地だ。出ていけ!!
マツ　赤ん坊がいるんです。助けてください。
日本兵1　だめだ、だめだ。日本軍の陣地だ。出ていけ!!

村母1、ガマを出て去る。
舞台、爆撃により赤々と燃える山道になる。
炎の中を逃げまどうマツ。

村母1　大丈夫だから、心配さんどぉー。

爆撃の音。

村母1　(倒れて)千代子!!!

暗転。

舞台、ガマの中に戻る。

マツ　(骨を集め)アンマー(かあさん)、チャーチャー(とうさん)?　ウトウー(夫)?　イキガングヮ(息子)?　イナグングヮ(娘)?　どうでもいい人の骨なんてあるわけない。

必死に骨をかき集めるマツ。

村母2　おばさん、おばさん。

舞台中央の骨に光が集まる。
骨の近くに村母2の姿が浮かぶ。
骨に近寄るマツ。

村母2　なにを、してなさるの?

マツ　私はイキガングヮの骨を探して、あなたは、こんなところでどうしたの。

村母2　ここのガマでみんなで隠れていたとき、小さい子がお腹をすかせて泣いていた。泣き声を聞かれたら、敵に見つかると、日本兵がその子を突き殺そうとした。泣き声をださせまいと、思いっきりわが子の口を手で押さえていた。そして、急に動かなくなって、冷たくなってしまった。

村母2の姿が消える。
骨がガチガチこすりあう音。
ガマの一隅から子どもの声。

女の子　おばさん。おばさん。

マツ　(声のする方を探す)どうしてこんなところに?

女の子、登場。

女の子　日本兵がタンメー(おじいさん)を縛り上げ、おまえはスパイだ!と言って、無理やり連れて行った。ブラジルへ行ってるおじさんの古い手紙を持っていたから。

マツ　なんて　ひどい……。

女の子　タンメーは、きっと殺された。タンメーを探しているうちに、こんな姿に、私は小学4年生。妹は今年小学1年生だった。

女の子倒れる。
ガマ溶暗。

キジムナーの世界、音楽とともに明るくなる。
キジムナーの話を聞いている現代の子ども1・2。

現代の子ども1　マツさんは、ずっと探していたの？
キジムナー　ずっとだよ。
現代の子ども2　世の中は変わっていったのに……。
キジムナー　マツさんにとっては、変わっていなかったんだよ。骨ばっかり見つめていた10年間だったのです。
現代の子ども1　骨ばっかり……見つめていた。
キジムナー　10年間の間に、マツさんが摩文仁へでかけなかったのは、吹き飛ばされそうな台風の日だけだったのです。

暗転。

第三場　ガマの中

大きい頭蓋骨が上手にある。マツ、中央にいる。
骨のざわめく音。
上手の骨に光が集まり、日本兵2が浮かび上がる。

日本兵2　あのう、あのう。

マツ、上手の骨に近寄る。

日本兵2　あのう、できたら、うちのおくふろや奥さんにおらがここにいたって伝えてもらえないだろうか。
マツ　名前は？　おうちは、どこになりますか？
日本兵2　うーん。思い出せん。名前も、うちがどこだったかも。でもさとうきび畑で足を撃たれたとき、確かにおふくろの声を聴いたよ。女房や赤ん坊の声も。おらがこっちへ来るとき、初めての子が生まれたって。女の子だって聞いたが、どんな顔しているかな？　一度でいいから、抱いてやることができたらなぁ……。

赤ちゃんの泣き声。
女房、赤ちゃんを抱いて登場。

女房　ほら、あなた、かわいい女の子ですよ。あなたにそっくりのかわいい女の子ですよ。
日本兵2　おおっ！　なんてかわいらしい。よくぞ生まれてきた。どんな子になるだろうか？
女房　優しい女の子になりますよ。あなたのように。
日本兵2　（うなずき）優しい、優しい子になれよ！

赤ん坊を抱き上げる兵士。

赤ちゃんの泣き声。

暗転。

ガマ明るくなる。

マツが骨を探している。掘る音がひびく。

マツ、下手の骨に気づく。

骨だけに光が集まる。

マツ　(動揺して)この骨。この頭の形、前歯のヒビ。昭夫！　昭夫なのかい？　歯は？　1番目、2番目、3番目、4番目、5番目、6番目の歯がない‼　昭夫。あんたは昭夫だね。昭夫‼　やっとやっと会えたね。やっと昭夫を迎えることができるねー。待たせてごめんねー、昭夫‼　昭夫‼

昭夫　アンマー‼　アンマーー‼

マツ　昭‼

昭夫　アキ？　アキオ？　俺の名前？？

マツ　昭！　やっと会えたね。さんざん探したよ。おお、お前は立てんのか。骨がそろっていないのか？

昭夫　うん。

マツ　追いつめられたら死ね、死ぬのが誉と、みんなが教えた。この母親であるアンマーも。命どう宝とは教えなかった。許しておくれ。許しておくれ。生きていてやりたいこともたくさんあっただろうに……。

昭夫　アンマー、俺、自分の名前を忘れてしまっていた。

マツ　ごめんな、昭夫。11年もほっといて。

昭夫　そうか、戦争が終わったのか？　11年もたったのか？こんな骨の姿になると自分の名前も忘れてしまう。でも、さっき、アンアーの唄ってた歌で思い出した。アンマー、戦争はもうしないか？　戦争は人を殺す。人に殺される。殺し合いだ。人間のすることじゃないよ。

マツ　昭、うん。昭夫。戦争はこりごり。もう戦争はしないと日本はどこの国とも戦争しないことにみんなで決めたよ。安心しておくれ。命どぅ宝ってわかったんだよ。

昭夫　よかた。よかた。アンマー！　さっきの唄をもう1度歌っておくれ。俺いろんなことを思い出す。幼かったころのあれやこれやも。歌っておくれ。アンマーがよく歌ってくれたあの唄を。

マツ　いったーアンマー　まーかいが

べーべーぬ　草かいが

べーべーぬ　まさぐさや

畑ぬ　わかみんな……

暗転。

第四場　墓の前

真昼の墓の前にマツと村人1～3がいる。

小鳥の鳴き声。

マツ、昭夫の骨を墓の前に並べ、水をかけては、布きれでふいた。

骨をおさめるときに呟くマツ。

マツ　この前歯のヒビは、鉄棒から落ちた時、下の前から6番目の歯は、虫歯をぬいたままにした。

村人1　チムグルサン。(胸がしめつけられる)

村人2　チムグルササヤ。(本当に胸がしめつけられるさ)

村人1　昭夫よかったね。アンマーのもとに帰れて。

村人3　アンマーを見守ってあげるんだよ。

村人1　フラーになったとみんなが思ったさ。どうしても見つけたかったんだね。昭夫の骨。

村人2　親の愛情はふかさいびんや。

村人3　昭夫が骨になってまでも、マツにきいてきたって。

村人1　もう戦争はしないか?って。

村人2　戦争は人を殺して、殺される。人間のすることじゃないって。

村人3　昭夫は無念だったんだね。

墓の前の明かりが少し落ちて、キジムナーの世界が浮かび上がる。

現代の子ども1　お母さんのところに帰れてよかった。

現代の子ども2　本当によかった!!

キジムナー　本当によかったね。

現代の子ども1　まだまだ、骨が見つからない子どもだっているよ。

現代の子ども2　戦争なんて、大嫌い!!

マツさんのそばに駆け寄る子どもたち。

現代の子ども1・2　(マツを抱きしめて)マツさんよく頑張ったね。よかったね。

登場した全員が登場。
出演者全員で歌を歌う。

――幕――

＊劇中の使用曲については、
沖縄県中学校文化連盟(TEL 098-988-3123)
にお問い合わせください。

作者からのメッセージ

劇で語り継ぐ平和への願い「命どぅ宝」

島袋 薫

沖縄戦では、県民の四人に一人が亡くなりました。住民や兵士が逃げ込み身を隠した洞窟のことを、沖縄では「ガマ」と呼びます。ガマの中で多くの人々が命を落としました。この作品『マブニ（摩文仁）のアンマー』は、戦後、母親のマツが、ガマの中で息子が自決したことを知り、十年間も毎日ガマに通い息子の骨を探し続ける母親の息子への思いを描いています。戦で亡くなった人々の骨がマツに戦争の悲惨さを伝えます。沖縄に受け継がれる「命《ぬち》どぅ宝《たから》」の思いが込められている作品です。

作品の上演にあたり、数校の学校から生徒が参加し「中頭合同演劇」が結成されました。生徒たちは、各々の学校から、練習場所となる学校へ集合し、この作品に真剣に取り組んでくれました。自身が住む沖縄に実際に起こった沖縄戦、受け継がれる平和への思い「命どぅ宝」の意味を知っている生徒たち。舞台を通して、平和への願い、命の尊さを伝えてくれました。この作品は、「沖縄県中学校総合文化祭」「第21回全国中文祭東京大会」でも上演をすることができました。

東京大会での上演を観た方からは、「感動して思わず涙がでてきました。戦争の悲しさを伝えるには、若い人達が語り部になるしかないというつらい社会の中で、劇で戦争を伝える方法はすばらしいです。特に、マツさんさが息子の骨を探すところがリアルで当時の雰囲気を感じさせてくれました。」「竹ベラで骨を探しながら、歌う場面は、もの悲しい雰囲気がでていて、悲しくなりました。現代の子どもとキジムナーとの会話が沖縄戦の場面を際立たせていました。」など多くの感想をいただきました。

子どもたちは舞台を通して「命どぅ宝」、「平和への願い」を伝えていくことができたと思います。また、沖縄県演劇専門部の先生方、「中頭合同演劇」を共に立ち上げ、生徒を導いてくれたことに心より感謝申し上げます。

上演を終えて「中頭合同演劇」の参加者たち

▼**初演**＝二〇一五年／中頭合同演劇（北谷中学校、宮里中学校、真志喜中学校、山内中学校、美里中学校の生徒が参加）

ヌチドゥ

作＝島袋 薫

米軍キャンプ・シュワブ前の辺野古新基地反対座り込み。3000日目を迎えた2022年9月22日
（琉球新報より、撮影＝小川昌宏）

登場人物

沙希　中学生。トヨおばぁと2人暮らし。
トヨ　沙希のおばぁちゃん。戦争体験者。辺野古座り込みに参加。
千佳　沙希の親友。家族に基地や警察で働く人がいる。
ヌチドウ神　沖縄を見守っている神様。70年ぶりに目覚め沖縄を見つめる。
キジム　ヌチドゥ神が目覚める間。沖縄を見守っていた。
語り部　戦争体験を話すことができないでいたが、語り部となった。
警察カゲナレ　座り込みを排除しようとする。
霊1　トヨの親戚のおばさん。
霊2　トヨの親戚のおばさん。
霊3　ガマで一緒だった小さな女の子。
霊4　ガマで一緒だった女性。
霊5　トヨの母親。
霊6　ガマにいた親戚のおじさん。

第一場　ヌチドゥ神出現

☆シーン1
神の世界

舞台上手、後ろにヌチドゥ神の平台がある。キジム、下手板付。
キジム世界の音楽がながれると緞帳があがる。
緞帳があがりきったら、あかりがつく。

キジム　ついにこの日が来た。戦後70年の時を経て、今日ヌチドゥ神様が目覚める。戦争が終わり、もう世の中は平和になっていくだろうと眠りにつかれた。私キジムに沖縄を見守っておくようにと……。しかし、沖縄今ゴチャゴチャしてるんだけど、大丈夫かな？　心配だ。あ～心配、心配だ。ヌチドウ様の目には、どう見えるのかな？
　今の沖縄。おっと、時間だ。沖縄を見守りし、沖縄に平和の心を吹き込まれし神様、ヌチドゥの神。70年の時を経て、今目覚めなさる。

和太鼓の音のあと、ヌチドゥ神平台に登場する。
ヌチドゥの神へのあかり。

キジム　ヌチドゥ様、お会いしたかったです。70年間、私に平和をまかせるなんて。

ヌチドゥ　大変ではなかっただろう。沖縄の民が一緒にいるではないか。沖縄戦を終結し、平和への道をあゆんでいる沖縄の民が（望遠鏡を催促する）。

ヌチドゥ神に望遠鏡を手渡すキジム。
ヌチドゥ神が望遠鏡で今の沖縄をみようとする。

キジム　ヌチドゥ様、どうぞこちらへ。

ヌチドゥ神を沖縄がよく見えるところに案内する。

ヌチドゥ　どれどれ沖縄は平和になっておるのかの？

和太鼓の音がなると暗転になる。

☆シーン2
街中（季節冬昼2時）

交差点の音楽がながれるなか、舞台中央に2つの椅子を設置し座る沙希と千佳。
沙希の「千佳」であかり。

沙希　千佳、疲れたよ。

千佳　たくさん買った。久々の那覇満喫だよ。

沙希　アイスおぐれ。千佳、無理やりつれてきたから。
千佳　ガリガリくんね。
沙希　安っ‼
千佳　それにしても人いっぱい。
沙希　……70年……。
千佳　沙希、何してんの？
沙希　社会の富村が、お前たち少しは勉強しろって。
千佳　勉強してないじゃん。
沙希　してるし、富村が戦後70年だから、沖縄のことどう思うかもっと考えてこいって。
千佳　学校いくだけで大変なんですけど！　で？
沙希　情報ないかな？って集めてるわけ。
千佳　せっこい！　その甘さ‼
沙希　生きる力ってか。
千佳　頭カラカラだと大変だわ。
沙希　ばれたか。

辺野古運動反対の声「新基地建設反対。子どもたちに平和な沖縄残すぞ」がする。

千佳　よくやるね。
沙希　たくさんいる。
千佳　今も平和だし。暇なんじゃない。
沙希　うん。
千佳　人の目怖くないのかな？
沙希　…………。
千佳　基地で働いている人、外国人も、みんな一緒に生活してるのにね！
沙希　そうだね。
千佳　……………。

辺野古埋め立て反対運動の声。

千佳　…………迷惑だよ。

辺野古埋め立て反対運動の声。
沙希、反対運動の人々におばぁちゃんを見つけて立ち上がる。

沙希　おばぁちゃん‼
千佳　沙希のおばぁちゃん？　反対運動してたんだ(不信な表情で見る)。

照明、暗転。

☆シーン3
沙希の家

中央に敷かれたゴザの上で沙希が祖母の帰りを待っている。
沙希「遅いな。」であかりがつく。

沙希　遅いな。おばぁちゃん。

疲れた様子で部屋にはいってくるおばぁちゃん。

トヨ　ただいま、沙希ちゃん。

沙希　参加してたんだ。

トヨ　おばぁちゃんも気づいていたよ。千佳ちゃんと一緒だったんだね。

沙希　千佳びっくりしてさ。おばぁちゃんが辺野古に参加してるって知って。

トヨ　そうね。

沙希　みんな、テレビや新聞でやっても、みんなあんまり口にださないし。

トヨ　たしかにね。

沙希　そのあと……なんか、千佳だんまりしてさ。だって、千佳の親戚、基地で働いている人もアメリカ人もいるからさ。それに、お兄さんは警察だからさ。

トヨ　なんで、おばぁの親戚にも、自衛隊も警察官もいるでしょ。

沙希　おばぁちゃん、よくできるね。

トヨ　そんなの気にしたら平和訴えられんさ。あれたちの分も訴えているさ。

沙希　沙希はおばぁちゃんの気持ち分かるよ。だって、おばぁちゃん10歳の時に戦争でお母さん失くしてつらい体験してるでしょ。

トヨ　沙希が分かってくれるから、おばぁは嬉しいさ(肩もみの合図する)。

沙希　はー気まずいかも。

トヨ　千佳ちゃんなら、大丈夫。千佳ちゃんは優しい子だから。

沙希　はー気まずいかも。

トヨ　はい、はい、おばぁはもう寝るよ(横になる)。

おばぁちゃんに、タオルケットをかけると沙希にスポットになる。

沙希　こうやって、おばぁちゃんの辺野古座り込み運動が続くなか、千佳と私は、ずっと気まずい空気でした。千佳は座り込みのことを話題にすることはなく、私もおばぁちゃんの思いを伝えることができないでいました。

暗転。

第二場　おばぁの座り込み(朝10時)

☆シーン4
沙希の家に遊びにくる千佳

上手のほうに2つの椅子がある。沙希、雑誌を読んでいる。

スーパーの袋を持つトヨの声であかりがつく。

トヨ　沙希。朝一安かったさ。野菜も何もかも。朝市は体にいいね。チムワサワサーして元気になるさ。いっぺーとくしたさ。沙希、みて。うり！

沙希　いい買い物したじゃん。おばぁの体力ってすごいと思うよ。

トヨ　（どれだけ安かったか説明するトヨ）

沙希、沙希と叫び、写真集もってやってくる千佳が登場。

千佳　沙希、沙希。あっ、座り込みおばぁ!!

トヨ　千佳ちゃん。よく来たね。

千佳　…………。

気まずい空気を察し、沙希が千佳を、おばぁちゃんから離れたところに座らせる。

沙希　千佳、この写真集素敵でさ。あっ！　この絵知ってる。教科書とか絵本でみたことあるよ。

トヨ　千佳ちゃん、そういえば、この前那覇でおばぁ見たって？　おばぁちゃんが座り込みしてるから、へんなーって。沙希が気まずいって。

千佳　誰が？　沙希が？　なんで座り込みしてんの？　基地で働く人迷惑だよ。警察官だって悪くないのに。

トヨ　基地で働いてる人、警察官、嫌いじゃないさ。同じ人間だのに。

千佳　じゃ、座り込みしないで。うちのお兄ちゃん。警察だよ。お父さんは基地で働いてんだよ。座り込みおばぁなんか大嫌い。

沙希　千佳。トヨおばぁちゃんって呼んでたのに……。その呼び方なんで？

携帯がなり、慌てて電話をとる。

トヨ　うん。うん。うん。

沙希　誰？

トヨ　人少ないって。人数が勝負だのに。人いなかったら、とめられんさ。沙希も今日おいで、

沙希　ええ!!

トヨ　いるだけでいいさ。千佳ちゃんもいくね？

千佳　行かんし！　……。

暗転。

☆シーン5
座り込み運動

沙希が上手に板付くと車の通過音が聞こえ、新基地建設反対の声がする。

座り込みを排除の声が響くと沙希にスポットがあたる。

沙希　なんで？　なんで？　おばぁちゃんたち、戦争のための基地はいらないって、沖縄戦体験したから、訴えているのに？　なんで？　平和訴えたらだめなの？　みんな、なんにも悪いことしてないよ。生活犠牲にして、一生懸命平和訴えているだけだよ。なんで聞いてくないの？　おばぁちゃんたちみんなの声聞いてよ‼

暗転。

☆シーン6
神のかなしみ（ヌチドゥ神、キジム、平台板付）

ヌチドゥ神とキジムが平台に板付くと和太鼓がなり、平台にあかり。

キジム　……ヌチドゥ様、沖縄をどうご覧に？　ヌチドゥ様の目には、沖縄はどのように映ってるのでしょうか？

ヌチドゥ　地上戦を経験した沖縄。焼野原から、平和を願い歩んできたのではないのか？　2度と戦争が起こらないようにと、沖縄が団結している思っておったが……。

キジム　ごちゃごちゃしております。何かの渦に巻き込まれたかのように揺れ動いております。

ヌチドゥ　戦から人々は、何を学んできたのであろうか？

キジム　沖縄はどこに進んでいるのでしょうか？　ヌチドゥ様、沖縄は大丈夫でしょうか？

ヌチドゥ　なぜ？　戦でつらい思いをしたおじぃ、おばぁたち、皆がつらい思いをしてるのはなぜじゃ？　なぜ人々は目を覚まさないのじゃ‼（ヌチドウ泣き崩れる）

キジム　ヌチドゥ様‼

倒れたヌチドゥにキジムが駆け寄ると太鼓の音がなる。

第三場　おばぁが抱える思い

☆シーン7
平和を語り継ぐ人々と戦争体験者の思い

頭に熱ピタのトヨおばぁ。中央板付。
沙希のおばぁちゃんの声であかりがつく。

沙希　おばぁちゃん、はい体温計。

トヨ　38度。

沙希　おばぁちゃん、大丈夫？　今日もいくの？

トヨ　行くさ。

沙希　誰かが行くから、休めば？

トヨ　誰もいなかったら大変さ。

沙希　こわいよ。こんなに必死になって。
トヨ　たいしたことしてないよ。
沙希　行かん人もいるさ。沖縄の平和考えてないさ。
トヨ　ちがうよ、沙希、方法はちがうけど、沖縄から平和を伝えようとしてる人は、たくさんいるよ。おばぁができるのは座り込むことさ。
沙希　毎日毎日いかなくてもいいさ。
トヨ　みんな一緒、一緒。仕事終わって、遠くから駆け付ける人、金土日とテントに泊まって、仕事に行く人。みんな、いつも何か起こらんかね。工事進まんかね。カヌーに乗ってる人は大丈夫かね？って気になるさ。行くのが一番力になるさ。
沙希　でも。
トヨ　あんたたちはおばぁが亡くなっても、大丈夫な世の中に生きてるかね。おばぁは心配さ。
沙希　心配しすぎ。
トヨ　そうだね。いろんなところでみんな頑張ってるからね。

語り部上手に座ると上手スポット、全体あかり少しおちる。

語り部　戦争当時、私は5歳でした。いつも自分たちが生き残り、死んだ友達を助けてあげられなかったという思いを持ちながら生きてきました。時代は変わり、戦世から、アメリカ世アメリカ世から大和世、大和世から今へと変化してきました。私たちの心の中で、戦の時の、つらさや体験はなくなることはないのです。あまりのつらさに誰にも戦争のことは語らないで生きてきました。しかし、今、語りつぐ人々が亡くなっていくなかで、今伝えなければという思いで、語り始めています。みなさんは読谷村で開催された「沖縄戦・読谷村三部作」の展示を見たでしょうか。あのガマの中の絵、あのガマの中の絵のの折り重なる人々の姿は、戦争を体験した人々のガマでの姿です。平和な世の中であってほしいという体験者の痛切なメッセージが込められています。

スポット消え、全体あかりになる。

トヨ　戦後生き抜いて、つらいことも笑い飛ばしてきたね。戦よりつらいことはないからね。
沙希　強い。おばぁちゃん。気迫・迫力・負けてーならんどぉだね。
トヨ　負けてーならんどぅ‼　あたってるさ。そう思ってるよ。子どもや孫のために。
沙希　ありがとう、おばぁちゃん。
トヨ　亡くなった人たちの無念の気持ちも分かるからね。

空襲警報がなると舞台がうすぐらくなる。
霊の声が聞こえる。

霊1　トヨ、沖縄は平和になったね？　わったーは、戦で死んだけど、無駄になってないね？
霊2　トヨ、わんねー、やりたいこと、もっとあったさー。
霊3　お姉ちゃん、私の骨お母さんに届けてよ。お願いよ。
霊4　あんたは、生き残っていいね。
霊5　世の中は、平和ね？　また、戦争に進んでないね？
霊6　平和な世の中つくりどぅ。
霊全　命どう宝どぅ‼

空襲警報がなり、舞台が少しあかるくなる。

トヨ　ウートートートゥ、ウートートートゥ、心配さんどぅー。

うずくまるトヨ、立ち上がって、霊に驚く沙希。

沙希　誰？　おばぁちゃん！　この人たち？
トヨ　ウートートートゥ、ウートートートゥ。
沙希　誰？　おばぁちゃん。
トヨ　おばぁの親戚、友達、ガマで一緒だった人たちさ。夢にでてくるさ。
沙希　おばぁちゃんに語りかけてくわけ？
トヨ　そうだよ。ウートートートゥ、ウートートートゥ、心配さんどぅ。
沙希　やめて！　おばぁちゃん、一生懸命、生きてるよ。沙希のために、いつも平和願ってんだよ。おばぁちゃんを苦しめないで。おばぁちゃん、戦の世にならないようにっていつも頑張ってるのに。沙希ちゃんと平和受け継いでいるから、心配しないで‼　消えて！　おばぁちゃんを苦しめないで‼

暗転。

☆シーン8
学校の教室（子どもたちの思い）

机といすが置かれ、教室で居残りしている沙希。
チャイムの音が流れる。

影ナレ　下校時刻になりました。校内に残っている生徒はすみやかに下校をして下さい。くり返します。校内に残っている生徒はすみやかに帰宅をするようにして下さい。
千佳　（新聞とりだし）沙希のおばぁちゃん、新聞のってるよ。辺野古座り込みの記事。なんで？　座り込みすんの？迷惑だよ！
沙希　おばぁちゃんたちだって、いろいろ好き勝手言われてるよ。だけど、おばぁちゃん言ってたよ。子どもの未来考えてるのはみんな一緒って。生活犠牲にして平和訴えることは悪いことなの？　千佳！
千佳　お兄ちゃんも、お父さんも心で平和考えてるよ。だけど、仕事さ。仕事しないと生きていけないさ。

沙希　千佳！　戦争体験したおばぁちゃんたち、今でも心の中につらい思い抱えてんだよ。戦後70年たってもそのつらさが消えないんだよ！　それって、どうなの？　いいの？こんな思い2度とさせてはいけないって、座り込みしてんだよ。平和願って何がいけないの！　私たちのためじゃん！

千佳　……千佳だって、平和が1番って分かってるよ。戦争なんか嫌だって思ってるよ。基地が本当はないのがいいのも……。でも、生活してんだよ。沖縄の思いとの板挟みで苦しいよ。

沙希　苦しいのは、みんな一緒だよ。千佳！

千佳　千佳だって、おばぁちゃんいるし、命どぅ宝の意味だって分かるし。早くごちゃごちゃ終わってよ。早く平和になってよ。

沙希　沙希だって。千佳の気持ち分かるから。千佳がおばぁちゃん嫌いじゃないのも分かってるよ。おばあちゃん、千佳は優しい子だから。大丈夫って……。

千佳　千佳もおばぁちゃんの気持ち分かってる。平和願って声をあげてるのも本当は……分かってる。ただ、口にだして言えないだけだよ。

暗転。

☆シーン9
ヌチドウ神の願い

平台にヌチドゥ神、キジム板付くと和太鼓がなり、ヌチドウにあかりがつく。

キジム　ヌチドゥ様、どうご覧に？

ヌチドゥ　思いはきっと伝わっているのであろう。力強く生きてきた人々の逞しさや命どぅ宝を大切にしてきた思いが、子どもたちにしっかりと伝わておる。

キジム　ごちゃごちゃは、どうなのるのでしょうか？　戦後70年は意識しているようですが……。

ヌチドゥ　その気持ちこそが大切なものである。いろいろな形で人々は平和を伝えようとしておるのじゃ。沖縄はたくさんの人々に愛されておるのー。

キジム　はい。たくさんの人々に愛されております。

ヌチドゥ　沖縄の民だけでなく、県外、海外の人々が平和を訴える沖縄の気持ちをくみ取ってくれておる。彼らの沖縄と共にという思いが又、他の人々を沖縄に繋げておる。ありがたいことよのー。人々の平和を願う思いは広く世界へと羽ばたいておるの。キジム。真に嬉しいのー。

キジム　優しさと、平和へのゆるぎない強い気持ちは。人々の優しさと平和を願う気持ちを嬉しく思っております。

ヌチドゥ　踊ってはくれぬか。平和への願いを込めて。

キジム　はい。

我した島栄い　作詞・作曲 島袋整孝

一　我した生まり島　上下ん共に
手ゆ取とてぃ互に　栄かる御願
我った島やさ　栄かる島
我った島やさ　生まり島

二　島ぬ御年寄ぬ　言話しゆ聞きば
遊び庭ぬ名残　勝てぃ立ちゅさ
我った島やさ　栄かる島
我った島やさ　生まり島

三　世やかわてぃ居てぃん　互に肝合わち
島興くち行かな　島ぬしんか
我った島やさ　栄かる島
我った島やさ　生まり島

四　漕ぢ渡てぃ行かな　果報ぬ島でむぬ
何時ん此ぬ島に　笑い福い
我った島やさ　栄かる島
我った島やさ　生まり島

五　思事ん叶てぃ　喜くびぬ栄い
島ん人や宝　笑てぃ語ら
我った島やさ　栄かる島
我った島やさ　生まり島

前奏で、太鼓を準備し、舞台中央へ。
歌詞と同時に踊りはじめる。

沙希、千佳手をつないで、上手にでる。
キジムの踊りが止まり、上手の沙希と千佳にもスポットになる。

沙希・千佳　残そう平和。未来の沖縄に。命どぅ宝。

音が大きくなり、フェードアウト。

――幕――

＊劇中の使用曲については、
沖縄県中学校文化連盟(TEL 098-988-3123)
にお問い合わせください。

作者からのメッセージ

辺野古座り込みと「命どぅ宝」の思い

島袋 薫

皆さんは、沖縄の辺野古新基地建設反対の座り込み行動を知っていますか。沖縄戦を経験し、平和への願い「命どぅ宝」を胸に苦難の道歩んできた沖縄。沖縄に生きる私たちは「命どぅ宝」の意味を知っています。戦争で多くの方々が犠牲になり、「鉄の暴風」と呼ばれた砲爆撃のなかで、奇跡的に生き延びることができた人々の平和への願い、それは「命の尊さ」を知っているからです。戦争は二度と起こしてはいけないという強い気持ちがあるのです。戦後七十数年が経過する今も辺野古新基地建設が行われています。沖縄戦で亡くなった方々、沖縄の平和への願いを胸に亡くなった方々は、私たちが生きる今の沖縄の現状をどのように見ているのでしょうか。そんな思いが私の心にあり、二〇一四年の一月から三月の三か月間毎週日曜日に辺野古座り込み行動に参加しました。参加する人々の平和への願い、「命どぅ宝」の思いがそこにはありました。

この作品『ヌチドゥ』は、沖縄の平和への思いを、生徒と一緒に演劇を通して伝えたいと思い書いた作品です。当時新しく赴任した中学校で演劇同好会を立ち上げ、五名の生徒が入部しました。部室や部費もない中で、視聴覚教室、教室のベランダを利用しての発声練習に取り組みました。しかし、場面を通しての練習は、どうしても広い練習が必要になってきます。生徒と一緒に広い場所はどこかと考え、一つ一つ歩んだ作品です。演劇同好会開始の当初のベランダでの発声練習は、恥ずかしがりながらも一生懸命でした。セリフを覚え、喜怒哀楽を表現することに慣れながら、この作品に込められている平和への願いを生徒が理解し、舞台を作り上げてくれました。本当に素敵な生徒たちです。

読谷中学校演劇同好会の生徒たち。『ヌチドゥ』の楽屋で

演劇を通して、生徒は精神的にも強くなり、自分たちの作品に込められた思いを力強く発信することができる力を持つことができます。次世代の生徒の夢や可能性を、演劇を通して育むことができると信じています。

▼初演＝二〇一五年／読谷市立読谷中学校

フクギの雫

～忘れたくても忘れられない・忘れてはいけない～

作＝前田美幸・ハーフセンチュリー宮森

上演＝うるま市立伊波中学校

登場人物

ゆうた
しょうた
はやと
りな
なつき

おじぃ
おばぁ

先生１・２
村人１・２
母親

影ナレーション

第一幕　校庭

波の音。

影ナレーション　聞き流していませんか　いつものように過ぎゆく音を
それは毎日聞こえる音となり、悲しみの声も時の流れに埋もれてしまった……。
あれは、事故だったのですか？　それとも事件だったのですか？
フクギの木は今も静かにたたずんでいる　その地で散った悲しみを胸に秘めて……

三線、屋嘉節前奏のみ。
緞帳アップ。舞台は校庭。
ホリ青空。

屋嘉節の前奏が終わると同時に波の音消える。
セミの鳴き声。

中央上手より、仲良し地蔵。
上手、ふくぎの木がつり下げられている。
下手より子どもたちがやってくる。

ゆうた　よっしゃー、フクギの木の下だれもいないさぁ、こっちで遊ぼうぜ、早く来いよ
しょうた　おお！　ここいいな！　このでっかいフクギの木があるから影になってるし！　すこし涼んでからサッカーやろうぜ！
はやと　沖縄の六月は死ぬほど暑い……なんでこんなに暑いかなぁ……歩くだけで汗かくから涼みながらじゃないとマジでやってられないよ……。転校してきた僕には沖縄の夏は辛いなぁ……。
しょうた　だぁーるな！　はやとって転校生だったな！じゃあ、沖縄で夏迎えるの初めてか？
はやと　うん……。
ゆうた　沖縄の夏の暑さをしのぐのは木の下が一番だよな！フクギの木様々、僕たちにいつも影をつくってくれてありがとう！　ニフェーデービル(ありがとうという意味の沖縄の方言)、ボディーービル……(笑)
しょうた　えぇ！　面白くない！　ますます汗が出てきよったよーやー！

下手より、女子登場。

りな　あんたたち、ここで何しているの⁉
はやと　サッカーする場所を探していたんだけど……暑すぎて……涼んでいます。
なつき　暇してるならちょうどよかった！　一緒に仲良し

地蔵の周り掃除しようよ！

ゆうた　はぁ～、暑いから涼んでいるのに、掃除とかしたらもっと暑くなるさぁ……。

りな　うるさい！　つべこべ言わないで、掃除手伝う！

しょうた　仕方ないなぁ……女子を敵にまわすと、お化けより怖いからな！

はやと　お化け？

なつき　は～？　誰がお化けですって！　よし！　変なこと言ったからゆうたとしょうたはこっちのどぶもきれいに掃除してよね！　はやとは私たちと一緒に仲良し地蔵をきれいにしましょう！

ゆうた　はぁ～、何ではやとだけ？　俺は何も言ってないし！お前のせいど！

なつき　あんたたち二人といると、純粋なはやとに私たちの変な印象うえ付けてしまうからさ～……

ゆうたとしょうたはぶつぶつ文句を言う。

りな　ぶつぶつ文句言わないで、手、動かす!!

なつき　じゃあ、はやとは仲良し地蔵をきれいにふいてね！はい、ぞうきん。

はやと　うん。分かった……。

しばらく、仲良し地蔵をふいてから……

はやと　あの～、この仲良し地蔵って何？　それに……この仲良し地蔵ってなんで小学校の中にあるの？

りな　え～っと……良く、分からない。なつきは何か知ってる？

なつき　え～知らない！　だって、私たちが生まれる前からあるものでしょ？

はやと　えっ!?　じゃあ、君たちは、良く分からないのに、きれいにしているの？

なつき　何かね……私のおばぁがさぁ、仲良し地蔵は大事にしなさいって！

はやと　おばぁに、この仲良し地蔵のこと聞いたことはないの？

なつき　何かね……前に一度聞こうとしたんだけど……おばぁさ、『仲良し地蔵』の話をすると、なぜか悲しい顔したの……何か、聞いちゃいけない気がして……それ以来聞いてない！

はやと　ふ～ん……そうなんだ……。あっ！　ここに名前が刻まれている！　何で仲良し地蔵に名前が刻まれているんだろう……。ますます謎だなぁ……。

ゆうた　あ～!!!　やっべー、こんな時間になっちゃった！おかぁに怒られる！　おいっはやと！　はやとも今日は、おじぃたちに行くんじゃなかったか？　早く行った方がよくないか？

はやと　そうだった！　忘れてたっ！　りなさん、なつきさん、ごめん！　行かなきゃ！

りな　うん！　分かった！　手伝ってくれてありがとう！　じゃあ、またねー！

ゆうたとはやと荷物を持ってはける。

しょうた　っということで、俺も……
なつき　はぁ！　あんたは何もないでしょ！　最後まで手伝いなさいよ！
しょうた　は〜！　俺だけ？　俺も帰りたーい!!!

しょうたとなつきが追いかけっこをしながらはけていく。
蝉の鳴き声高まり、ＦＯ。
暗転
引割幕を閉める。

第二幕　おじぃの家　〜おじぃの過去〜

引割前、明るくなる。
下手に仏壇。中央寄りにちゃぶ。
おじぃが仏壇に向かって三線（てぃんさぐぬ花）を弾いている。

上手、花道からはやとが入ってくる。

はやと　あっ！　おじぃの三線が聞こえる！

小走りでかけていく。

はやと　ただいまぁ……
おばぁ　「おかえり……」（下手より登場）
はやと　おじぃ！　ただいま！……おじぃ？

おじぃ三線を弾くのを止める。

おじぃ　あ〜おかえり……

おじぃ、また三線を弾き始める。
はやと、おじぃの様子を少し伺ってから……

はやと　おじぃ、何で元気ないの？　それに……今日は何で仏壇に向かって三線弾いているわけ？
おばぁ　そろそろ、六月二十日が近づいているからさぁ……
はやと　六月二十日？　その日って何の日？
おばぁ　ねぇ、おじぃ……あれから五十八年……、そろそろ六十年になりますねぇ……はやとも小学校六年生にもなって、大きくなってきたし、そろそろ話、聞かせてもいいんじゃない？

おじぃは三線を弾くのをやめて、下を向き考え込んで……悩んでいる。

おばぁ　おじぃ、あれから今年で五十八年になりますよ。これまで、ずっと悲しさのあまり、口にしてきませんでしたね……。でも、おじぃが話さなきゃ、あの事件は歴史に埋もれたままになってしまいます。私も、ずっと毎年六月になると、仏壇に向かい、三線を弾く姿しか見てきませんでした。できれば、私も、おじぃの話を聞いてみたい、そう思います。

おじぃ　う～ん……そうだな……。話を聞きたいかい？

はやと　うん。聞きたい。

おじぃ　そうか……聞きたいのか……よし！　分かった。

(ふぅー、っと深いため息をつく)

「てぃんさぐぬ花」演奏。

おじぃ　あの日の事は、今でも、昨日のことのようによく覚えている……。忘れたくても、忘れられない……。

はやと　あの日って？

おじぃ　あれは、一九五九年六月三十日。……あの日の空は、抜けるような青空だった。今でも目をつぶると、あの日のきれいな青空が目に浮かぶ……。おじぃはそのとき、宮森小学校の二年生だった……。

はやと　宮森小学校って……僕の今通っている小学校だ！

おじぃ　そう、その宮森小学校に六月三十日のあの日……米軍のジェット機が墜落したんだ……。ジェット機が落ちたのは、ちょうどミルク給食の時間だった。

はやと　ミルク給食？

おじぃ　（ゆっくりうなずいてから……）当時沖縄は貧しくて、今のような立派な給食はなかったんだよ。子どもたちはこのミルク給食が大好きでね……。いつも楽しみにしていた。その日も、みんな、ミルクを飲んでいたんだ……。

「てぃんさぐぬ花」演奏止まる。

おじぃ　突然！　ドーンという爆発音がなって、「戦争だ！戦争が来た！」……。教室から飛び出すと目の前は火の海でね。先生の指示で校庭に出ると二階の教室から飛び降りる子や、火だるまになって出てくる子どももいたんだ……。あたりには消火のために水を運ぶ人たちや、子どもを探す親たちの姿……。そしてそれを止めようとするおびただしいアメリカ兵。

音響、時計の音。

おじぃ　あれはまさに、パニック状態だった……。

暗転

第三幕　証言

音響、墜落する音。避難する人々の声。

照明、舞台を赤く染める。

舞台は爆発から火事になる様子。


人のざわざわする音が少し小さくなる。

先生1、下手奥から出てきて舞台中央へ（台詞を言いながら出てくる）。

以後、台詞の後ろでずっとざわざわ音が流れている。

先生1　あの日のことは、今でも昨日のことのようによく覚えています。忘れたくても、忘れられません。

先生1、下手奥から上手前まで台詞を言いながら歩く。

上手前に移動したら、上手前明かりのみ。


先生1　あれはちょうど、ミルク給食の時間、私が子どもたちにミルクを入れようとしていたその時でした。真っ赤な火が教室を包み、ものすごい熱気、そして地震のような激しいゆれ。天井からどしゃぶりの雨のように砕けたコンクリートが降ってきたのです。ドカーン、ドカーンと二度、全身が砕かれるような爆音。気がついたら、天井が吹っ飛んでいました。私は一瞬、地球が終わる、と思いました。あたりを見回すと、教室の端に机が追いやられていて、子どもたちはワァーっと泣き叫びながら私に抱きついてきたのです。

「センセーイ、センセーイ」

「待て！」

私は教室の外を確認し、東への廊下を通って逃げるよう指示しました。

「早くここから逃げなさい！　何しているの？　早く逃げて！」

……でも、反応がありませんでした。私が、ミルクを注ごうとしたあの子たちは、そのままそこで……私は無事だったのに、何であの子たちは……何で変わってあげられなかったの……


照明、ゆっくり暗くなる。

音響、人のざわざわ音消えていく。


下手奥、先生2に明かり。

先生2　事件直後の消火作業、死傷者の救護でごった返した学校も昼過ぎには静まり返りました。遺体は三教室に安置され、家族による身元確認が行われていました。一瞬にして変わり果てた子どもたちと無言の対面をし、そのたびに室内からは泣き叫ぶ声が響いていました。身元確認の際に言われたんですよ……
「お前たちは私の子どもを殺したいのか？　私の子どもはまだ生きている。この子は私の子じゃない！……」

でも、その後の医師による鑑定の結果で、身元が分かり、遺体を引き取った家族は、その場で泣き崩れていました。私は、かける言葉も見つからず、ただ呆然と、どうしようもない気持ちでいっぱいでした……。

暗転

効果音、空気が張り詰めるような音。

上手花道からセンターまで明かり。村人1が浮かび上がる。

村人1　その夜の石川メインストリートは、ネオンもばったり消え、いつもは人で賑わう屋台も一軒も見えなかった。まさに町全体が暗闇のどん底に引きずり込まれたかのような静けさで、失われた命の冥福を祈っているかのようだった。

村人1、下手前に歩く。下手前明かり。上手花道からセンターまでは溶暗。

村人1　「すみません、すみません……今晩は！　すみません……ろうそくを下さい……お通夜をしたいのです……ろうそくを売ってほしいのです……」
すっかり閉めきった店の戸をたたく声が夜の町に響いていた……。夢と希望を持って学んでいた子どもたち、働き盛りの青年、嫁入り前の娘……、一家の中心であった、お父さん、お母さん……。みんなかけがえのない大切な命が一瞬のうちに失われたのです……。明るい照明の下に家族の一員を失った人々は、ただ呆然と、信じきれない表情で座り込んだまま誰も話をすることができなかった。

下手前明かり消える。

上手前明かり。村人2が浮かび上がる。

村人2　約三十世帯の人々が家を失い、宮森小学校の校庭は一面テントで埋め尽くされた。お宮の前に設けられた、炊き出しのための緊急調理場からはたった一筋の煙が夜空にまっすぐ浮かび上がり、まるで悲しみを伝える「のろし」のようだった。

効果音、張り詰めたような音ＦＯ

村人2　この事件で大やけどを負い、何年もの間、後遺症で苦しんだ人もいた。
「先生、水……」全身に火を浴び、校舎から出てきた子がバタッと倒れた。
「全身に大やけどをしたあの子が、あー……あの子が助かったぁ……中学、高校と陸上選手になるほどに……あー、あの子が……よかったぁ～……」
「将来、先生になるんだ！」とあんなに頑張っていたのに……。その子は事件から何年も経った後に、後遺症でこの世を去り、夢を叶えることは無かった……。

上手前明かり消える。

下手前明かり。母親が浮かび上がる。


母親　あの日、おばぁは台所の片付けをしていてね。突然、大きな音がして、父ちゃんと慌てて外に出たら、黒い煙がものすごく立っていた。

「えぇー、あれは宮森小学校じゃないねぇ……？」

父ちゃんと宮森小のすぐ走って行ったら、アメリカーが中に入れなかったんだよ。

「ドゥーヌ　ワラビルヤルムン　ヌーンチ　イリランガ」

自分の子どもを探すのに、何で入れないかぁ‼って、父ちゃんがアメリカーを突き飛ばして入ったわけ。

でも、どこを探してもあの子はいなかった……。

「あんたたち息子は病院に運ばれたってよ！」

私たちはそれを聞いて、必死に探し、やっとの想いであの子を見つけた……。でも……あまりの姿に……、変わり果てたあの子の姿に、立っていることができなかった……。


悲しみを表す音楽が流れる。三線の音色で。


母親　ずっと、側にいることは許されなくて……

あの子が一番、不安だったんだろうね……

あの子の最後も側に居れなかった……

父ちゃんが言ったんだよ。

「二度焼かれた子を、また焼くのか？」

私たちはあの子を火葬させなかった……。

「何ー？　パイロットはパラシュートで逃げて無傷だった？」　自分の命は守って、ウチナーンチュの命はどうでも良いのか？

アメリカーやあの事件のー不可抗力って言っていたけど、ウチナーンチュはこんな風に殺されても仕方ないって事ねぇ～？

四十年経ってから整備不良でぃ新聞かい発表されてねー……あまりにひどい……ひどすぎる……五十八年経っても、許せない！　絶対に許せないさぁ‼……

下手前明かり消える。
悲しみを表す音楽ＦＯ
上手前明かり。先生１が浮かぶ。

先生1　あの事件の後、子どもたちは変わってしまいました。私のクラスではあれ以来、私より先に教室に入る子も、放課後に教室に残る子もいなくなりました。物音にも敏感になって、少しの音にもビックリして逃げ出す子もいました。

中央明かり追加。中央に先生２。

先生2　夜になると、静まり返った校庭からは、毎晩のように、親たちの泣く声が響いていました。私は五十八年経った今でも、ピーピーという音を聞くと、子どもたちが「せんせーい、せんせーい」と助けを求める声に聞こえるんですよ……。

下手前明かり追加。母親。

再び、悲しみを表す音楽。


母親　私たちは、自分の子どもを失って押しつぶされそうだったのに、その後もひどいもんだったさぁ……。

補償金って言って、袋に持ってきたのを見て……

「息子は、お金では戻ってこない！　とぉー、あんたの子どもここに連れてきなさい！　このお金はあんたにあげるよ！　全部持って行け!!」

そしたら……銃向けられてね……

「いー、上等やさ！　とー殺せー、殺しなさい!!」

あの子を抱いたとき、あの子が生まれた日のことを思い出して……

まさか……こんなに変わり果てたあの子を……抱くことになるなんて……

同じ子を持つ親なのに……悔しいさぁ……悔しくて、たまらないさぁ……

暗転

明るくなると、先生1・2、村人1・2、母親がいる。

先生2　安心して、勉強もできないところに平和がありますか？
村人1　この小さな沖縄でこのような犠牲を出して、どのようにして世界平和が実現できるというのですか？
村人2　私たちはいつまで、犠牲になることをうけいれるのですか？
先生1　どこにいても、どの命も、かけがえのない尊い命なのです。
先生2　どんなに時間が経っても、忘れられない……。忘れてはいけないのです。
母親　いつまで、こんなことが続くのかねぇ……、この世に消されていい命なんて、どこにもないのにねぇ……

悲しみを表す音楽少しボリュームを上げてからＦＯ
暗転

第四場　おじぃの家　～おじぃの想いと希望～

鳥のさえずる声。

引割前明かり。第二場と同じおじぃの家。

てぃんさぐの花ＢＧＭ

はやと　おじぃの友達も亡くなったの……？

おじぃ　あぁ、亡くなった方が十七人、負傷者が二百人あまりいた。近所に住んでいたおじさん、おばさん、一番仲良しだった友達もそのときに亡くした。だから、毎年六月三十日が近づくと胸が苦しくて……、あの日起きた事件のことが五十八年経つ今でも忘れられない。あのときの戦争さながらの様子と、亡くなった友達の笑顔が両方思い出されて、苦しくなる……。一番仲良しだった(たかひろ)君のおかぁさん、私が友達の仏壇に手を合わせに行く度、ずっと泣いていた……。毎年、毎年涙を流している……。その母親の子どもを思う想いが胸に突き刺さる……一人息子を失い、どんな想いでこの五十八年生きてきたんだろう……。それから、これからもどんな想いで生きていくんだろう……。そう考えると、苦しくてたまらない……。

おばぁ　おじぃは、だから六月三十日が近づくと、仏壇に向かって三線を弾くんだね……。私たち沖縄の人、うちなーん人は、辛いとき、悲しい時には、三線を弾いて、苦しみや悲しみを乗り越えてきたからね〜……。この島の歌や三線には不思議な力があるからね〜！

はやと　おじぃにこんな過去があったなんて……全然知らなかった……。あーっ！　『仲良し地蔵』……(仲良し地蔵を急に思い出して……)おじぃ！　『仲良し地蔵』って、宮森小学校のジェット機墜落事件と何か関係があるの？

おじぃ　そう、『仲良し地蔵』は宮森小学校のジェット機墜落事件で犠牲になった人たちのために建てられた慰霊碑なんだよ。

はやと　だからみんな、あの『仲良し地蔵』を大事にしているんだぁ……

おばぁ　それからねぇ、『仲良し地蔵』の近くにあるフクギの木、知ってるかい？　あの木も宮森小学校のジェット機墜落事件の時から、あの場所でずっとこの沖縄を見てきた木なんですって……。

おじぃ　そう、だからあのフクギの木の下に行くと、不思議と元気が出る……。あっそういえば、あのフクギの木、事件の当日は、ジェット機の破片が木の幹に突き刺さって、白いミルクのような樹液を流していたなぁ……。あんなに傷ついていたのに、大きく元気に育って……、なんだか、あのフクギの木を見ていると、明日も元気に明るく生きていこうという力がわいてくる。

はやと　『仲良し地蔵』にフクギの木……、ミルクの時間に起きたジェット機墜落、そしてフクギの木が流したミルクのような白い樹液……。なんだか不思議だなぁ〜。あのフクギの木が僕たちに、宮森小学校で起きたジェット機墜落事件のことを一生懸命伝えようとしているような気がする……。

おじぃ、おばぁ、実は、さっき友達とフクギの木の下で遊んで、仲良し地蔵の周りを掃除してきたんだ……。

あっ！　でもみんなも『仲良し地蔵』の事、詳しく知らないのかもしれない……。『仲良し地蔵』の事を聞いたんだけど、答えられなかった！　おじぃ、今日おじぃの話聞けて良かったよ。悲しい話だけど……おじぃが話してくれなかったら、ずっと知らないままだった。
これからは、墜落事件のことを知らない友達にも、僕が、おじぃから聞いた話をしっかり伝えていく！　もちろん『仲良し地蔵』のことも、フクギの木のことも！

おじぃ　そうか……、今年で墜落から五十八年、話せてよかったよ。聞いていくれてありがとう。

はやと　おじぃ、おばぁ、なんだか、今すぐに『仲良し地蔵』とフクギの木の所に行きたくなった。これからちょっと、学校に行ってきて良いかな？

おじぃ　それなら、ばぁさん、私も一緒に『仲良し地蔵』に手を合わせに行ってこようかね！

おばぁ　もうすぐ日が暮れますから、あまり遅くならないでくださいね。

はやと　おばぁ、わかったよ。おじぃ、行こう！

おじぃを支えながら上手へはけていく。おばぁは下手へはけていく。

はけきらないうちに暗転

引割幕をあける。

夕暮れ。仲良し地蔵、フクギの木が浮かび上がるように。

音楽「想い花」前奏

影ナレーション　辛いとき、悲しいとき、うちなーんちゅを支えたのはくぬ島ぬ歌三線、うちなーやみんなで支え合って生きてきた。
もう二度と、大切な人を失いたくない……
みんなの笑顔が……ずっと……続きますように……。

照明、全体、ホリ共にブルーライトに変わる。中央地明かり。役者全員舞台上に出てくる（合唱）。

踊り手、下手より出てくる。

『遺族の方々の話を聞いて作った歌　想い花』

ねぇ僕が見上げる　この星空のどこかにキミがいるのかな？
大きくキラリと光るあの星かな
赤く咲いた花の道を　手をつないでキミと歩いた
振り返るその姿はとても愛おしくて

ヘイヨー　ヘイヨー
　キミの声聞きたくて　そっと瞳を閉じる（天に願い）
イラヨイ　イラヨー
　あなた想い　今日もまた夜を越えてく
ティンヌ　ムリブシニ　（天の群星に）

ウヤヌクヌウムゐ　(親のこの想い)
イチムイチマディン　(いつもいつまでも)
トゥドゥチタボリ　(届いてほしい)
イラヨーヘイ　イラヨーホイ　イラヨー

手を重ねて天に願い　僕の想いキミに届け
空にゆれる星の数だけ　キミを想い描く

ヘイヨー　ヘイヨー
いつの日かきっとキミを迎えにいくから
イラヨイ　イラヨー
　変わらない笑顔で僕を見つめてて

ヘイヨー　ヘイヨー
キミの声聞きたくて　そっと瞳を閉じる(天に願い)
イラヨイ　イラヨー
　あなた想い　今日もまた夜を越えてく
今日もまたキミを想う
僕の中には

踊り手はける。

地明かりのみ消す。ブルーライトそのまま。
仲良し地蔵、フクギの木が浮かび上がるような明かり、ホリ青。

おじぃはやと上手よりゆっくり出てきて、仲良し地蔵に手を合わせる。

影ナレーション　『命どぅ宝　命は宝どぉー』

想い花、影ナレが終わると、緞帳ダウン。

――幕――

作者からのメッセージ

米軍ジェット機墜落事件を語り継ぐ

前田美幸

この作品は、一九五九年六月三十日、沖縄県うるま市石川で起きた宮森小学校米軍ジェット機墜落事件についての作品である。事件から五十年以上が経っても、苦しさ、悲しさのあまり語り継がれることのなかった事件を、中学生が生まれ育った地域、うるま市石川で起きた出来事として、事件の真相を知るべく、遺族のもとを訪ね、当時の話を聞いたことによって演劇「フクギの雫」が創られた。そして、宮森小学校米軍ジェット機墜落事件の真相と、事件後ずっと涙を流しつづけている遺族の子どもを思う想いを一人でも多くの人々へ伝えたいという想いで演じられた。

上演時、演劇部は無く、演劇をやってみたいという有志が集まり、演劇同好会としての活動がスタートした。それぞれ正規の部活動を終えて、夜の七時から九時までの週二回が演劇の練習であった。それ以外は家での自己練習。それでも、全国大会で上演し、沖縄のことを知ってもらいたいと必死に練習し、上演することができた。当時の中学生がこの作品を演じ終えての感想として、『私達31名が全国の舞台に立てたのは、遺族の方のお話を直接聞くことができ、多くの人を傷つける様な事件は二度と起こしてはいけない、起きてはいけないということを実感として捉え、演じることができたからだと思います。今回の演劇を通して、私達は亡くなってよい命などどこにもない、命は宝だということ、大切な人の想いはいつまでも心の中に咲き続けているということを改めて学びました。「宮森小学校ジェット機墜落事件」のことが一人でも多くの人に伝わり、たくさんの方の心にいつまでも残ることを願います。そして、地元に生きる私達だからこそ、〝命どぅ宝〟を知った私達だからこそ、これから一日一日を大切に生きたいと思います。』と語っていた。

上演を終えて伊波中学校演劇同好会メンバーたち

一つの演劇作品を通して、多くのことを学ぶことができるのも、演劇の素晴らしさだと感じる。是非、この作品を今後も多くの学生が沖縄の歴史を学びながら上演して下さることを願っている。

▼**初演**＝二〇一七年／うるま市立伊波中学校

法廷劇「償《つぐな》い」

作＝山城美香

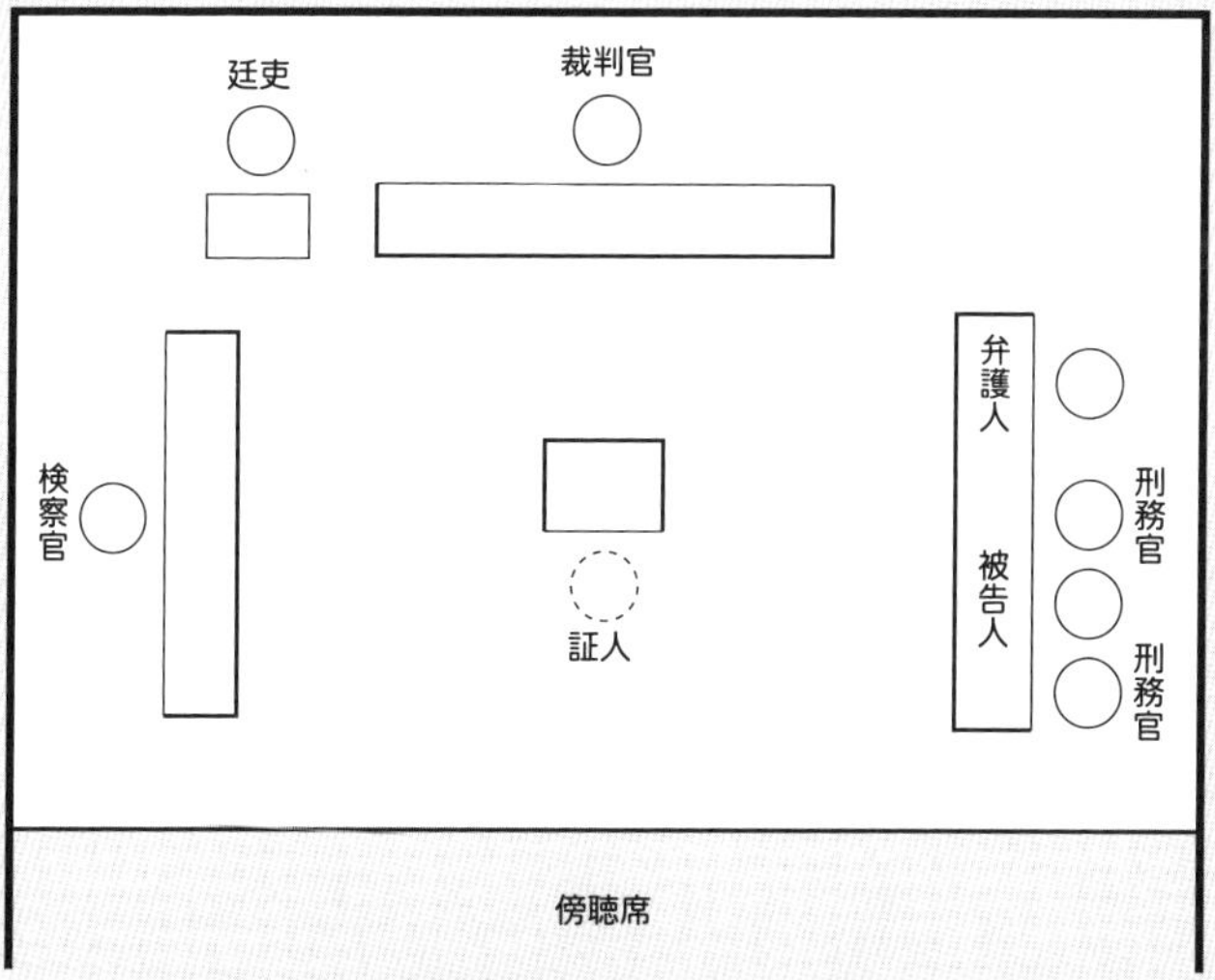

刑事裁判の法廷配置（一例）

登場人物

ナビゲーター
裁判官
検察官
弁護人
廷吏
被告人
証人——被告人の父親
刑務官A
刑務官B
被害者側弁護人
被害者
被害者側家族

緞帳前、ナビゲーター上手《かみて》から登場。

照明、ナビゲーターのみ。

ナビゲーター　法律を作る力・政治を行う力・裁《さば》く力。この三つの権力を分ける三権分立《さんけんぶんりつ》を唱《とな》えたフランスの思想《しそう》家《か》。誰か、わかりますか？

傍聴席前列より「モンテスキュー！」の声。

ナビゲーター　そう、シャルル・ド・モンテスキューです。今日は、その中の裁く力『司法の世界』にふれてみましょう。

ナビゲーター　ある日突然、犯罪に巻き込まれる恐怖。安全に暮らす私たちを、途端《とたん》に不安に 陥《おとしい》れる犯罪。残念ながら、また発生したようです。裁かれるとはどういうことなのか、じっくりとご覧ください。

緞帳開く。舞台は法廷。

ナビゲーター、舞台内へ。

ナビゲーター　今回の裁判に関わる人物を、少し、説明いたしましょう。

まず、傍聴席《ぼうちょうせき》にいるみなさんから向かって左側にいるのが、検察官《けんさつかん》。刑事《けいじ》の協力を得て事件を慎重に調べ、裁判官に訴えるのが彼の仕事。彼のモットーは「被害者《ひがいしゃ》の味方になれるのは俺たち検察官だ！」と。日々、使命に燃える、やり手の検事《けんじ》と恐れられています。

そして、向かって右側にいるのが、弁護人《べんごにん》。彼は常に真実を追求し、正義をつらぬこうとする、誠実で、情け深い弁護士《べんごし》として、一目《いちもく》置かれています。

弁護人席側にいるのが、被告人《ひこくにん》。今回の事件で、容疑者《ようぎしゃ》として逮捕《たいほ》されました。

両側にいるのは、刑務官《けいむかん》です。あちらは廷吏《ていり》。裁判の進行を助けます。

廷吏　裁判を始める前に、傍聴席にいるみなさんにお知らせします。法廷では、大声で騒いだり、写真撮影や録音といった行動は禁止です。注意してください。

ナビゲーター　みなさんも、傍聴人ですから注意してくださいね。大声を出したり、口笛、指笛《ゆびぶえ》なども、やめてくださいね。

あっ、着いたようです。何色にも染《そ》まらない、黒い服をまとった裁判官《さいばんかん》。憲法と法律にのみ拘束《こうそく》され、責任をもって公正に裁く、裁判官の登場です。

ナビゲーター、上手へ。

裁判官登場

廷吏　起立！　礼！

廷吏以外、着席。

廷吏　「事件番号　平成28年（わ）第153号　那覇市で発生した傷害《しょうがい》事件」です。

裁判官　これから、裁判を始めます。それでは、被告人、前へ。

　被告人、証言台の前に立つ。

裁判官　被告人の確認をいたします。あなたの名前は「佐山 優一郎」ですか？」

被告人　はい、そうです。

裁判官　生年月日は、平成八年四月十五日で、住所は「那覇市 知花 二十四番地」で、現在、二十歳《はたち》でまちがいないですか。

被告人　はい、まちがいありません。

裁判官　職業はアルバイトですか。

被告人　はい、その通りです。

裁判官　被告人の本人確認が終わりましたので、それでは、検察側《けんさつがわ》から始めて下さい。

　検察官、起立して。

検察官　われわれは、被告人「佐山 優一郎」を、刑法《けいほう》第204条 傷害罪《しょうがいざい》で起訴《きそ》します。

　検察官、すわる。

裁判官　被告人は自分に不利《ふり》な質問に答えなくて良い、黙《もく》秘権《ひけん》が認められます。被告人は、今の起訴状《きそじょう》の内容にまちがいないですか。

被告人　はい、まちがいないです。

裁判官　弁護人は、どうですか。

弁護人　はい、被告人と同じです。

裁判官　それでは、検察側から始めてください。

　検察官、起立して、

検察官　被告人「佐山 優一郎」は、平成二十八年五月一日午後十一時四十五分、那覇市の居酒屋《いざかや》Bサインで被害者《ひがいしゃ》（池田 和也）の顔面を殴打《おうだ》し、前歯2本と鼻の骨を折る全治《ぜんち》三ヶ月の大けがをおわせました。

　検察官、証拠品を弁護側、傍聴人席側に見せながら。

検察官　ここに、被害者を診断した県立南部《なんぶ》病院からの診断書とケガのようすを写した写真を、証拠として提出いたします。

　検察官、診断書、写真を廷吏へ。
　廷吏はその証拠を、裁判官へ。

検察官　被告人に質問します。いったい何故、被害者に暴力をふるったんですか？

被告人　たまたま、一人でバイト帰りに立ち寄った居酒屋に　池田さんがいて。なんとなく、自分をにらみつけている感じがしたので、カッとなって、気づいたときにはもう、殴《なぐ》っていました……。

検察官　まるで、人ごとのような言い方ですね！　あなたは被害者とは顔見知《かおみし》りだったのですか？

被告人　いいえ、初めて会った人です。

検察官　あなたは、初めて会った人でも、カッとなったら誰でも殴るんですか?!

被告人　いいえ、ちがいます。

検察官　あなたは、殴られた人の痛みや死ぬほどの恐怖がまったく、わかってないんじゃないですか？

被告人、必死に弁解するように、

被告人　そんなことないです！

検察官　目撃者によると、やめてくれと何度も訴える被害者に対して、あなたは執拗《しつよう》に殴り続け、罵声《ばせい》を浴《あ》びせ、血まみれになっている被害者に馬乗りになり、無抵抗な被害者をなおも殴り続けた。何か、反論《はんろん》はありますか？

弁護人、机を叩き、起立。

弁護人　異議《いぎ》あり！　検察《けんさつ》は被告人を追い込んでいるにすぎません！

裁判官、弁護人を制止するしぐさ。

裁判官　弁護人の異議を却下します。検察官、続けてください。

弁護人、天井を見上げて、座る。

検察官　（淡々と、ゆっくり）先ほどの目撃証言《もくげきしょうげん》に、反論《はんろん》はありますか？

被告人　（うなだれて）……。いえ……。その通りです……。

検察官、裁判官の方を向く。

検察官　質問、終わります。

検察官、勝ち誇った表情で座る。

裁判官　次、弁護側から反対尋問《はんたいじんもん》を始めてください。

弁護人、起立。
動揺している被告人を安心させるために近づきながら。

弁護人　被告人におたずねします。あなたは事件のあった平成二十八年五月一日、かなりの量のお酒を飲んでいますね。何時ごろから、飲んでいましたか？

被告人　夜、七時ぐらいからだったと思います。

弁護人　お酒の量はどれぐらい飲みましたか？

被告人　ビールをジョッキ五杯以上は飲んだと思います。

弁護人　日頃から、お酒は　よく飲むのですか？

被告人　いいえ、その日は、特別にたくさん飲んでしまいました。

弁護人　なぜ、その日は、たくさん飲んでしまったのですか？

被告人　オーナーと、仕事のことでイライラすることがあって……。

　弁護人、被告人の顔をのぞきこむ。

弁護人　オーナーというのは、あなたの？

被告人　(うなだれて口ごもりながら)……、父親です……。

弁護人　もう一度、お聞きします。オーナーというのは、あなたの？

被告人　(今度ははっきりと)　父親です。

弁護人　あなたは、被害者に暴力をふるったことを、どう、思っていますか？

被告人　本当にすまないことをしてしまったという気持ちでいっぱいです。反省しています。

弁護人　あなたには、奥さんと　幼い息子さんがいますね？

　検察官、机を叩きながら起立。

検察官　異議あり！　本件《ほんけん》と妻子は、関係ありません！

　検察官、すわる。
　弁護人、裁判官の方を向く。

弁護人　被告人が心から反省していることを証明するために、必要な質問なんです！

　検察官、再び机を叩きながら起立。

検察官　異議あり！　弁護人は被告人に同情しすぎます！

　検察官、弁護人を指さす。

検察官　あなたのように、涙を誘おうとする弁護士がいるから、この世からちっとも、犯罪が減らないんだ！

　弁護人、裁判官の方を見て、抗議するように。

弁護人　検察官は、一個人《いちこじん》の見解を述《の》べているに過ぎません！

裁判官、二人を見比べながら、ガベルを持ち、叩こうとし、思いとどまる。

裁判官　静粛《せいしゅく》に！（弁護人↓被告人↓検察官↓検察官↓被告人↓弁護人、と見渡して）ここは法廷《ほうてい》の場ですよ。検察官、個人的な感情は持ち込まないように。弁護人も落ち着いてください。

検察官、弁護人をにらみつけながら、すわる。
弁護人、毅然《きぜん》と姿勢を正して、裁判官の指示を待つ。

裁判官　弁護人、質問を続けて下さい。

弁護人、傍聴席を指さしながら。

弁護人　あなたのご家族が、今日、傍聴席にいらしてますね？

被告人　はい、来ています。

弁護人　ご家族に対して、今、何を言いたいですか？

被告人、思わず泣きながら、ふるえる声で。

被告人　本当に、迷惑をかけてしまって……。いくら、酔っていたからといって、イライラしていたからといって、あんなひどいことを……。とりかえしのつかないことをしてしまった……。

弁護人　あなたは被害者が入院している病院にお見舞いに行きましたよね？

被告人　はい、謝りに行きました。

弁護人　裁判官、被告人は被害者におわびの手紙を送っています。また、見舞金《みまいきん》八十万円と治療費《ちりょうひ》五十五万円も支払っております。ここに、証拠として、おわびの手紙と見舞金・治療費の領収書《りょうしゅうしょ》の写《うつ》しを提出いたします。

弁護人、廷吏に証拠をわたす。
廷吏、その証拠を裁判官に渡す。

弁護人　裁判官、ここで証人を呼びたいと思いますが、よろしいでしょうか？

裁判官　わかりました。それでは、被告人は席にかけて待っていてください。

被告人、被告人席へうなだれながら戻り、すわる。

裁判官　証人は、証言台《しょうげんだい》まで来てください。

証人が舞台そでから、証言台まで来る。

廷吏、宣誓書《せんせいしょ》を証人に渡す。

裁判官　証人は宣誓書《せんせいしょ》を読んでください。

証人、宣誓書を朗読。

証人　「宣誓《せんせい》　良心《りょうしん》に従って、真実を述べ、何事《なにごと》も隠さず、偽《いつわ》りを述べないことを誓《ちか》います。証人　佐山 義雄」

弁護人　あなたは被告人「佐山 優一郎」の父親、「佐山 義雄」さんで、まちがいありませんか？

証人　はい、まちがいありません。

弁護人　証人におたずねします。被告人は小さい頃から乱暴な子でしたか？

証人　（首をふりながら）いいえ、とてもおとなしくて、真《ま》面目《じめ》で何の問題もなかった子です。事件の知らせを聞いた時、信じられませんでした。

弁護人　被告人は、事件当日、イライラしていたようですが、何か心あたりはありますか。

証人　（少しうなだれながら）はい……。私が経営するレストランで、息子が働いているのですが、こんなダラダラした仕事のしかたではダメだと、きつく叱りつけたので、イライラしていたのではないかと思います。

弁護人　普段《ふだん》から、被告人を追いつめるようなことを言っていたんですか？

証人　（天井を見上げ）………。はい……。

弁護人　これからあなたは息子さんをどうしようと思っていますか？

証人　きちんと自分が犯した罪を反省して、つぐなってほしいです。私も親として息子を監督《かんとく》していこうと思っています。そして、あまり息子にプレッシャーをかけないように気をつけたいと思います。

弁護人　質問、終わります。

検察官、起立し、証人に近づく。
厳しい口調で、皮肉っぽく。

検察官　証人に聞きます。被害者への見舞金と治療費、そしてこの裁判費用《さいばんひよう》は、あなたが支払《しはら》っていますね？

証人　はい、その通りです。

検察官　本当に被告人が反省しているのであれば、せめて、見舞金の一部ぐらいは本人が払うべきじゃないですか？

証人　（必死な様子で）本当は、息子が全部払うべきです。でも、息子はまだ給料も少なくていっぺんには払えないんです。あとで、少しずつ返すと言っています。

検察官　被告人は、三年前の、結婚や、出産育児にかかる費用も、あなたがすべて、払ってあげていますよね？その後、返済しましたか？

証人、後ずさりしながら。

証人　それは……。おめでたいことなので、……あげたつもりでいます。

検察官、腰に手を当て、首をふりながら。

検察官　過去の借金もまだ、返済してもらってないというわけですね。（威圧的に）ところで、あなたは、被告人が子どもの頃から、他人の痛みがわかる人間になるよう、育ててきましたか？

証人　………。（首をかしげ、困ったしぐさ）

検察官　質問、終わります。

検察官、机に戻り、堂々とすわる。

裁判官　それでは証人は、後ろの席にかけてください。被告人、前へ。

被告人、証言台へ。

裁判官　検察側から論告《ろんこく》・求刑《きゅうけい》を始めてください。

検察官、起立して、しばらく、間をおく。

検察官　われわれ、検察側は被告人、「佐山 優一郎」に懲役《ちょうえき》二年の刑《けい》を求めます。（間）理由は、被告人は何の罪もない、一般市民に対して、一方的に暴力をふるい、全治《ぜんち》三ヶ月の大ケガを負わせ、精神的にも苦しめたこと、おわびの手紙を送ったといっても弁護人に聞いて、まねて書いたものであり、また、お金も父親から出してもらうということは、被害者に対して心の底から悪いことをしたという反省がないものと考えられます。そして、近年、若者の犯罪が凶悪化《きょうあくか》しており、このような事件に甘い判決《はんけつ》を下《くだ》すのは社会に悪い影響を与えます。よってこれらの理由で、懲役《ちょうえき》二年がいいだろうと判断しました。ですから、くれぐれも厳しい判決をお願いいたします。

検察官、裁判官の方を向いて頭を下げる。

検察官、着席。

裁判官　弁護人側からの最終弁論《さいしゅうべんろん》を始めてください。

弁護人、起立して、しばらく、間をおく。

弁護人　被告人は現在、自分の犯した罪をとても後悔し、心から反省しています。おわびの手紙を送りたいと先に言ったのは被告人からであり、お金も少しずつ、必ず、返済すると約束しています。今回は生まれて初めての犯罪です。実《じつ》の親もしっかり監督すると証言し、何よりも心強い妻や子どもがいることから、二度と同じ過《あやま》ちは繰《く》り返さないものと思われます。よって、少しでも刑を軽くしてくれるよう、お願いいたします。

弁護人、裁判官の方を向いて頭を下げる。

弁護人、着席。

裁判官　被告人、最後に何か言うことはありますか？

被告人、泣きながら、

被告人　すいません。本当に……、本当にすみませんでした。

裁判官　私から、被告人に聞きたいことがあります。普通、傷害事件《しょうがいじけん》を起こした人は、たくさんのお金を支払い、仕事も無くして、家族も失うといった目にあうのですが、あなたは何も失っていない。お金は親が全部払ってくれた。普通だったらバイトでもクビになるのに、父親のおかげでそのまま就職している。これで、本当に反省しているのか？　これで許されるのか？　と検察官からきつく言われても仕方がないような気がするんですが、被告人はどう思いますか。

被告人　先のことも深く考えずに行動してしまって。池田さんには一生、謝《あやま》り続けていく覚悟です。僕には息子がいますが、いつもみんなに迷惑をかけていて、親としての自覚がありませんでした。それなのに、みんな、こんな僕を見捨てないでいてくれて……。本当に感謝の気持ちでいっぱいです。必ず、息子が自慢できるような父親になるために、これからは心を入れ替えて仕事に打ち込んで、お金も返していきます。

裁判官　わかりました。

裁判官、姿勢を正す。

しばらく、間をおいて毅然とした態度で。

裁判官　それでは、判決《はんけつ》を言い渡します。

全員、姿勢を正す。

裁判官、少し間をおいて。

裁判官　被告人は、懲役《ちょうえき》一年六ヶ月、執行猶予《しっこうゆうよ》三年の刑にします。執行猶予がついたからといって、無罪《むざい》ではありません。これは立派な有罪判決《ゆうざいはんけつ》です。勘違《かんちが》いしないでください。三年の間にもし、交通違反などの他の罪を犯した場合、その懲役《ちょうえき》と合わせてこの事件の懲役も加えられます。この三年間は　心から反省して日々、慎重に行動してください。

裁判官、優しくさとすように、目線低く。

裁判官　佐山さん。執行猶予三年を無事、終えたら息子さんは六歳で、もうすぐ小学一年生になりますね。日本国憲法にある、「子どもに普通教育を受けさせる義務」を果たさなくてはいけなくなりますよ。家族を守るために一生懸命働いて、お父さんに心配をかけないよう、うんと親孝行してあげてください。いいですね。

裁判官、姿勢を正す。全員、姿勢正す。

裁判官　これで、「平成28年（わ）第153号　那覇市で発生した傷害事件」の裁判を終わります。

廷吏　起立！　礼！

裁判官、六法全書《ろっぽうぜんしょ》をもって退席。
廷吏も、退席。
被告人、弁護人に駆け寄る。弁護人から握手。
検察官、机の上の書類をカバンに入れて、退席。
立ち去る際、舞台中央で立ち止まる。被告人・弁護人をきっとにらむ。機敏に堂々と退席。
弁護人と被告人、検察官と目を合わさない。
証人、舞台そでから被告人へ駆け寄る。
弁護人、証人に近寄り、握手。

弁護人　これで終わりではありません。検索側は、控訴《こうそ》してくるだろうから、それに備えましょう。のんびりしてはいられません。早く、対策を考えなければ。お父さんは、これからすぐに、事務所へ移動しましょう！

刑務官A　時間です。失礼いたします。

刑務官A、被告人の両腕を伸ばし手錠をかける。
証人、衝撃で口を手でおさえる。

被告人　お父さん、……ごめんね……。

証人、顔をおさえながら、首をふる。

刑務官A　失礼します。

刑務官A、刑務官Bに腰なわをうながす。

刑務官B　失礼します。

刑務官B、腰なわを装着《そうちゃく》。
務官A、B、弁護人と証人に敬礼。

刑務官A　（被告人に）行きますよ。

刑務官A、B、被告人を連行。
被告人、証人の方に振り返ってから舞台下手《しもて》へ。
証人、被告人の後ろ姿を、心配そうにつらそうに、涙をこらえて見送る。
弁護人、証人を促《うなが》し連れて行く。

緞帳が閉まる。
※劇終了と判断した会場から拍手（傍聴席前列メンバーが先に拍手をし、誘導）
ナビゲーター、上手から登場。
ナビゲーターにスポットライト。

ナビゲーター　みなさん、待ってください！（観客が静かになってから）気づいていましたか？　みなさんと同じその席で、祈るように裁判のゆくえを見守っていた方々を。

ナビゲーター、観客席前列にいる被害者たちを指さす。
ナビゲーター、舞台そでにはける。
観客席前列被害者たちにスポット。

被害者側弁護人　池田さん！　今日の判決は納得しましたか？

被害者とその家族、立ち上がり、首を振る。無言。
弁護人、被害者に寄り添う。

被害者側弁護人　次は民事裁判《みんじさいばん》で、被告《ひこく》には、しっかりとお金で責任をとってもらいましょう！　今回の場合、三百万円は下《くだ》らないでしょう。民事裁判では、私があなたの弁護人として闘います！　任せてください！

被害者とその家族、頭を下げる。
家族の一人、被害者側弁護人と握手。

被害者家族　どうか、よろしくお願いします。

暗転

舞台上手より、ナビゲーター登場。
ナビゲーターにスポットライト。

ナビゲーター、歩きながら語り、最後は緞帳前中央へ。

ナビゲーター　そう。裁判は、刑事裁判《けいじさいばん》だけではないのです。民事裁判でも裁かれるのです。　社会に出れば、故意《こい》であれ、過失《かしつ》であれ、必ず責任がともないます。平凡な日常生活の中で、思いがけず、いつ、だれが、加害者となるか、被害者となるか　わからないのです。もう、他人事《ひとごと》では済まされない……。（間）「無関心こそ、最大の罪」少しでもみなさんが、何かしら考えるお時間に、なっていただけたのなら、幸いです。

暗転

登場人物全員、舞台上へ合流し、カーテンコール。

——了——

作者からのメッセージ

公民の授業の「模擬裁判」が進化して

山城美香

法廷劇「償い」の台本は、教員になったばかりの初任者研修時代に書き上げたものです。社会科の教員でありながら、公民的分野の司法に関しては自信がないままでいたからです。

そこで、夏休みや空き時間を利用して、裁判所に自ら出向いて本物の裁判を傍聴しつづけていました。ある日、隣の傍聴席に座っている大学生とおぼしき女性が裁判のようすを必死で筆記メモをしていました。裁判が終了し、彼女に「何のためにメモをとっているのか」と質問しました。すると、「秋に開催される大学祭で『模擬裁判』をやります。そのために、一つの裁判を追いかけてメモをとり続けているのです」と、教えてくれました。

その話を聞いた時、この模擬裁判を中学3年生に演じさせるのも面白いのではないか。とひらめいたのです。そこで、私もたまたま追いかけて傍聴していた「那覇市で起きた傷害事件」を、その大学生のように必死でメモをとり、その日でまとめて書き上げ完成させました。

中学3年生の公民「裁判」の授業の中で、各クラス内でロールプレイングで演じてもらい、裁判の流れをつかむためのツールとして初段階の台本はスタートしました。そこから、この台本は私の想像以上の進化を遂げていくのです。

各クラスで演じていた生徒たちの中から、「ベスト裁判官」「ベスト検察官」「ベスト弁護人」が生まれてきて、ベストメンバーで演劇ができたら面白い。それが、この法廷劇『償い』の台本なのです。転勤先の中学校の生徒たちや出会った同僚の先生方の思い、私自身の子育ての経験などすべてが網羅され書き加えられ、一人歩きをし始めた不思議な台本でもあります。

演劇の台本とはそういうものだと思います。まるで生き物のように感じることさえあります。その瞬間に携われることに感謝して、上演される作品をどうぞ、満喫してください。

▼**初演**＝二〇一二年／沖縄市立宮里中学校

うむい
～サンゴからのメッセージ～

作＝ kanbun

上演＝沖縄市立美里中学校

登場人物

さんご
陽太郎
しんじ
駿輝
さんご母
トミ
マサ
セツ
マサ母
トミ父
兵士
トモ
トモ兄
トモ妹
トモ弟

【第1場】人間になりたいさんご

波音にあわせて、さんごはゆれる。
道あけにあわせて、さんごの周りを楽しく踊る。（幻想的）
波音にあわせて、歌う、

さんご
♪道はあけるよ　あすにはあけるよ
こどもには言葉を　つたえるよろこびを
わたしは、オルガンを　ひくよ
口ずさむよ　夜があける前に
きょうも歌おう　歩こう♪

さんご　はいたい、ぐすーよ、ちゅーうがなびら、わたしの名前は、さんご。わたしは、この広ーい海の中のかわいいサンゴ。どのサンゴよりも、立派な枝をもっているわ。そして歌が大好きなの。

さんご　サンゴって言っても、わたしは普通のサンゴとはちがうの。私のお母さんは、不思議な力を持つサンゴ。そのおかげでわたしは人間の言葉が分かるし、話せるようになったんだよ。

さんご　でも、わたしのおかあさんは、人間が大きらい。欲のかたまりし。ゴミも捨てるし、戦争もしたし。そして、海を埋め立てもするんだって。でも私、人間のことなんにもわからない。わからないのに嫌いとか言えないし、むしろ興味あるの、どっちかといえば、もっと知りたい。

さんご　みなさん、こんにちは、……こんにちは。あーうれしい、人間とはなしできた。うれしいな。人間って大変なんでしょ。学校にいかなければならい。6時間も勉強をしないといけない。トラブルつづきの人間関係、受験して高校にいく、そして仕事する。大変じゃない。みんなもサンゴになったらいいの。

さんご　でも、人間っていいな。人間のこともっと知りたい。わたし、人間になりたい！

雷、暗転。

【第2場】人間になったさんごと出会い

陽太郎　俺、陽太郎。俺の親は、明るく、元気で積極的な子になってほしいと、願って陽太郎と名付けた。だけど、俺、明るくもなければ、元気もない。今、中3で、野球部、ピッチャーをやっていた。大会では完全燃焼して、次は受験に向けてがんばろうと思っていたけれど、気力も、やる気もでない。どうしたらいいんだろう？　友達と遊んでいても気づいたら、ぼーっとしている。家にいてホットするけれど、気づいたら、ぼーっとしている。

しんじ　はい、今週は体育祭だから、がんばってダンス覚えようぜ。あっ、陽太郎だ。おーい、一緒におどらない？

陽太郎　いいや。

しんじ　そっか、じゃーミュージックスタート。

2名でダンスをおどっていると、ボールが転がってくる。
駿輝がボールをとり、バスケ。しんじを誘う。
2人でバスケットをする。
ボールが飛んでいく。

さんご　あれは、人間ね。なんか、楽しそう。何しているのかな？

駿輝、ボールが飛んでいく。探しにいく。

さんご　あっ、なんという偶然。私のところにボールが来るなんて。ありがとう。神様。人間と話す前に、大切な「塩分チャージ」。私、ときどき、食べているけど、気にしないでね。いってきまーす。（ボールを拾って）人間ですよね。人間さん、ボールどうぞ。

しんじ　え、誰だ。こいつ。

駿輝　変なやつ。

さんご　よければ、お水飲みます？　どうぞ。

3人　ありがとう！　ごっくん「しょっぱーい」。

駿輝　やっぱり、変なやつだった～水～。

さんご　あれ、人間って、親切だときいていたけれど。このボールはどうしよう。

しんじは、さんごがボールをもっているのに気づく。

しんじ　ボール拾ってくれたんだね。ありがとう。

さんご　（ボールをわたす）はい。

しんじ　ありがとう。（うなずく）

さんご　あなたは、人間よね。

しんじ　さっきから、気になっていたけれど、「人間」ってなんか変だよ。俺たちは、もちろん人間だけど、人間が人間にむかって、人間かって。

さんご　そうなんだ。

しんじ　君、変わっているって言われるでしょ。天然か。

さんご　そうわたしは、天然物よ。いうならば、天然記念物にもなるはず。

しんじ　やっぱ、面白い。おれは、しんじ。中学生で15歳。将来は、大物になるさ、ビックスターになるんだ。君は。

さんご　わたしは、さんご。出身は、北部の海で。とってもきれいな場所なんだよ。将来は、いっぱ～い子孫を残すの。年は、あんまり数えたことないけれと、13……。

アナウンス、天の声。

さんご母（声）　さんご。あんた自分がサンゴっていることわすれないで。わたしは、あなたに人間っていうのが、愚かな生き物って気づいてほしくて、３日間だけ人間にしているんですよ。

さんご　そっか。変なこと言ってたね。私たち同級生だ。よろしく。この近くに住んでます。

しんじ　えーじゃー時間ある？　なんか、友達帰ってしまったし。どこか案内しようか。

さんご　そうね。私、もっと人間のこと知りたい。私、沖縄のこと、知りたい！

雷、光。

しんじ　あの光は何？

さんご　行ってみようかな。

2人　（わ――――）

しんじ　ここはどこ？

さんご　私たち、あの光の中に入ったんだ。

しんじ　ここはどこなんだよ！

さんご　ちょっとまってよ。１９２０年の沖縄！　タイムスリップしたんだ、私たち！

しんじ　１９２０年……どういうこと？

さんご　あっちに人がいるみてみよう！

しんじ　なにしてるんだろう？

さんご　近くまで行ってみよう。あなたも来るの！（陽太郎も引っ張っていく）

暗転。

【第３場】戦前の沖縄

トミ　ぼうしくまーは、苦労するね。

マサ　苦労って、トミさんは、しょっちゅう遊んでいるのに、苦労しているの？

トミ　あっさ、私の苦労がわからないの。こんなにもやつれているでしょ。明日は勘定よ。はあ、難儀、忙しいさー。

セツ　それは歌の話でしょ。私たちの帽子会社のやせている男の人は、「こんなに帽子をあんだのか？　僕は嘉手納まで自転車でもって行くの大変あだ」っているも笑うさ。トミ、あんた原料葉をあそこにほったらかしにしたでしょ。ここの木、見た、メジロが原料葉で巣を作っていたよ。あんたの原料葉でしょ。

トミ　セツ、そんなこと言わないで。あんたは手が器用だから私の苦労がわからないでしょ。見て。私の指。こんなずんぐりむっくりで編んだらこうなるよ。この前「ペケ」をつけられたさ。そして、マサあんたは、きれい。とってもきれい。
マサ　きれいだったら、どうかしたんですか。
トミ　想う人もきっと多いわね。私の父は、「おまえは、いつまでこの家にいるんだ。家も狭いのに」「お前を妻にする男はいないよ」って、昨日父にそう言われて。
セツ　言われてどうしたの？
トミ　泣いたよ。
マサ　それはあんまりよ。
セツ　泣かないで、トミ。あっあたまができたから。回してくれない？　あんたが回したら、よく曲がるでしょ。
マサ　そうよ、そうよ、私のもやってください。ネーサン。
セツ　わーこんなに立派に回って。
マサ　誰にもまねできないわ。
セツ　見事ね。
トミ　はい。これでいいの？
マサ　ありがとうございます。
セツ　ありがとう、あんたのおかげで編みやすくなっている。
マサ　そうだ、ネーサン、那覇からの歌本はまだ来ないのかしら。
トミ　本当ね。まだ来ないのかしら。
セツ　本当ね。エミネーサンのお兄さんが買ってくるってことだけど、まだ那覇に来ていないね。あと2～3日で来るでしょう。
マサ　ネーサンたちは、那覇に行ったことある。
トミ　あるよ。
マサ　私も行ってみたい。あそこは見る物もたくさんあるでしょ。ねえ。首里のところでは、帽子を洞窟で編むという話は本当なの？　そこで編んだらゴミもないでしょ。そうしたら、良いという話。
セツ　そうなの？
マサ　そうだって、私、お母さんに聞いたわ。
マサ母　（声のみ）マサー。マサーはいるの？
マサ　あら、ちょっと家に戻るね。
トミ　あそこのお母さんは那覇にいたから本当だろうね。
トミ父　（声のみ）トミートミーおいで。
トミ　あら、ちょっと家に帰るね。やな親父が呼んでいるから。
セツ　（『帽子くまー』沖縄民謡）
♪あたまぐゎーや　ちゅくてぃ
ぬちさぐや　しらん
かなしうみさとぅに
ならいぶさぬ　さー　ならいぶさぬ
てぃん　とぅみてぃ　くぃらば
わが　とぅじに　なゆみ
さんごたち、手伝う。
さんご　こんにちは。わたしたちも手伝っていいですか？
セツ　いいよ。この仕事は、大変だからさあ。

トミ　妻にはならん。妻にはならん。
セツ　何で、どうしたの？
トミ　たけ、おとうが、お前はうふやーの長男の嫁になるという話まとめてきたって。
セツ　うふやー、あの家は大きいよ。あっちは財産がたくさんあるから良かったんじょないか。
トミ　よくないよ。おとうが準備がいっぱいあるから。帽子編むのはやめてって言われたよ。
マサ　ネーサン。
セツ　また、あんたはなんで。
マサ　ネーサン、私、紡績に行かされる。
トミ　紡績。
セツ　いつよ。
トミ　盆のあとすぐって。えっ、そしたら、私たち３名で予定していた金武の綱引きには。
セツ　一緒に行けないね。紡績って、どこ？
マサ　大阪。
セツ　私は大阪で女中をさせられたけれど、言葉がわからなくて……「オタマとっておいで」「ちゃわんとっておいで」って、ナビゲーのことといっているなんてわからなかったさ。
３人　私たちが楽しみにしていた金武の綱引きには一緒に行けないね。

３人、肩を抱き合う。

さんご　こうやって、娘たちの運命は、決められた時代なんだね。
しんじ　ぼくたち、２０１９年から来たんだ。
マサ　あんたはどこの人ね。
しんじ　沖縄市だよ。
トミ　タシマね。
さんご　あ――あの光だ。
しんじ　君たちもおいでよ。
トミ　金武の綱引きに行けるのか？

わ――。

しんじ　ここは？　２０１９年に戻ったか？
兵士　危ない、どけ！（倒れ、死亡）
さんご　危ないよ。もしかして、ここは１９４５年激戦地のオキナワ。

【第４場】激戦地

トモ　お兄ちゃん、なんで正月でもないのに豚をつぶしているの？
トモ兄　もうすぐ戦が来るんだってよ。アメリカと日本の。
トモ　戦って何？　アメリカってどこなの？　あれ？

トモ兄　あれは、渡嘉敷島だ。今度、戦が来たら、命がなくなるかもしれないからな、生きている間の食料として豚をつぶしてアンダンスー作っている。

トモ　「警戒警報」が聞こえたら、ランプに黒い布をかけて、家の中を暗くするんだよね。そして解除になったら、この布をとっていいんだよ。上手でしょ。

トモ兄　練習しておけよ。

トモは、練習は繰り返す。

♪警戒警報

トモ　おにいちゃん！

トモ兄　ににに、逃げるぞ。

兄は、荷物を持つ。
兄は、妹の手をとり、大きな袋をもって、逃げ惑う。兄は何度も転ぶが妹を守る。爆弾の音がすると、妹の壁になり守る。そして壕を見つけて入る。

トモ兄　誰かいる。誰だ？

しんじ　そっちこそ誰？

妹は、無視している。

セツ　ちょっと待って！　あんた、足けがしているよ。私は、セツ。怖がらなくていいさ。トミ、消毒するから、水もってきて？

しんじ　俺、しんじ。

マサ　私、マサ。

トミ　あ、私はトミ。どこか、水ないかな？

さんご　わたしの水。使って！　私はさんご。よろしくね。

しんじ　あっ、俺のを使ったほうが……いいよ。絶対！

トミ　ありがとう。じゃーこれは、セツにあげよ。これは、わたしが飲もう！　ごっくん「しょっぱーい」。

トモ兄　大丈夫か？　君たちは、あまり見ない顔だけど、どこからきた？

しんじ　実は、俺たち、２０１９年の沖縄から来たんだ。

トモ妹　嘘つき。

トモ兄　オキナワはどうなっているの？　あるのか？

しんじ　あるとも、平和だよ。来週には学校で体育祭があるんだ。踊ってみるよ。

踊り。

トモ兄　（涙）平和なんだな。君をみたら、わかるよ。

しんじ　君も絶対に、死ぬなよ。

セツ　私たちは、１９２０年のうちなーさ。パナマ帽を作っているさ。

トミ　これ、ぺけつけられたやつ。

トモ兄　なんでわざわざこの時代に。生きるか死ぬかの時代に。

さんご　２０１９年のうちなーんちゅ。今を生きるのに精いっぱいの人たち。でも、もっともっと考えることあるよ。もっともっと、みんなで話することあるよ。でも、あなたたち、絶対に生きてよ。

トモ弟　でも、十・十空襲のときは、命を亡くしたと思ったね。だってお兄ちゃん、僕たちの手をとり、大きな袋を担いで走ってさ。お兄ちゃん、何回も転ぶんだもん。

トモ妹　でも、私にケガさせないようにって、何回もかばってくれたのわかるよ。

しんじ　やるじゃん。

トモ兄　そんなことないって。こっちだって真剣なんだ。

トモ弟　早くお父さん、お母さん来ないかな？　お父さんに高い高いしてもらうんだ。お母さんに、髪といてもらうんだー。

トモ妹　しー誰か来たみたい。

しんじ　日本軍だ。（よく見て）「あんたは兵隊じゃないよね」。

トモ兄　「私は師範学校生です」、「私のお父さんは師範学校の校長先生で、天皇陛下の写真を持ってやんばるに行きました」。

やまと　となりの壕には、日本軍が入ってきて、住民はみな追い出されました。私も入っていいですか？

水をあげている。

トモ妹　（師範学校生のかばんをあけて）ね、おにいさん。これなに？　何かかたいよ。

やまと　えーさわるな。これはさわらないでよ。自分は、最後はこれでやるからね。あんたたち捕まっても殺されないからね。捕虜にされなさいよ。お水ありがとう。

トモ兄　あの硬いのは、手りゅう弾だ。

どーん。奥の方で。自爆。

トモ妹　お兄ちゃん……。

暗転。

セツたち　あっ、あの光だ。

トモ兄　私たち、過去へ戻るときがきたみたい。

しんじ　君たち、戻るの？

セツ　もちろんさ。あんたたちみていたら、私たちも自分たちの力で道をきりひらいてみるよ。あんたたちもがんばりなさい。

しんじたち、トモ兄弟の所へ。

しんじ　君たちも僕たちの時代に一緒にいく？

トモ妹　行こうよ、お兄ちゃん。

トモ兄　それは、できない。
陽太郎　なんでだよ。俺たちと一緒に帰れば、生きられるのに。しかも、お前の父さんも母さん、もう帰ってこないこと知っているだろ。お前たちは、絶対生きてほしい。
トモ兄　僕たちには、役目があるんだ。生き延びて、戦争という同じ過ちを犯さないように次の世代に伝えていかなければ。
陽太郎　何言っているだよ。死ぬかもしれないのに。（涙）
さんご　ばいばい。
しんじ　ばいばい。

暗転。

【第４場】夢見つける陽太郎

しんじ　タイムスリップ中、陽太郎としんじは、同じ夢をみていた。
陽太郎　俺、久しぶりにこんな夢みた。小さいころは、野球選手になるんだ。なんて言っても、周りは応援してくれた。最近では「現実みろよ」なんて言われる。でもさ、夢大きく持ったっていいじゃん。一生一度の人生。夢叶えるために努力することを俺はしたい！

【第５場】（サンゴからのメッセージ）

しんじ　さんご、さんご？
さんご　わたしは、ここよ。もうサンゴに戻るときがきたみたい。
しんじ　さんごって、君は、海のサンゴなのか？
さんご　そうなの、３日間だけ、お母さんに人間にしてもらえたの。
しんじ　俺、さんごのお母さんにあってみたいよ。
さんご　でも、わたしには力がないわ。しかも、お母さんは、人間が嫌いなの。

雷、光。さんご母。

さんご　おかあさん、
さんご母　さんご、どうして人間と一緒なの？
さんご　私、人間になってみて、人間大好きだよ。
さんご母　さんご！　何言っているの！　人間なんておろかだって。なんてね、私も小さなときあなたと同じように人間になりたいと思ったの？
さんご　おかあさんも。
さんご母　そうよ。でも、おばあちゃんにとめられたの。今回、私もあなたを通して人間、沖縄をみることができたわ。さんご、しんじに出会えてよかったね。祖先のおじーおばあーから受け継がれる風習、言葉、感情。沖縄は戦も乗り越えた。さんごも人間も「ものいわぬ少年少女になってはならない」。時代がかわる中、うちなーぐちから日本語へ。自分の思いを伝える言葉がかわっても、未来へ進むこの道をとめてはならない。

暗転からスポットライト。

しんじ　２０１９年の夏。僕は、不思議な出逢いをし、不思議な体験をした。さんご、さんご？

さんご　わたし、ここよ。もう、帰るときがきたよ。でも、人間って、やっぱりすごいね。楽しいこといっぱいだけど、かなしいことも多い。ほら、わたし１００年以上も生きているから、オキナワの歴史は大抵見てきたわ。私が住んでいるところは、いま少しずつ土砂が流れている。今までは、人間によってきれいな海は守られていたけれど、今回は、人間によって住む場所を奪われている。人間って何？って思ったけれど、しんじと出会って、やっぱり人間好き。だって、人間は夢をもっているでしょ。未来を考えているでしょ。

陽太郎　しんじ、さんご！……君たちにあえておれは、変われた。……いろんな時代に連れていってくれた。今までの俺は、甘えていた。言い訳ばっかり。俺は俺。自分の思ったことは言うし、言い合える仲間も見つけていきたい。しんじ、また、明日な。なんかいいとこ邪魔しちゃったな。ごめんな。

しんじ　なんだよ、あいつ。さんご、また会えるかな？

さんご　きっと会える。だって、道をきりひらくでしょ。

しんじ　俺も人間だから、もっと人間らしくする。未来のこと考えたり、多くのこと話したりさ。運命は、変えられないかもしれないけれど、この時代は、うちなーんちゅ一人一人が、しっかり未来のこと考えたし、話し合いも、提案もいっぱいやったって誇れる時代にしたい。ありがとう。さんご。

一列。

２０１９年夏、僕たちにできること。
今を一生懸命生きて、考えることが豊かな未来へつながる。
考えることも、努力することもたくさんあるよ。
それぞれの道をきりひらくこと。
その道をあるきつづけること。
そして、未来へつなぐこと。
僕たちの未来のとびらをひらくとき。

『とびら』作詞・大城貞俊／作曲・マイケル照屋

♪とびらを開こう　仲間と共に
とびらを開こう　あなたと共に
過去のとびらが　今をつくる
今のとびらが　未来をつくる
恐れないで　勇気を持って
両手をつないで　語り合おう
恐れないで　勇気を持って
笑顔を交わし　歩いていこう

三方礼。

——幕——

作者からのメッセージ

サンゴの「うむい」に思いを寄せて

照屋寛文（kanbun）

私は海が好きだ。

以前、八重山諸島（石垣島）の川平湾にサンゴを見るために行きました。地元の人に加え、観光客も多くグラスボートも満席状態でした。期待に応えるようにサンゴも一生懸命生き、輝いていました。サンゴがまるで歌を歌っているようにも感じ、どんな悩みがあっても「♪みちはあけるよ、明日にはあけるよ～」なんて波音と共に聞こえてくるように思いました。

そんなとき、政府の方針で「沖縄にある米軍基地が辺野古に移転する。辺野古の海を埋め立てる」と知りました。じゃあ、辺野古の生きている生き物は？　その場から動けないサンゴは？　とても疑問に思い、涙を流したときもありました。何もしないではいられない。できること。それは、子どもたちと演劇を通してメッセージを届けることでした。

そこで私たちは、辺野古（大浦湾）でグラスボートを出してくれる業者さんを見つけ、辺野古のサンゴに会いに行くことにしました。まず異様な空気。辺野古の埋め立て準備も始まり、海には観光客ではなく、監視艇。私たちのグラスボートも常に監視されています。それはさておき、大浦湾のサンゴは、私に「何しにきたの？　ここ埋め立てるんですよ。どう思っているの？」と問われたように感じました。二十分程度の船旅でしたが、川平湾のサンゴとはまるで別人でした。長い年月を大浦湾で過ごし、沖縄の歴史も辛い戦争という過去も見てきているサンゴが「私人間になりたい！　沖縄の人と関わってみたい」なんて伝わってきました。そして、現代の中学生とサンゴの知っている時代を駆け巡りながら沖縄を感じていく作品となりました。

最後に、サンゴは埋め立ての問題も大切だけど、沖縄いや日本、世界中の人にこれからの沖縄について語りあってほしい、考えてほしいという「想い（うむい）」を届けます。

▼**初演**＝二〇一九年／沖縄市立美里中学校

[写真：又吉弦貴]

フェンスに吹く風

誰のものでもないこの地球を　どこで区切るというの

作＝又吉弦貴

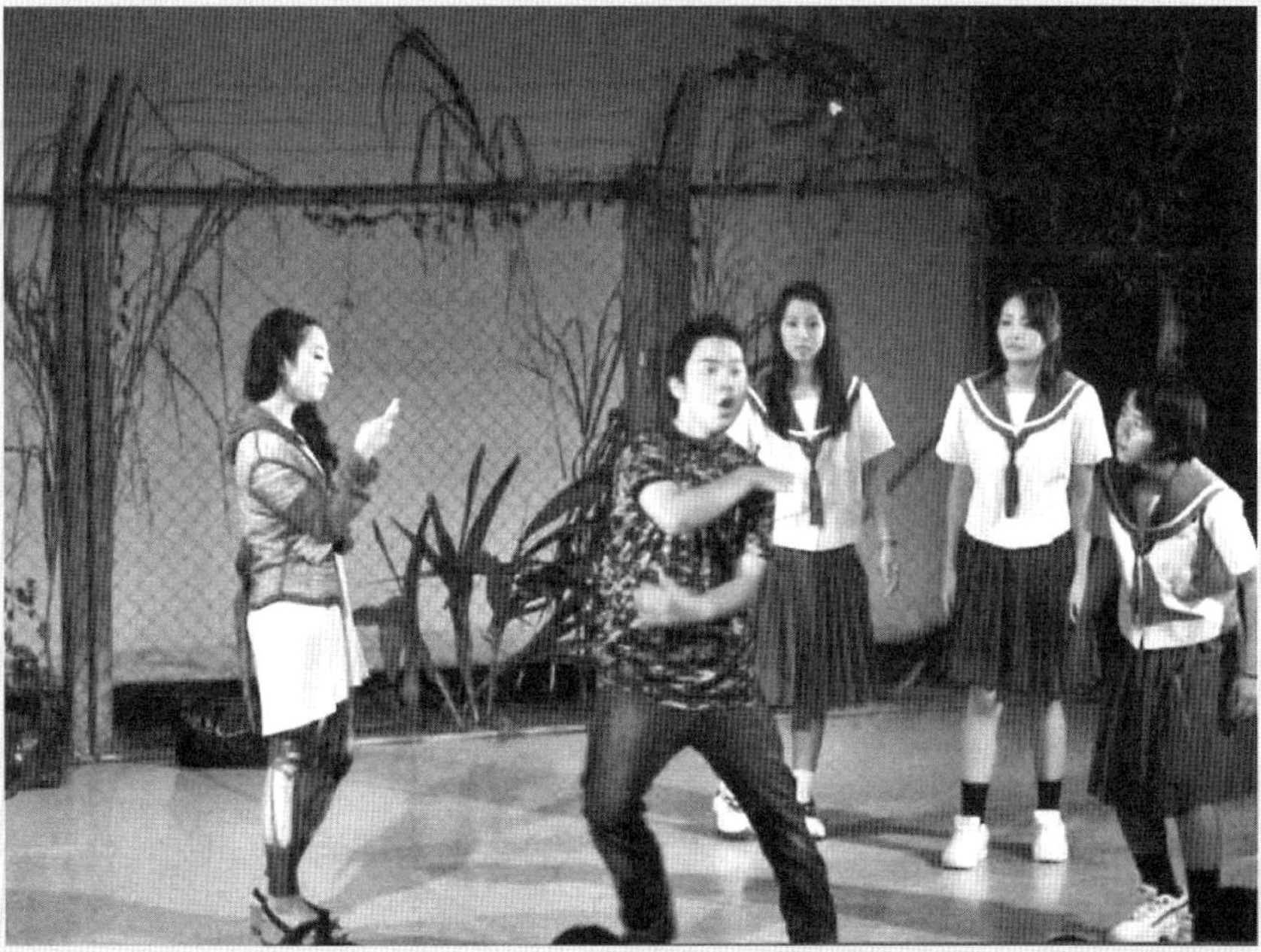

上演＝那覇市立古蔵中学校演劇団

登場人物

カメおばぁ　(81) 学校の近所にたむろするおばぁ、一才年下のタマおばぁとのおしゃべりが最高の時間だと思っている。
タマおばぁ　(80) カメおばぁのユンタク仲間。物知り。
健夫　(35) 軍雇用員、基地で収入を得ているがこのままでいいのか疑問を持ち仕事をしている。人がいいので誰からもすかれる。
マリコ　(29) 健夫の彼女。ハーフで美人なのを鼻にかけている。他人には気を許さないが、健夫にだけは本で語り合える。
あかね　(15) 中3年、活発な女の子で、誰とでも気が合う。
かおり　(15) 中3年、あかねの親友、あかねとは保育園から中学まで同じ学校。
江利子　(15) 中3年、ダンス部に所属、ミーハーで活発な女の子。
ゆき　(15) 中3年、天然で明るくわけへだてなく接しクラスの皆からすかれている。
ひとみ　(15) 中3年、おしゃべり屋でクラスのムードメーカー。
比嘉　(15) 中3年、天ぷら屋の息子。
先生　(28) 中学の先生、感情にとらわれることなく淡々と授業を進める社会科の先生。
青木　(15) 本土からの転入生、修学旅行できた沖縄に興味を持ち、沖縄の事をよく調べ上げる。
偶然、父親の転勤で沖縄へ移住するが、沖縄の中学生がノーテンキなのにカルチャーショックを覚える。

1 芭蕉布

六月の半ば、空梅雨の日差しを受けて、街路樹の木々からクマゼミの鳴き声が聞こえくる。学校の帰り道、保育園の時からズーと一緒だったあかねとかおり。十二年間一緒だと、女子同士のトラブルも一つや二つありそうだが、この二人にとっては全く関係なし、今日もちょっとだけ道草をして、ユンタク（お喋り）に花をさかせる。（ユンタク。こんなひとときが二人の最高の幸せ時間）

あかね （鼻歌を歌う）ふんふんふぅ……
かおり あぃ、授業で習った、芭蕉布でしょう。
あかね わかった。
かおり うん。

舞台中央で「芭蕉布」をアカペラで歌う。
カメおばぁとタマおばぁは、おしゃべりをしている。
そこへ、懐かしい歌が聞こえ、話が中断。聞き入ってしまう。
舞台暗くなり、歌う二人と老婆二人にスポット。
歌い終わると照明もとの明るさに。

カメ あい、ねーねーは、いい歌、唄っているね。学校で習ったのか？
あかね はい、音楽の時間に習いました。
カメ この歌は、おばぁも知っているよ。（一小節唄う）
かおり あい、おばぁもじょうずだね。
カメ 昔はよ、かんざとばるのチュラカーギー歌唄姫て言われてたさ。
タマ ちゅらかーぎーはよけいさぁ。（軽い笑い）はぁはぁはぁ。
あかね はぁはぁはぁ（二人笑う）
カメ あいぃ、何がおかしいか、信じてなぁいな。
かおり あかね、かんざとばるてなに？
あかね ほら、マックの後ろの地域さぁ。
かおり ふーん。かんざとばるて言っていたんだ。あっ、おばあちゃん、ちょっと聞いていい？　学校から宿題が出ていてさぁ。おうちの人から沖縄が本土に復帰したことについて聞いて、調べておいでって。
カメ 復帰。
あかね ん。今年はさぁ。沖縄が本土に復帰して四十年なるんだって。
カメ あぁ、そうね、もうそんなになるんだね。復帰の宿題。

カメ、「沖縄を返せ」の歌（民族の……）を口ずさむ。

タマ この歌本土復帰の願いこめてうたったんだよ。
かおり 願いはかなったのおばぁ……、
カメ にんとー　せー　うくさりいしいが　にんたふーなーや　うくさらん（寝ている者は起こされるが　寝た振り

は　起こせない）

かおり　おばぁ、今なんて言ったの。

タマ　寝ているのは起こせるけど、寝たふりは起こせないということさ。すやすや寝ているときに体ゆり動かされたら、目さますさぁ。でも、寝ているふりしている者は違う。わかっていても実行するつもりはないから、誰にどなられ、蹴飛ばされされても起きない。早く目をさまして立派になってという願いはその人の心には響かない。

カメ　その気のないものはいくら言ってもだめだと、ということさ。

あかね　ふーん。意味はわかったけど、なんて言っているのかはちんぷんかんぷん……。

カメ　あっはははぁ。おばぁさんたちはさ、ヤマトグチよりも、このシマのクトゥバの方が、気持ちが伝えやすいさ。でもさぁ、だんだんうちなぁぐちが、無くなっていく気がするわけよ。本土に復帰したら、みんな標準語。島の方言使う人はだんだんへってきてさぁ。

タマ　そしたら基地のフェンスもへるかなと思ったら、これは全然変わらん。大切なものはへっていくけど、いらないものはなくならないさぁ。だからさぁ、おばあーは毎日、わじわじー。沖縄は、差別されているとしか、思わんさ。あんたたちは、どう思うか。

かおり　（フェンスをみつめて）……。いつか、なくなるといいね。

暗転し、少女、おばぁ、はける。

2　教室

「ミルクムナリ・チャイム」の曲。

運動会でエイサーを踊ることになり、クラスで練習……

ざわめきながら始業始まりの鐘で席に着く。

江利子　えー、ゆーきー、先生から出された本土復帰についてなんか調べてきた？

ゆき　お母さんがちょうど、小学校の頃でさ、復帰記念の筆箱とか、下敷きがもらえてとても嬉しかったて。でさぁ。押し入れのタンスにさぁ。その時のメダルとかがあったわけ、ちょー感動した。……。

江利子　でぇ、ゆきちゃん、それ以外には？

ゆき　お母さんの昔話にお父さんものってきてさ、……あの当時はドルで買い物してたよな、一〇セントもっていたらとってもお金持ちだったなぁなんて……

江利子　ゆきちゃん、で、しらべものは。ちゃんとまとめきれた？　できないと、また居残りだよ。もうこの前みたいに待つのイヤだけど。

ゆき　だからよ。でもさぁ、話聞いていたら、ついつい聞いて、まとめきれなくなったさ。どうしよう？

江利子　どうしようって。ほら、こんな事は歴史の中ではじめてあったことさぁさ、だから、その沖縄の未来とか、これから自分たちが伝えていかないと、いけないこととかさぁ……あぁーでぃーじ難しい。

ひとみ　江利子、あのさぁ……

江利子　ごめん、今、話しかけんで。やっとまとまりかけそうだから。

江利子　……。

ひとみ　転入生がくるってよ。

ゆき　東京から。

江利子　（ペンが止まる）ゆきちゃん、ホント？　いつ？

江利子、突然悪知恵が働く。

江利子　えー比嘉。気分悪そーだけど、保健室で休んだら。ねぇねぇ。

おとなしそうな比嘉。突然の江利子の発言に驚く。

さき　（間髪入れずに）だぁ、比嘉。（江利子に目配りをしながら）。まじ顔色悪いよ。保健室に連れて行ってあげるよ。

比嘉　（比嘉、そんなに気分は悪くないけどと言いそうになるが、さきの勢いにのまれる）だいじょうぶだいじょうぶてばぁ。

比嘉、教室から、さきに連れてかれる）

さき、比嘉を連れて行きながらみんなにピースサイン。

江利子　よしゃ、これで、転入生は――（江利子は、隣に空いた席に、ひとまず転入生を座らせてアピールしたいのだ）

暗転

3　教室―転入生

明るくなる。

先生　静かに、うるさい、うるさい（声張り上げる）。おはようございます。声が小さい。おはようございます。今日から、このクラスに転入することになった青木さんです。

青木　皆さんヨロシクお願いします。

ゆき　ヨロシクお願いします。

先生　今日は、どこに座ってもらおうかなぁ。

江利子、手を挙げて、アピール。

先生　あれ、そこは比嘉君の席じゃなかった。

江利子　あっ、比嘉君は気分が悪いって、早退しました。

さき　（保健室から戻ってくる）先生、早退しました。
先生　そうですか、じゃ、今日は、とりあえず江利子さんの隣に座って授業を受けてください。

青木、腰掛ける。その後ろから、さきがほっぺに指つん。女子もりあがる。

先生　うるさい。静かに。（怒鳴る）うるさい！　では、昨日の続きを復習します。教科書157ページ。沖縄県は全国の〇・六％に満たない面積ですが、アメリカ軍の基地が……
ひとみ　……四〇％
ゆき　……五〇％
さき　……六〇％
青木　七五％を占めています。

全員、一瞬、転入生の方をみる。

先生　そうですね。それでは、沖縄戦の特徴を宿題に出しましたが、調べてきたことを発表してください。（周りを見渡す）あれ、だれもいないの？

クラス全員、バツが悪そうに見つめあう。

あかね　昨日、夜遅くまでメールの返信していたからさぁ……。さすがに、二十人目からは、手がふるえて……失礼。
さき　どうりで、私の名前、かーよになっていた。ちょー失礼。
あかね　ごめんごめん。
先生　そこの二人うるさい。宿題とメール、どっちが大切。

二人、気まずそうに顔を見合わせる。
青木、ゆっくり立ち上がりながら、淡々と語る。

青木　沖縄戦の特徴は……
1　勝ち目のない捨て石作戦で、本土防衛のための時間稼ぎでしかなかった。
2　米国・イギリス軍による無差別攻撃で多くの住民（すなわち非戦闘員）が犠牲になった。
3　住民をまきこんだ激しい地上戦が展開された。
4　軍人よりも、住民の犠牲が多かった。
5　日本兵による住民殺害事件が多発し、また軍命による「強制集団死」も行われた。

クラス全員あっけにとられる。

先生　（完璧な回答にあっけにとられる）そぉそぉですね。人類を見ない戦争がこの土地で行われました。私たちは二度とこのような戦争が起こさない努力が必要です。そのためにどうしたらよいでしょうか。

みな、ひそひそと話し合うが結論が出せない。
比嘉が保健室から戻ってくる。
江利子、目配りで、別の席に座らせる。

さき　比嘉ーこっち。
先生　(比嘉の存在に気づく)あい、比嘉だいじょうぶねぇ。
(比嘉、軽くうなずく)
青木　戦後、この戦争をまねいた日本人としてその責任をどのように認識し、アジア諸国の人びとの戦後補償などをどのように解決していくか、真剣に考えていくべきです。また、過去の歴史にあった「琉球処分」以後の本土への同化政策や皇民化教育を受け入れていった沖縄人の内面にもメスを入れて、きちんと検証するあると思います。いつまでも被害者意識では進歩しません。本土との連携を深め平和活動の輪を広げていくことが大切です。
江利子　青木君すごい。(ゆき、うなずく)
ひとみ　でーじ、でぃきやぁー。
ゆき　でぃきやぁーてなに?
かおり　えぇーゆーきー、でぃきやぁーもわからんわけぇ。
あたまがいいて意味さぁ。
ゆき　ふぅーん、イングリッシュ(英語)?
かおり　英語?　あんた沖縄の人?
ゆき　うん。
あかね　(席を立ちノートを丸めて、ゆきの頭を叩きにいく)だぁ。(軽く叩く)
ゆき　あがぁ。なにする。
かおり　「あがっ」て、やっぱ沖縄の人だ。あのさぁ、ゆーきー、これくらいの方言わからないと……。
先生　はい、はい、ほんとにできやぁだね青木君、沖縄について、すごくよく考えて知っているのね。
比嘉　(かるく笑いながら、……本土からの転入生と言うことで、何となくおもしろくない)そんなの考えてももしょうがないよねぇ。
青木　そんなの考えてもしょうがない。そのまた次も、考えてもしょうがない。そうやって、考えることから逃げているんだよなぁ沖縄の中学生は。あっそうそう、学力だけじゃなくて、郷土愛も低いんだね。痛みを感じないだ君たちは。
比嘉　(いきなりの図々しささに、本土の人に対する敵対心と不快感がメラメラとわき出す)えぇー。やぁー、言い過ぎだろ、転入生のくせに。
青木　正直に、言っただけさぁ。テレビで沖縄の基地問題が報道されるたびに、ガンバつて活動しているのはオジサンや年を取った人たち、若い人たちも行動があまりみられない。君たちも、それと一緒じゃないか。その証拠に、先生の質問に誰も真剣に勉強してこなかっただろ。だから、お前たちは(馬鹿)。

ジェット機の音。

青木、椅子の下に隠れる、耳を押さえる。他のクラスの生徒はポカーンと青木の動作をみて、クスクス笑う。

青木　先生も、みんなも驚かないの？

比嘉　なんで、普通だし。いつものことだよな。

みんな顔を見合わせ、軽くうなずく、日常茶飯事なので特に何が、大変なのかわからない。

青木　普通、どこが普通。あれって戦闘機じゃないか。

あかね　あの音は、Ｆ14かなぁ。

ひとみ　生まれるまえからあるから、とくに落ちる訳でもないしねぇ。

青木　えっ、落ちてからでは遅いだろ。いや、実際、以前、ジェット機やヘリが学校に落ちただろう。

先生　はいはい、いいかげんもうそのぐらいにして、授業にもどりますよ。

青木　先生、ここが大事じゃないですか。生徒が適当なら、先生も先生だ。これが平和、癒しの県。まるで、植民地じゃないか。これは、普通じゃない。

ひとみ　先生に反抗したらだめさぁ。謝った方がいいよ。そうあつくならんで。中学生が考えても、しかたないさぁ。基地はいつなくなるかわからないし。

青木　なくならないかぁ？　なくそうという気がないんだろう。

先生　（たんたんと寂しげに……）青木さん、あなたは引っ越してきて間もないから、理解できないところもあると思うけど、このクラスの保護者にも基地で働いていたり、基地の人を相手に商売をしている人たちもいて、簡単な問題ではないのよ。

あかね　でも先生、いつも慰霊の日が近づくと、平和集会や平和のことについて授業があるけど、なんにも変わらないというのは、なんか……なんかぁ……

ひとみ　なんかなぁ、てなに？

あかね　うまく言えないけど、私たち心のどこかで、誰かがやってくれるものにしているのかもしれない。

比嘉　あたりまえだろ、俺たち中学生ができるわけないさぁ。それに、なにしていいかわからんさぁ。

ゆき　じゃぁ考えよう。

かおり　じゃぁ考えようて何を考える。

ゆき　戦争がすきな人を、戦争を嫌いにする方法。

全員　………。

比嘉　ゆきちゃん、それができたらノーベル平和賞だよ。おめでとう。（みんなで茶化す）

青木　そうやって、人が純粋に気持ちを伝えているときに、真剣に答えてあげない、お前みたいな適当な奴が沖縄をだめにしていくんだ。てぇーげぇー。そうだ、ぼくが一番最初に覚えた沖縄の方言。おまえ、てぇーげぇーだろう。

比嘉　やぁー、いきなり転入してきてなんかその言い方。それにかってに方言も使って馬鹿にするな。

青木　正直に、言っただけさぁ。もう一つだけいっておくけど、テレビで沖縄の事が報道されるたびに、ガンバって活動しているのはほとんどがオジサンや年を取った人たち。君みたいな若者が増えると、沖縄もジエンドだな。

比嘉　もう一回言ってみ。

青木　自分の弱点を言われたらすぐカッとなって感情むき出す。あっ、てぇーげぇーに何をいっても、考えましぇんかぁ。

比嘉　ゆるさん。

教室騒然となる。先生のかん高い声——

先生　二人ともいい加減にしなさい。職員室に今すぐ来なさい。

三人出て行く、のこされた生徒は不安そうに集まる。

暗転

4 下校の散歩道

明るくなる。フェンス前。

学校からの下校途中、授業であったことが話題になっている。

ゆき　今日、教室ですごかったね。

ひとみ　わたしさ、あの本土からの転入生きらい。いかにも、知ってますよーの上から目線。沖縄の人を馬鹿にしている。

江利子　沖縄の人、じゃなくて沖縄の若者を馬鹿にしているでしょ。

ひとみ　なんで？

江利子　だって、いってたさぁ。オジサンや年配の人は沖縄の問題のためにのために頑張っているて。だから、その人たちのことは認めているんだよ。

ひとみ　そうかなぁ。江利子はあのナイチャーの見方するわけ。

江利子　最初はさぁ。あ東京、てぇ感じでさぁ。いいなぁと思っていたけどさ、あんなに口パクパクしゃべるんだから、あきれて「ならん」と思ったたさぁ。だけど、冷静に聞いてみるとみんなあたっているからさ、複雑。

ゆき　「だからよぉー」て感じかなぁ。

江利子　「だからよぉー」か、沖縄の言葉て、なんか、気持ちが伝えやすいね。

ひとみ　わかる、わかる。

かおり、あかね、ゆっくり歩きながら登場。

かおり　あのさ、昨日、比嘉からスーパーボールもらったってばー。あいつぶっきらぼーで、体堅くて、手足短いけど、なんか一緒にいたら和むよなぁ。

あかね　あれー。今の告白。

かおり　はぁ、まさか。考えられん。あのさ、これ投げ合いしてから取れんかった人デコピンやろう。いくよー。

スーパーボールを投げ合うが、あやまってフェンスの中にボールが飛んでいく。

ひとみ　あいやー、フェンスの中に入っていきよった。

江利子　どうする。こんな時、困ったときの「比嘉」呼ぶ。

かおり　えー江利子までかぁ。

ゆき　このフェンス通り抜けることができたらな……。

あかね　ゆき、何言っている。このフェンスは昔からここにあって、あっちの世界にはいけないんだよ。

ゆき　わかっているけどさぁ、なんのためにこのフェンスがあるの？

ひとみ　はぁ、それぐらいもわからんわけ！

ゆき　ひとみーはわかるの？

ひとみ　もちろん、子どもにはわからんさ。（三人こける）

ゆき　結局わからんわけ？　青木、青木は、知っているはず。

江利子　（青木の物まね）「この全国の〇・六％にしか満たない面積の沖縄の……」。生まれる前から普通にあるからさぁ、特に疑問に思ったこともないしさぁ、なんでかなぁて思ったこともないさぁ。あかね、はわかる？

あかね　んー。前に親がさ、日米地位協定で日本や沖縄を守るために基地があるて聞いたけどさぁ、その後はなんか話が難しくて……。

ゆき　なんでさぁ、沖縄を守るのにフェンスが必要なの？

あかね　はいはい、また、ゆきのなんでなんでが始まった。ゆき、大人になったらわかるから、今はスーパーボールをどうするか考えよう！

江利子　でもさ、ゆきが言ったみたいにフェンスって何かを守るためにあるさ、これ見たら沖縄の人を守るっていうよりも、基地を守っているように見えるさ。

かおり　江利子、なんか怖いこと言うな、今ぞくっとした。ところで、スーパーボールどうする。

フェンスが五〇センチくらいさけているところを、ゆきが見つける。

ゆき　ここすこし、フェンスがさけてますけど、ここからなら、私だったら通り抜けられるかもしれん……

かおり・あかね　ゆきーやめたほうがいいよ。

ゆき、フェンスを押しながら隙間に体をスライドして入れる。

ゆき　江利子、はさまった。

江利子　なに！

ゆき　ちょっとフェンスの針金におしりが刺さっている。戻ったら突き刺さるし、向こう側にぬけていい？

ひとみ　やめれやめれ。

ゆき　わからんけど、戻ろうとしたらフェンスの針金がもっと突き刺さる……。いたたたたぁー。
江利子　どうする、ひとみ。
ゆき　すり抜けてみよう思う。
江利子　ゆき、お前自分の立場よく考えてみ、いま体半分はアメリカ、半分は沖縄になっている状態だよ。
ゆき　ハーフ？　かわいい。（全員こける）
あかね　かわいいとかの問題じゃないだろう。それに、今はハーフは差別用語でダブルが正確なんだよ。
江利子　今、そんな問題じゃない。もぉー引っ張るよ。
ゆき　いたたたたぁー。
かおり　我慢してゆき、今あぶない状態だよ。
ゆき　ちょっとまって、おしてもだめなら、もっとおしてみろ、はい。

ゆっくりとフェンスの中へすり抜ける。

ひとみ　ゆきちゃん。
ゆき　ここアメリカ。
江利子　ん。
ゆき　スーパーボールとってくるね。
ひとみ　そんな問題じゃないと思うけど。ゆき、あぶない。はやくこっちに戻っておいで！
あかね　えーえー待って、（呼び止め、周辺の草を引き抜く）旅のときは、必ず、魔除けとして、サ……サ……。

ひとみ　サングぁー！
あかね　そう、サングぁーもっていけって言われているさ。でーじど、今、日米関係微妙だし。はい。気をつけれよー
江利子　みんな、冷静に考えて、そんな問題じゃないと思うけど。ゆき、戻っておいで。
ひとみ　そうだよ。早く戻ってこないと
ゆき　でも、みんなのスーパーボールが、……私、いつもみんなに助けられているからさぁ、大丈夫だから、ねぇ、心配しないで。
かおり　説得力が、全然、かすかに、みじんも、まったく無い。あぁ、ゆーきー、ゆーきー！（フェンスの方を見つめる）

暗転

3　フェンスの前で（フェンスの意味合い）

明るくなる。フェンスの前。
やや時間がたっている。

あかね　いきよった。
江利子　いきよったな……。ひとみ、私、チャーリーに電話してみる。
ひとみ　なんで、チャーリー。

江利子　私のクラスにいるチャーリーさ、ベースにオジサンがいるっていっていたさぁ。だから相談したらベースの中に入れてくれんかな。
あかね　チャーリーてーじかっこいいじゃない？
江利子　かっこいいよね。実はさ、誰にも言わんでよー私さ、チャーリーに誘われて基地のハロウィン祭り行ったってばーよ。
ひとみ　待て？　何かそれ、何でチャーリーと江利子が祭りいくばー校則違反ど。この前、アメリカーはきらいていっていたさぁ。何でお前がチャーリーと、てだこ祭りに行くば。それって間違ってるだろ。
江利子　チャーリーは別。日米地位協定さ。
あかね　江利子、意味わからん。
江利子　あんた、何ジェラシーしているの？あい、あいあいあいあいあい、まさか、チャーリーのことましてるんじゃないの？
あかね　ないないない。そんなことないですよ。でもさ、フォークダンスの時、隣りで手つないでくれたよ。
江利子　あかね。なまっている。やっぱりあんたも沖縄人（ウチナァーンチュ）だ「てぇー」じゃなくて「手」だろ。
あかね　だから「てぇー」でしょう。
ひとみ　えぇー、今そんなこと、もーどうでもいいってばぁ、ゆーきーは。「ゆーきー」どうしよう。ただ、前に、フェンスがあるだけなのになぁ。

健夫とその彼女登場。

健夫　（怒鳴りながら出てくる）hey hey, you shouldn't go inside!
ひとみ　あい、あれ、ＭＰあんに？　でーじなことなってる。どうしよう。
健夫　hey hey, you shouldn't go inside.（ここに入ったら、だめだよ）
かおり　江利子。なんか英語いってるよ。江利子は英語はなすアメリカー、かっこいいって言ってさ。それに英検準二級さぁ、なんて言ってるか、しゃべってきて……。
（全員で押し出す）
江利子　（押し出された江利子、サングラスを外した相手の顔をまじまじと見つめひと言）はー、タイプじゃないのに。
全員　！（軽く、こける）
あかね　えぇー、タイプとか関係ないだろ。ゆーきーのどこにいるか英語で聞かんと。なんか話して江利子！
江利子　わかったよ！　Hi Hello How are you Sr. My name is ERIKO. Can I ask your name. I like チョコレート。
健夫　へーくなぁけれー（早く帰れ）。何してるの。
かおり　あれ、日本人ですか。

ひとみ、そっと健夫に背後に回り、持っていたバッグでなぐる。

健夫　あがぁー。なにするかぁ。
全員　うちなんちゅだ。
あかね　沖縄人さぁー。まぎらわしー。
マリコ　（笑いながら）健夫、あんたベースの軍人に間違えられてるさぁ。うける。ねぇねぇたち、このフェンスの向こうに行こうとしているみたいだけど、入ったら、何されるかわからないよ。
健夫　中学生が集まって何している。このフェンスの中に入ったら、アメリカの法律で、打ち首！
江利子　打ち首ー。
かおり　い、いま、私たちの友だちが、フェンスの中に入ったスパーボールをとりに中に入っていったんです。少し天然で、行動が鈍いところがあるけど、純粋で、フェンス中に飛んでいったスーパーボールを追いかけて……本当に打ち首なんですか。
健夫　打ち首は大げさかもしれんけど、犯罪だよ。日本の法律がとどかないだよ。あんたがたは、でーじなってているよ。友達はなにされているかわからんよぉ。あんたたちは、ベースを甘くみてないか。このベースには秘密がいっぱいで、トップシークレットのレベル5があってさぁ……。そのひとつにさぁ……。
あかね　うん、うん。
健夫　でぇーじ、やがて全部しゃべるところだった。
ひとみ　どうしよう。

江利子　えぇ、どうするやばいよ。

慌てふためき、みんな寄り添う。

あかね　うさんくさいのは、わかるけどさ、今、頼るのはこのオジサンしかいないってば。
かおり　どこのオジサンかわかりませんが、私たちの大切な友だちが、このフェンスからベースの中に入って戻ってきません。助けてください。
健夫　あぁ。（面倒くさそうなのでためらう。でもここで何とかしないとこの中学生だけでは問題は解決しないだろう……）

青木、歩きながら登場。カメ、タマも一緒。

江利子　あっ、青木君。帰り道こっち？　で、だれ、このおばぁたち。
青木　途中であってさ、いろいろお喋りしていたらついてきて、ところでなにしてるの？
あかね・かおり　あい、この前のおばぁ。ひさしぶり。（手を振って合図をする）
江利子　実はさぁ、語れば長いんだけど、省略すると、ゆきがフェンスに入ってどうにか助けないいかにっていうところが今現在。なにかいい方法はないかなぁ青木君。
青木　警察に頼めば？

江利子　警察ねぇ。警察もいいけど、もっとほら友情で助けたいって言うかぁ……。
青木　警察がてっとり早いと思うけど。
江利子　まぁそうなんだけど。
かおり　（フェンスをじっと見ていると、急に立ち上がって、少し声を震わせ）ひとみ、江利子、あかね、動物園いったことある。あの沖縄市の子どもの国の……。
江利子　あぁ、小学校遠足の時いったことあるけどあるけど、なんで急に？
かおり　いつも見てて気づかなかったんだけどさ、あのフェンスの上見て。
江利子　上って。動物園となんか関係あるの……。
かおり　上のほう。
江利子　（少し恐怖顔で）ひとみ、……。
かおり　ねぇ、そうでしょ。
青木　言われてみれば。
ひとみ　えぇー。みんなぁ何もったいぶっている。
江利子　さえ、あのフェンスの上見てみ。
ひとみ　上って、少し角度がついて曲がっているくらいだけど。あぁあれ。
青木　「ネズミ返し」ていうやつさぁ。
ひとみ　それがなんかおかしいのかぁ。
かおり　おかしいさぁ。動物園に行ったとき、そのネズミ返しの向きどこ向いていた。
ひとみ　もちろん、動物の方さぁ。

江利子　でしょう。だからぁ。
ひとみ　（大声で叫ぶ）わぁー。（やっと気づいて驚く）あっ。テレビの刑務所のシーでも、フェンスの上の部分が斜めに向いているのは犯罪者の方。ということは何か。私たちは獣、犯罪者扱い。
あかね　やっと意味がわかった。
かおり　江利子。なんでフェンスはあるのか。ひとみ、ひとみ何している？
あかね　えぇ何してる。
ひとみ　穴掘ってる。
あかね　あな？
ひとみ　穴掘って、助けにいく。
江利子　えー、ひとみちゃん。無理だよ。

何か、堅いものにあたり、三人腰を下ろしてため息をつく。

江利子　はぁ、きりがないねぇ。ゆき今頃どうしているかなぁ。このフェンスのせいだよねぇ。もー、ひとみそんなことやってもむりってばぁ。
ひとみ　やってみんとわからんさ。
健夫　わかる！
ひとみ　何でおじさんがわかる？
健夫　おじさんは……昔、やったからわかる。
マリコ　えー中学生のねーねーたち、私の友だちはさぁ、フェンスをなくすために座り込みもする人もいた。基地反対の集会を定期的にやっている仲間もいる。でもさぁ私は、フェンスの中にある基地のおかげで働くことができてさ、生活している。食べるものにもこまらんし、オシャレもできる。基地が無くなったら誰が私たちの世話をするの。基地に反対はしていても、基地で働くことは憧れだわけさぁ。基地様々なの。

青木　みんなこれが、なれ合いという文化の根深さだ。人間は長い年月飼い慣らされると、考え方がマヒしてしまう。

マリコ　だれ、こいつ。久しぶりの生意気。

ひとみ　この子さぁ、今日、私たちクラスに、東京の学校から転入してきた。

マリコ　（吐き捨てるように）ないちゃーか。あんたみたいな中学生に何がわかるの、私たちは、あなたの何倍も生きて世の中のことをわかっているわ。

青木　倍も生きていらしゃるのに、ご自分のこともわかっていらしゃらないようなので教えてさしあげているんです。いいですか、沖縄はかつて日本に見捨てられたんです。自覚すらないとは本当にうらやましい。コケにされているのも気づかないままに知らないまま墓に入るとは幸せな人生だ。

江利子　（心細く）青木君、言い過ぎ。

マリコ　健夫、めんどくさい、はやく帰ろう。

健夫　まってさぁ。かわいそうさぁ。ええ、ねえねえたち、にいにいが、おじさんが、話しつけてくるから心配するなぁ。マリコもどってくるのが遅かったらこの番号に電話して。必ずだよ。

マリコ　はぁもう健夫、大丈夫ね（健夫うなずく。間をあけて……）東京に住んでいる、あんたなんかに、ウチナーンチュ（沖縄の人）の苦しみがわかってたまるか。私たちだってあんたの言ったことぐらいイヤというほどわかっているさぁ。みんなくやしくてくやしくてしかたないんだ。必死で気持ちを押し殺して納得しようとしているんじゃないか。

青木　なぜ、差別されているのに納得しようとしてるです。

健夫　数人だけで声を上げてもかわらない。でも、だんだん無駄だとわかるとだんだん声を上げるのも少なくなってさぁ、でもがんばってきたんだよ。

青木　（大声を上げる）だからなんだ。だからかまってほしいですか、だから慰めてめてほしいですか、だから優しくされたら、すぐに嬉しくなって許してしまうんですか。先人たちに申しわけないとは、これからの未来の人たちに恥ずかしいとはおもわないですか。

健夫　（胸ぐらをつかむ）えー。

マリコ　健夫！

みんな　おじさん！

タマ、カメ、小走りに歩きながら登場。突然のハプニングに、止めにかかる。

タマ・カメ　あいあいあい。

健夫　えぇ！　やったぁは、なにものかぁ。
タマ　ただの通りすがりのおばぁーさぁ。
健夫　うとぅるさぁよ、さすらいのおばぁーか。まぁ、にぃにぃ、言いたいことよく言った。おれは沖縄好きだからよ。学力は低いと言われてもよ、チムぐくる、心は、最高だと思っているからよ。
マリコ　健夫！
中学生たち　おじさん……お兄さん……（健夫、ニヤつく）決めた。今、ここにいるなかで、おじさんしかできないことがある。わぁは、今から基地の中に入ってあんたたちの友だちさがしてくるからよ。じゃな……。

中学生が、一列になってついて行く。
青木は学校の先生に、知らせに行く。

マリコ　えぇー中学生、こっちにこい！　健夫いきおった。明日から、仕事なくなるかもしれん。あのフリムンヤァー。
かおり　すみません。まりこさん。
マリコ　（名前を言われて、ハッとする）いいよ、私はさぁ、あんな健夫の性格に惚れたわけさ……。
タマ　ちむがなさぁよ（肝愛さよ）。若い人たちは青春していていいね。
カメ　うん。うらやましいさぁ。
あかね　ちむがなさぁよ？
タマ　心で愛し合うことさぁ。
中学生たち　ふぅー。
カメ　あい、そういえば、たぁがらがいっていたこと思いだしたさぁさぁ。この基地の島を、もう一度、平和の島にするには、三人の人が必要てさぁ。タマも聞いたことあるかぁ。
タマ　わたしがあんたに言ったさぁ。（顔を見合わせ笑う）
あかね　おばぁ。三人の人って？
カメ　よそ者、若者、馬鹿者。同じところですごしていたら、者の考え方感じ方がかたまってう。だからさぁ、よそから来た者、よそ者の考え方、ものの見方がとっても必要になってくる。そして、考えて、これはなおした方がいいと思ったら、行動する若いエネルギーが必要になる、若者さ。
タマ　そして、その行動に無欲になってさぁ、かけ引きしないで夢中になっていく馬鹿者がいたら、はっしぇ、でーじぃ最高じゃない。
江利子　（ゆっくりかみしめるように）よそ者、馬鹿者、若者。

暗転

3　エンドローム

明るくなる。一同、フェンスの方を向いて立ちつくしている。
フェンス内、ゆきがおじさんにおんぶされて走っていく。

　　下手から上手、上手から下手に向けて走る。健夫は息を切らして走っていく。
　　ゆきの帰りを待っていたみんなは大きく手を振り抱き合って喜ぶ。

ゆき　（おんぶされて手を振る）江利子ー、かおり、あかねー、ひとみ！

マリコ　走れ、健夫！

かおり　ゆーきー、ゆーきー。

江利子　ところで、比嘉と先生なんで、ここにいるのいる。

先生　青木君がね、ゆきがフェンスの中にはいっていったから何とかしてくださいって、学校に飛び込んできたわけ。

かおり　比嘉は？

比嘉　こいつ、青木が、教室に戻ってきて話してくれた。

先生　で、ゆきさんは本当にフェンスの中に入ったの。

江利子　えっ、（どう隠し通そうか考える）まぁ、そのぉー。

あかね　えっまぁ、でも先生、ゆーきーは今、ここに来ますから大丈夫です。

　　ゆき、下手から登場。

ひとみ　あっ！　ゆきー、あのおじさんが助けてくれたの？

ゆき　そう。でぇ、ごめんー遅くなって。はい、スーパーボール。とってもさぁ遠くまで飛んでいたよ、見つけるのも大変だった。

先生　（あきれた口調で）ゆきさん、基地の中に、無断で入ったの？

　　ゆき、バツ悪そうに、うなずく。
　　健夫、息が途切れて、マリコの前でへたり込む。マリコ、バックの中に入っているミネラルウォータをキャップを開けて差し出す。健夫がぶ飲みし、ふっと一息つく。

かおり　ゆき、ほんとうに大丈夫だった？

ゆき　うん。基地の方からさぁ、みんなを見ていたわけ。大きな声を出しているひとみ、フェンスにしがみついて、心配そうに見ている江利子、魔除けのサンをしっかり編んでいる、あかね。かおり、「ゆーきぃー」って名前呼ぶ声、しっかり聞こえたよ。いつも私さぁ、みんなに助けられているから、スーパーボール絶対さがさないとと思って……。探していたら、きれいに刈られた芝生の上にキラキラひかるスーパーボール見つけてさぁ、嬉しかった！　みんなのところに早く戻ろうと振りかえった時にね、兵隊の服つけた人に「ヘイ」てぇ、声かけられて……、フェンスの外で声かけられても何も感じなかったけど、フェンスの中では、とっても怖くて、怖くて……。（ゆきの目から涙がこぼれ落ちる）

江利子　ゆーきー。

ゆき　みんなのいるところに戻れないかもしれないと思って……。

あかね　ゆき……。

　　みんなの様子を見ていたおばぁたち、みんなの前にあゆみ出て間をおいて、ゆっくり話す。

カメ　フェンスの向こうはアメリカーさ、日本の警察も法律も、あんたもわーったーも、守らんよ！

タマ　やんどぉー。気ぃちきれよぉ。

ひとみ　フェンス……、なんであるのかぁなか。

青木　敵が入ってこないようにするため……。

かおり　私たちは敵だわけ！

比嘉　なんかおかしいよな、ここは（地面を見ながら）、俺たちは……。昔から住んでいた。……先生そうだよね。

先生　ん。そうだよね。

比嘉　ん。そうだよねじゃなくて……。先生。

　　中学生たち、どうしていいのかわからず、先生に駆け寄り問い詰めていく。

ゆき　（ひとり、しくしくと泣きはじめる）人の心を争わせる、そんなものいらない。そんなもの、この島にはいらない。どうして戦争と無関係な私たちが、言い争わないといけないの……。どうして、こんな平和な島の人が敵になるの？　わたし、あたりまえすぎて言葉にもしたことなかった、（間）この生まれた沖縄をもっと深く知って、……愛していく（ゆきの方を見て何人かうなずく）

青木　（ゆっくりと、ゆきに近づく）いいなぁ、うらやましいなぁ……。俺もそんなかっこいいこと言ってみたい。沖縄を愛するって……。

タマ　愛することは学問じゃないよ、相手とか周りのことを、想い（ウムイ）、感じるところから始まるわけさぁ。

マリコ　えぇ、よそ者、転入生。おばぁも言っていただろ、よそから見たものの考え方が必要て。ここにいる中学生とルシグワァー（仲間）なって仲良くしていけ！

　　青木、ポカーンとマリコを見つめる。

マリコ　たたかれてさぁ、「アガァー」ていったらウチナーンチュさぁ。心にフェンスを作ったら息が苦しくなって自由に生きられんみたいよ。（青木の背後につき、思いっきり背中を叩く）

青木　い……（「いたっ」と言いかけるが、みんなに「あがっ」とアドバイスされて）「あがぁ」！

全員　（大笑い）はぁはぁはぁ

　　風が、フェンスの方から吹く、それぞれの思いでフェンスを見つめる。

カメ　はぁー、気持ちいいね。今日もいい風が、フェンスの方から吹いているさぁ。

全員、フェンスの方向を見る。

カメ　フェンスを見ていたら風は感じない(見えないけど)、でもさぁ風を感じたら(見たら)フェンスが見えなくなるさぁ。片手《カタティ》さーね　音ー《ウトーウン》　出じらん。

かおり　片手《カタティ》さーね　音ー《ウトーウン》　出じらん？

カメ　片手ではどんなにがんばっても音が出ないさぁ。

おばぁ、ゆきの手とを取り、自分の手を合わせる。軽くパチンと叩く。

タマ　二つの手が協力してはじめて拍手ができるでしょう。たくさんの人が力を合わせると色々なことができるよ。あんたたちは、フェンスのない、未来のいい世の中をつくりなさい。

青木　(小さくささやく)片手《カタティ》さーね　音ー《ウトーウン》　出じらん……。

(青木、自信なさげに芭蕉布を歌い出す)海の青さに♪

ゆき　(青木の方を見つめながら)空の青……

青木　南の風に　緑葉《みどりば》の

ジェット機が近づき、爆音が徐々に大きくなってゆく。一瞬、歌声はかき消されるが、全員歌い続ける。目線でジェット機を追いかける、眼光には強い意志が芽吹きはじめてきた。

マリコ　芭蕉は情けに　手を招く　常夏《とこなつ》の国
我《わ》した島　沖縄《うちなー》　我《わ》した島　沖縄《うちなー》

歌い終わり、暗転。

明るくなると、ゆきを真ん中にして全員整列。ゆき以外は礼をして頭を下げる。ゆきは、スーパーボールを持った手を斜め上にかざす。ゆっくり手を下ろしてくると同時に、スーパーボールが手から離れて観客のほうにはねてゆく。ゆき、そのとんでいく方を愛おしく見ながら、ゆっくり礼をする。

——幕——

青く澄み切った空に蝉の鳴き声が遠くに聞こえ、ゆるやかな時間が流れていた。
フェンスを吹きすぎる風の中に、あのジェット音がかき消されていくのがはっきりと感じられた。

作者からのメッセージ

故郷・沖縄を知らない自分を再認識して……

又吉弦貴

私の父は浦添の58号線沿で写真館を四十年近くやっていました。戦後すぐに基地関係の仕事に就き、撮影や現像の技術を学び写真館を開いたそうです。

「父ちゃんが若いころにアイゼンアワー（第34代アメリカ合衆国大統領）が沖縄に来たときにはさぁ、トラックの後ろに乗って撮影をしてからさぁ、MPが、道路沿いに一斉に並んでよぉ……。フィリピンの大統領がマルコスからアキノに変わったときにはさぁ……、それとよぉ、パスポートの証明写真がよぉ……」父の写真館は旧沖縄アメリカ総領事館の近くにあったため、米兵がパスポートの写真をよく撮りに来ていました。そして父は、テレビや新聞でしか知らしらない大統領のことを身近に話していましたが、その当時の私はというと沖縄ワードにほとんど興味がなく「ふーん」と聞き流す程度でした。

私はいつも沖縄県の人が、どれくらい沖縄の歴史や文化について興味や知識を持っているのだろうかと、なんとなく漠然とした疑問を感じていました。そう言う私自身が父の話を聞き流したように、無関心で本当に恥ずかしいかぎりのわずかな知識しか持っていませんでした。

演劇の題材選びと構想を練るための調査を進めていくうちに、沖縄に生まれて半世紀近く生きてきたのに、あまりにも故郷・沖縄を知らない自分自身を再認識しました。調査に費やした時間は極めて有益であり、沖縄を築きあげた先人たちの息吹を感じ取ることができました。

物語は、有刺鉄線つきのフェンスで囲まれた米軍基地の周辺が主な舞台になっています。脚本を書く上で、文章の流れや会話や言葉の使い方は子どもたちと確認しながら創ってきました。中学教師という職業柄、子どもたちのたわいもない会話や教室でのやりとりは、実体験をもとにして書き加えていきました。

リアリティ感を出すために、時には米軍施設のあるところまで生徒と出向き、フェンスに触れて、子どもたちの感情を生で引き出す試みもしました。そんな実地体験をしている時に生徒が口にしました。

「これがフェンスに吹く風か……」「ホントだ、フェンスに吹く風だ！」連鎖的に隣にいる生徒もつぶやきました。

それまで風がどの方向から吹いているのか、まったく関心を示さなかった生徒たちが無意識に言ったひと言に、私は一人感動していました。

米軍施設のフェンスの前で

▼初演＝二〇一二年／沖縄選抜演劇団

HIMEYURI
伊原第3外科壕の奇蹟

作＝又吉弦貴

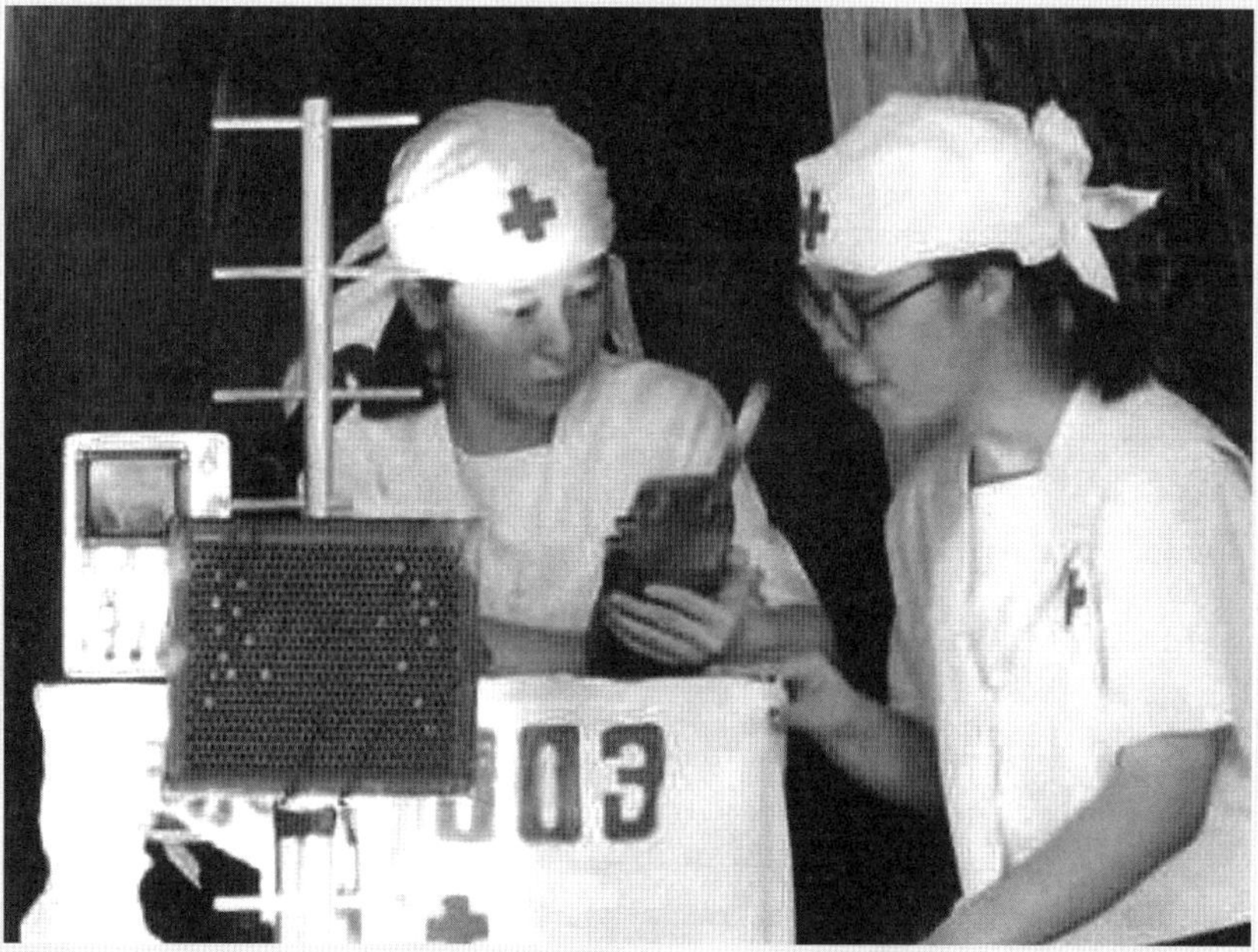

上演＝那覇市立安岡中学校演劇団

■登場人物

クララ　現代の中学生
レイ　現代の中学生
マサル　現代の中学生
マナミ　現代の中学生

ユキ　ひめゆり学徒隊
ミチコ　ひめゆり学徒隊
アイコ　ひめゆり学徒隊

日本兵コウヘイ
日本兵キヨシ

ロペス　米兵

舞台上手に過去（１９４５年の沖縄）の空間、下手に現代の空間を設定する。

機関銃音とともに幕が開く。

「過去の空間」のみに照明。

夜。外科壕の外。スモーク。

ミチコ、ユキ、アイコ、何かを探している。

ミチコ　水、ここに水が。ユキ、水があるよ……

ユキ　（水を飲んで吐く）ミチコ……、死んでいる。

ミチコ　今、そんなこと言ってる場合じゃないよ。（吐く）

アイコ　壕にもどろう、みんなが待っている……

ユキ　わかった、でも食料なんにもなかったね、私たちも二日間何にも食べてないね。

ミチコ　仕方ないよ、戦争だもん。いつまで続くのかなぁ……。

「マイムマイム」の音楽とともに「現代の空間」に照明。

マナミ、クララ、レイ、マサル、踊る。

ダンス後、雑談。

マナミ　ねえ、あのさぁ、マイムマイムってどうゆう意味？

クララ　イスラエルって砂漠が多いじゃん、で井戸を掘り当てたときの喜びをあらわす歌。水が出て嬉しいなという意味だよ。

マナミ　へぇ、普段は遊んでいるように見えるけど博学だなぁ！　能ある鷹は爪を隠すだね。

レイ　ノンアルコールは爪を溶かす……

クララ　もう……レイ、能ある鷹は爪を隠す。

レイ　ん、なんかなってる？……

携帯着信音。

クララ　先生のスマホ？　とっていいかなぁ？（スマホをとる）

機関銃音。

「過去」ではユキが通信機に話している。

ユキ　（早口で）こちらイハラ第三外科壕です。どちらの部隊ですか？

レイ　どういうこと、あ、いたずら電話？……

クララ　そういうこと……

ユキ　伊原第三外科壕に配属された比嘉ユキ

レイ　なんか気味悪いね、ネットで検索してみて！

クララ　イハラダイサンゲカゴウ……ヒ・ガ・ユ・キ。えっ、出てきた。

レイ　本当だ！

ユキ　ネット？ってなんですか、もしかして敵の内通者ですか！

クララ　内通者だなんて……

レイ　そうだ。イハラダイサンゲカゴウ、もっと検索してみて。

クララ　わかった！　ねぇねぇここ。

レイ　比嘉さん、あなたは、ひめゆり学徒隊？（声を上げる）

ユキ　えっ、どうしてわかるの？

クララ　えっ、ちょっと待って比嘉さん！　今日って何年の何月何日ですか？　あと元号は何ですか？

ユキ　えっと、今日は確か昭和二〇年の……

ミチコ　六月十七日でしょ。日付くらい覚えておきなよ！　っていうより、一人でなにしゃべっているの？

ユキ　なんか不思議な通信があって……

クララ　比嘉さん、信じられかもないしれないですけど、私たちのところは二〇二三年、私たち七十八年の時間を超えて話しているみたいです。あっ、遅れましたけど私は、中学3年生のクララ。

レイ　私はレイ。あっ、クララと同じ十五歳です。

ユキ　えっ、私たちも同じ十五歳です。

クララ　ほんとですか、同い年なら敬語やめません？

レイ　それ、敬語！

クララ　あっ、ちがう敬語やめよう！

ユキ　いいよ！　じゃあ私のことはユキって呼んで。

レイ　うん。

ユキ　こっちはミチコ。私はミッちゃんて呼んでる。（クララ調べ始める）

ミチコ　もお、勝手に名前ばらさないでよ！　てか不思議な通信？　未来と繋がるなんて、信じすぎだよ！

クララ　ねえ、レイ。ひめゆり学徒隊の中に、ナカソネミチコもある。

ユキ　そんなに言うんだったら二人に証明してもらおうよ！　レイ、クララ、この戦争ってもちろん日本軍が勝つよね。（顔見合わせる）

レイ　残念だけど負けて、降伏する。

ユキ　負けるわけないよ。兵隊さんも日本軍の勝利だって……

ミチコ　そうだよ、日本軍が負けるなんて、やっぱりあなたたち敵の……

クララ　ユキ、ミチコ、本当は最近状況が悪くなってるなって感じてるんじゃないの？　今調べてたんだけど、食事も小さなピンポン球くらいのおにぎりが一日一個。敵の砲弾も激しくて援軍もいつまでたっても来ない！

ユキ　たしかに、そうだけど、信じたくないよ。

ミチコ　信じる必要ないよ！　こんな人たちの言うことなんて！　内通者かもれないんだよ！

ユキ　ちょっとミッちゃん言い過ぎだよ！

ミチコ　だって……。

クララ　ミチコの言うこともわかるよ、急に言われても信じられないよね……何これ（笑う）。ねぇねぇ、ユキ。ネットで調べてみたらね面白いのみつけたの。

ユキ　面白い？
レイ　そう、ひめゆりの子たちって先生にあだ名をつけてたんだって？　えっーと「クラークゲーブル」とか「ペンギン」とか……
クララ　ちょっと、レイ！　今真面目な話していたのに。
ユキ・ミチコ　バネ仕掛けのすーとか。（笑い）
ユキ　レイ、よくわかるね！　学校か！　なつかしー！　よくみんなで図書館で話してたよね。
ミチコ　ちょっとユキまで……クララの言うとおり。今まじめな話をしていたんだよ！　まぁ図書館かぁ、懐かしい！　久しぶりに夏目漱石。し・し……
ユキ　シマザキ……
ミチコ　トウソン！　そう島崎藤村！「まだあげ初めし前髪の　林檎のもとに見えしとき　前にさしたる花櫛の　花ある君と思ひけり」
４人　前にさしたる花櫛の　花ある君と思ひけり」
ミチコ　初恋……　とか読みたいなぁ。
ユキ　戦争が終わったら、また、みんなで図書館行こうね！　そういえば気になる事があるんだけど、レイやクララたちの時代では学校では何を習っているの？
クララ　えっとね、国語、数学、理科、社会……あれ他にも何かあったよね。
レイ　英語でしょ！　今はグローバル社会なんだから英語は大事でしょ。
ミチコ　英語、それって敵の国の言葉じゃない！
レイ　まぁ、そうだよね。でも私たちの時代。七十八年後には同盟国になっているんだ、不思議だよね……
ユキ　信じられない。
ミチコ　嘘に決まっているよ。
クララ　あっ！
レイ　何！　クララ、急にどうしたの？
クララ　音楽の授業もあるって二人に言うの忘れてた！
レイ　ちょっとびっくりさせないでよ、そんなこと！
クララ　だって音楽大事じゃん。
ユキ　まぁねぇ。
ミチコ　音楽いいよね、戦争が始まる前まではみんなでよく歌ったなぁ。
ユキ　あっ、ミッちゃんね、こう見えて実は歌うまいんだよ。
ミチコ　ちょっとユキ（嬉しそうに）こう見えてってなによ！（笑う）そうだ、あなたたちの時代にはどんな歌があるの？
クララ　んー何があるかなぁ……、そうだ！（流行の歌を歌う）
ユキ　なんですか、その歌！
レイ　クララ、その歌はちょっと……。沖縄ってはっきりわかる歌にしないと！
クララ　そうか、じゃこれなら？（海のチンボラーを歌う）
ミチコ　わぁ、とってもいい、その歌は私たちも音楽の授業でならった歌。
ユキ　想思樹の木の下で、みんなで歌ったよね！（しみじと……）本当、心にしみた、クララ、レイありがとう。これでお国のために死ぬことが怖くなくなった！

レイ　ちょっと何を言っているの。

クララ　お国のためってダメだよ！

レイ　そうだよ、自分の命は自分のもの。

ミチコ　何言っているの？　それは非国民が考える事！　お国のために生き恥をさらさない、兵隊さんも私たちひめゆり学徒もみんなも清く、お国のために命を捧げた。

クララ　非国民がなんなの、お国のため？　そんなのだめだよ！　あなたに、命を授けたのはお母さんでしょ！　そして、あなたを支えてきたのはお父さんやおじちゃんおばあちゃん家族だよ！

レイ　一番大切なのは自分の命だよ。自分で自分の命を大切にしないでどうするの！　。

クララ　昔の沖縄のことわざにもある！「命は宝　ぬちどぅ宝」

レイ　頭で考えを探るんじゃなくて、心で感じて！

ユキ・ミチコ　ぬちどぅ宝……

戦闘、機関銃の音が響く。スモーク。
兵隊、上手から登場。

兵隊1　おい、ひめゆり！

ユキ・ミチコ　（敬礼）はい。

クララ　えっ、誰の声？

マナミ　男の人の声……だよね？

兵隊2　何をしている！　話している暇があるなら、早く水くみに行くぞ。

ユキ　わかりました。ミッちゃん、これ片付けておくね。

ミチコ　ユキ、この人たちにだまされすぎるんじゃないよ。私先に行く。（強い口調）

ユキ　ミッちゃん。

クララ　ミチコ……

アイコ、芋を持って登場。

アイコ　アメリカ軍がすぐそこに！

アメリカ兵ロペス登場。
日本兵、隠れる。
アイコ、アメリカ兵に気づいて。

アイコ　（アメリカ兵に）ワッタームン！

日本兵コウヘイ　あいつ、何を言った？

ユキ　沖縄の方言で、「私のもの、って意味です」

日本兵キヨシ　あぁ、オッケー、オッケー。

ミチコ　ええ、今、オッケーて言いました？

日本兵キヨシ　いやー、言ってないよ！

ユキ　いや、いや、言ってましたよね？

日本兵キヨシ　やめろ、ひめゆり。

ひめゆり・敬礼。

ユキ　ねぇねぇ、今オッケーて言っていたよね？

日本兵キヨシ、咳払いをして様子を見に行く。

アイコ　ワッタームン！
ロペス　What time?　OK!　Nine Three.
アイコ　なーひぃんとぅり！（芋をもっととる）
日本兵コウヘイ　今のはなんと言っているんだ。
ミチコ　これも方言でなーひぃんとぅり！　もっととれって意味です。
日本兵コウヘイ　あぁ、オッケーおぉぉぉ……
日本兵キヨシ　コウヘイ、あの米兵を捕虜として捕まえに行くぞ！

米兵、捕まられ、暴力をうける。
ユキ、米兵をかばう。

ユキ　ダメです！　この人は怪我をしています。アイコねねー包帯！
ミチコ　そうです！　敵でも味方でも命は宝　命どぅ宝です。

アイコ、道具を持ってロペスの元へ。

日本兵コウヘイ　三人ともどけ！
日本兵キヨシ　どかないなら、お前らごと撃つぞ！
ユキ　撃つ？　私たちは敵なのですか？
ミチコ　この人は怪我をしてるんですよ！　日本という国を守る兵隊さんは、怪我をした弱い人に暴力を振るう根性の卑しい人間なんですか！
日本兵キヨシ　なに！
ユキ　そんなにアメリカ人が憎いんですか！
日本兵コウヘイ　憎むに決まっているだろ！　キヨシさんの弟は、目の前でアメリカ兵に殺されたんだ！
ユキ　だからって……あなたまで同じ事をしてはいけません！　そんなこと繰り返してるから戦争がおわらない。本当に憎いのはアメリカじゃない！　この戦争です。
アイコ　ユキ、ミチコ。
ミチコ・ユキ　アイコネーネー……怖かった。（アイコの元へ）

日本兵キヨシ、米兵を見つめる。銃を下ろす。と同時に機関銃音。日本兵キヨシ、撃たれる。
ミチコ、日本兵キヨシを助けようとする。

日本兵キヨシ　腹をやられた、俺は足手まといになる。おもえたちだけなら逃げられる。

アイコ　あなたをだけをおいていけますか！　みんな手を貸して。
ミチコ・ユキ　はい！
日本兵キヨシ　命どぅ宝か、最強の日本兵が米兵とひめゆりに助けられている……
日本兵コウヘイ　キヨシさん、傷がひらきます、だまって！
ロペス　（たどたどしく）大丈夫ですか。
日本兵キヨシ　サンキュウ！

「過去」外科壕の照明フェイドアウト。
ホリゾント赤。

ミチコ　きゃぁー！（叫び声）
ユキ　ミッちゃん！　ミッちゃん！
レイ　ユキ？
ユキ　ミッちゃんがミッちゃんが……（泣き崩れる）
クララ・レイ　ユキ・ミチコ！　大丈夫 ユキ・ミチコ！

「現代の空間」フェイドアウト。
ホリゾント、赤から青に変化。

幻想

ユキ　ミッちゃん死なないでよ！　一緒に図書館行くって約束したよね！

ミチコ　お母さん！　お父さん！……
日本兵コウヘイ　お国のため、それが正しい。
日本兵キヨシ　この非国民が（怒）！　なまはんかな覚悟は捨てろ。
ミチコ　過去と通信！　そんなことって……やっぱり……
アイコ　あの未来の通信信じていいのかなぁ？
レイ　ねぇクララ！　ユキとミチコ死んじゃってないよぇ？
クララ　私たちのメッセージはしっかり届いているよ！　ユキとミチコも生きてるに決まっている。

「現代の空間」明るくなる。
青空。木漏れ日。
客席通路に、マナミ、マサル登場。

マナミ　ねえねえマサル、この新聞見て！　こないだ電話かってきたって言ったじゃん？　ひめゆり学徒隊のユキっていう人からだっけ。
マサル　えっ、あれいたずら電話って言ってなかった？
マナミ　とにかくここ読んでみて、いたずらじゃなかったて。元ひめゆり学徒隊の又吉ユキ、旧姓比嘉ユキさん。
マサル　ほんとだ！　でもさあ、こんなことって絶対あり得ない。
マナミ　あり得ない？　マサル、絶対あり得ない事はない。思いつきや常識だけで答えを出そうとするのは間違いの始まり。一八五四年、ラトビアの教師エミリーサジーが授業中突然二つにわかれた。生徒の前でチョークを持った二人のエミリーが別々のことを黒板に書き始めたので教室は大騒ぎになった。一人の人間が同時に目撃される、いわゆるドッペルゲンガーと呼ばれる事例は数多く報告されている。さらに、もう一つ。

マサル　えっ！　まだあるの？

マナミ　一九五九年アメリカウエストバージニア州パインズビルの山中で、ダグラス・シェルトン少年が捕まえた猫には翼が生えていた。

マサル　にゃぁ（ふざけて猫の鳴き声）

マナミ　その猫の噂は、あっと言う間に広がり地元紙「ポスト・ヘラルド」にも取り上げられた。不思議なこと、奇蹟はあるはず……

マナミ、マサル、客席から舞台上のクララたちの所へ合流。

マサル　にゃぁ（猫の鳴き声・ものまね）

マナミ　ふざけるな！（にらむ）　クララ、レイここ見て！

クララ　何？　どうしたの？

マサル　このあいだ三人が話していたひめゆり部隊のユキのこと。

クララ　何、また、からかいに来たの？

マサル　その、まさかって思っていたあの「ユキ」が新聞に載ってるの！

レイ　えっ、どういうこと？

マサル　実際生きて伸びていたんだよ！　そのことをユキのお孫さんが新聞の取材受けて記事載っているんだよ！

レイ　えっ、まさか。

マナミ　そのまさかがこの記事……ひめゆり学徒隊として沖縄戦に看護動員され、戦後、語り部として——（レイがスライドして声を重ねて読む）

レイ　尽力された又吉ユキ（旧姓比嘉ユキ）さんが死去した。お孫さんのマコトさんは本誌の取材に次のように語った。おばあちゃんは、『自分の体験を後世に伝えるために生かされた。』と『平和だと思っている日常も絶えず努力して守っていかなければいけない。命は宝（ぬちどぅたから）。これが沖縄戦というあまりにも大きな代償を払って得た、沖縄人（うちなーんちゅ）の堅い心情だよ。』と話してくれました。

クララ　そんな気の強いおばあちゃんでしたがある時、不思議なエピソードを話てくれました。壕からの解散命令の前日、通信機で未来の女の子と通信したと。その女の子たちが歌ってくれた歌と「自分の命を大切にしなさい命は宝（ぬちどぅ宝）」という言葉に心が動かされたと……（顔を見合わす）

暗転

機関銃音。スモーク。

「過去の空間」にアイコ、ユキ、ミチコがスポットで浮かぶ。

アイコ　風が気持ちいい。

ミチコ　未来からの通信。伊原第三外科壕解散命令……

ユキ　あの通信の言ったとおりのことが起こった。

ミチコ　偶然とは限らないよ……。思い込みは時々、誤った道を進むことがある。見えるものを見えなくしてしまう。あの短い通信の間、私ね、生きているって感じた！

ユキ　うん！　あっ、アイコねー。(花を踏みそうになる)

生き抜こうとする者に、奇蹟は。

三人そろって　「おきる」。

花を空にかざす。

三人、顔を見合わす。

――幕――

作者からのメッセージ

沖縄戦の実相を知る起点として

又吉弦貴

ひめゆり平和祈念資料館で。安岡中学校の生徒たち

安岡中学校演劇団の生徒たち

南国の一大リゾート地、沖縄。温暖な亜熱帯の気候やサンゴ礁の美しい海岸線など、風光明媚な風景を目にすると、沖縄がこれまで歩んできた悲しい歴史を時に忘れてしまいます。しかし、決して忘れてはならないもう一つの沖縄、それは日本で最大の地上戦が行われ、日米双方でおよそ二十万人が命を落とすという凄惨な経験した島であり、今なおその傷跡は県内各地に数多く残されています。

現在では、そのような戦争の悲惨さや怖さ、そして命の尊さを次の時代へ引き継ぐために、戦跡や当時の史料の保存、そしてそれらを伝える活動が進められています。

一九八三年一月、ひめゆり学徒隊に関する資料を保管・展示し、戦争の悲惨さを後生に伝えるため、財団法人沖縄県女師・一高女ひめゆり同窓会によって、ひめゆりの塔の隣地に「ひめゆり平和祈念資料館」が建設され、一九八九年六月二十三日に開館しました。資料館には沖縄戦で動員されたひめゆり学徒（年齢は十五〜十九歳の女子、中学生の皆さんと同じ世代もいました）の遺影や遺品、生存者の証言映像や手記が展示されています。
戦時下の中、ひめゆり学徒隊は「看護」という名目で活動していましたが、そこはまぎれもなく戦場の陸軍病院で、暗い防空壕の中、負傷兵の看護や手術の手伝い、死体の埋葬など想像を絶する日々が三ヶ月も続きました。
さらに戦後、ひめゆり学徒隊の生存者は、多くの学徒隊が戦火の下、命を落とし、自分が生き残ったことに深い罪悪感で苦しみ、戦争体験を語ろうとはしませんでした。この演劇のストーリーをとおして、ひめゆり学徒隊が体験した沖縄戦の実相を知る起点になればと思います。

▼初演＝二〇二二年／那覇市立安岡中学校

兵庫の高校生とコラボレーション上演

兵庫県姫路市立琴丘高校は、修学旅行で沖縄を訪れ、沖縄の人々と交流しながら沖縄の文化、歴史、観光などについて学ぶユニークな「体験学習」を企画・実践している。

2023年10月の修学旅行では、浦添市のショッピング・モールで沖縄の特産品を紹介する物産展の運営に取り組んだ。この会場のステージで、『HIMEYURI 伊原第三外科壕の奇蹟』が琴丘高校の高校生と安岡中学校演劇団のコラボレーションで上演された。

ひめゆり平和祈念資料館が開催した第５回「“ひめゆり”を伝える映像コンテスト」（2022年度）に安岡中学校が同作品の映像を応募、資料館のホームページに掲載された映像動画を見た琴丘高校から安岡中学校に、何らかの形でコラボができないかと提案があった。琴丘高校の生徒たちは沖縄戦やひめゆり学徒たちについて学ぶとともに、オンライン会議で沖縄・兵庫を結んで企画を進め、コラボレーション上演が実現した。

両校生徒の熱演に、物産展を訪れていた多くの人が足を止め、見入っていた。

写真はコラボレーション上演に参加した兵庫・琴丘高校の高校生たちと沖縄・安岡中学校演劇団の生徒たち（後列左の４人）。

夢を奪われた少女達

作・脚本＝読谷中学校演劇同好会

上演＝読谷村立読谷中学校演劇同好会

■登場人物

シゲ　ひめゆり学徒隊、14歳。
ウメ　ひめゆり学徒隊、14歳。
ツル姉さん　ひめゆり学徒隊、16歳。
じゅん子　シゲの妹、11歳。
母　じゅん子の母。
兵隊A～F
先生
ハル　ひめゆり学徒隊、14歳。
シゲばぁ　案内役・語り部。

場面①

開演のベル。客席の照明が消える。
1944年1月。沖縄県那覇市安里の夕刻。
舞台全灯。緞帳があがりきったら、上手から、学校帰り道、楽しそうにシゲとウメが歩いてくる。

シゲ 今日の部活きつかった～！
ウメ お疲れー！ バスケット部ってさ、いつもあんな感じなの？
シゲ そうなんだよね。基礎練ばっかりできついんだよね。
ウメ でも、シゲちゃんいつも頑張っているから、すぐレギュラーになれるよ！
シゲ ありがとう！ そういえばウメのお琴はどうだった？
ウメ ちょっとずつ上手くなってる気がする！
シゲ え～?! 見に行きたい！
ウメ ……分かった！ もっと上手くなってからね!!
シゲ 約束だよ!!
シゲ・ウメ 指切りげんまん♪～。

シゲとウメ歩き出す。

シゲ あっ……！

シゲとウメ止まる。

シゲ 英語の宿題やった？
ウメ やってない……！ 忘れてた!!
シゲ 今日の授業むずかしかったよね～。
ウメ うん……実は私、英語苦手なんだよね～。シゲちゃんは英語得意？
シゲ 私も苦手なんだよねー。あっ、ツル姉さん英語得意じゃなかった？
ウメ そうだったねー！
シゲ 明日ツル姉さんに聞いてみるか！
ウメ うん！ そうしよう！
シゲ・ウメ ばいばい。

シゲ、ウメ下手にはける。
舞台上暗転と同時に、上手花道スポットライト。
シゲばぁ、上手花道のイスに座っている。
ゆっくり語り始める。

シゲばぁ えっ？ ウメ？ ウメはね、おばーの大切な親友。沖縄の方言でイチュドゥシっていうんだよ。聞いたことあるね？ あの頃のオバーたちは、勉強や運動、今のあんたたちと変わらない友達との楽しい学校生活を送っていたんだよ。

シゲばぁ　おバーの学校は沖縄師範学校女子部、県立第一高等女子学校の二つの学校をあわせて「ひめゆり」ってよばれていたわけさ。そこにはね、13歳から19歳の生徒、１１５０人くらいいたかね〜。今のあんたたちとな〜んにもかわらない本当に楽しい時間を過ごしていたんだよ。

上手花道暗転。

場面②

舞台明るくなる。シゲの家。舞台中央にちゃぶ台。
じゅん子板付き。（お手玉で遊んでいる）
母下手そでスタンバイ。
シゲ上手から、帰ってくる。

シゲ　ただいまー。
じゅん子　ねぇねぇ、おかえりー。
母　（舞台そでから）シゲ、おかえりー。今夕飯できたから、運ぶの手伝ってー。
シゲ　はーい！（母からお盆を受け取る）じゅん子〜、あんたも手伝ってー！
じゅん子　え〜！　今、お手玉やってるのにー！
シゲ　あー、わかったー。おかぁ、じゅん子手伝わないから、夕飯なしでいいよね？（下手そでに向かって）
じゅん子　（セリフの途中で遮る）分かった！　手伝うから!!
シゲ　はい、じゃあお手玉片付けて！（じゅん子にお手玉を持たせる）
じゅん子　はーい。

舞台照明少し暗く。
上手花道スポットライト。
じゅん子下手に向かう、母下手から出てくる。
３人でご飯の準備をする。

シゲばぁ　じゅん子はねぇ、おばーの自慢の妹。おかぁもさ、どんなに生活が苦しくても、「おかえり」っていつも優しく言ってくれたわけさ〜。毎日ちょっとした話をして、ごはん食べて、いつも通りにすごしていたわけよ。でもさ当たり前の日常はねぇ、当たり前じゃなかったんだよ……。友達と、家族と一緒にいられる時間がどれだけ大切だったか……。

上手花道暗転。

シゲ・母・じゅん子　いただきます。（すぐに）

シゲ、フジオつける。

ラジオ（録音） 太平洋戦争……。
じゅん子 はぁ、おとーとにぃにぃ、元気かなぁ……。
シゲ なんでー、心配しないでいいさ～、元気だよ～。おとーとにぃにぃはお国のために戦場で戦っているんだよ～。
じゅん子 そうだよね。でもまた家族みんなで、海に行きたいな～。
母 そうだね～……。
シゲ （すぐに）じゅん子、溺れてたよね～！
じゅん子 はあ～！　違うし～！　溺れてたのは、ねぇねぇでしょ～！

シゲとじゅん子言い合っている。2人を見て母微笑む。

母 はいはい、どっちも溺れてたわよ。
シゲ・じゅん子 お・ぼ・れ・て・な・い!!

母笑う、つられて2人も笑う。
静かになる。

母 戦争なんてなければ、ずっと一緒にいられるのにね……。（ぼそっと言う）
じゅん子 おかぁ、なんか言った？

シゲ何も言わずに母を見つめる。

母 え？……。あぁ、なんでもない……。
シゲ そういえば、隣のアキオおじさん、「戦争反対運動」起こして逮捕されたってよ～。
じゅん子 え～、そうなの～！　なんで逮捕されるのに、そんなことするのかな？
シゲ だからね～。
母 （2人をみつめ、深呼吸）シゲ、じゅん子……。
シゲ おかぁ、どうしたの？
母 今まで、言えなかったんだけどさ……。本当はおかぁも戦争に反対だわけ……。
シゲ なんで？　戦争って悪いことじゃないよね？　お国のために戦争に協力することはいいことって学校で習ったよ。
母 うん……そう言われてるんだけどさ……。
シゲ おかぁも逮捕されるんだよ！
じゅん子 （セリフの途中で遮る）ねぇねぇ！　まずはおかぁの話聞かないと、何もわからないさ～！　おかぁは何で戦争に反対だわけ？
母 もし、戦争がなかったら、今みたいに家族がバラバラになることも、なかった……。父ちゃんだって、あんな危険な戦場に行くこともなかっこ。わが子を戦わせることもなかった！　あんたたちは、学校で「お国のために死ぬのは美しいこと」って習ったかもしれないけど、おかぁは間違っていると思う！　おかぁは、あんたたちの命が何よりも大切なんだよ……。

シゲ　そっか……おかぁは、私とじゅん子のことを思って、戦争に反対してるんだね……。

じゅん子　じゅん子は、戦争のことあまりわからないけど、家族がバラバラになるのは嫌だ……。

母　こんな空気にして、ごめんねぇ。さぁさぁ！　ご飯が冷める前にたべようー。

シゲ・じゅん子　うん！

シゲ、じゅん子、母、話しながら食べ始める。
ゆっくり暗転と同時に上手花道スポットライト。

シゲばぁ　あの時はねぇ、おばーたちは「お国のために戦争に行く、死ぬのはいいこと」って教えられていたわけさー。
1944年になると、ツル姉さんが大好きだった英語を学ぶことが禁止されてねぇ……。日常生活でも英語は敵国の言葉として、使う事も禁止されたんだよ。その代わり「戦時訓練」「看護訓練」がはじまったわけさ。それでも私たちは、残り少ない家族との時間を楽しんでいたわけよ〜。……でもよ〜私の家に「三月二三日に陸軍病院に集合せよ」って伝令がとどいてねー……私は、看護部隊として、戦場に行くことになったわけさ〜……。

上手花道暗転。

場面③

舞台明るくなる。シゲ、じゅん子、母板付き。

シゲ　行ってきます……。

じゅん子　ねぇねぇ……、がんばってね……。

シゲ　うん……。

母　何があっても生きるんだよ……！　必ず生きて会おう……。

シゲ　おかぁも、じゅん子も元気でね……。

じゅん子　うん……。

シゲ　（深呼吸）行ってきます！

母　行ってらっしゃい……！

じゅん子、母がシゲを抱きしめる。
ゆっくり暗転次のシーンの準備。

場面④

舞台明るくなる。
南風原陸軍病院壕へ向かう途中。
ウメ上手から歩いてくる、シゲがウメを見つけて上手から走ってくる。

シゲ　ウメー！
ウメ　シゲちゃん！（驚いたように）久しぶりだねー！
元気だった?!
シゲ　うん！　ウメも元気そうでよかったー！
ウメ　うん、でも、家族とお別れするとき、なんか……。お国のために戦場に行くのに、素直に喜べなかったんだよね……。
シゲ　そうだよね……。でも、戦争が終わったら、また家族みんなで暮らせるようになるよ。だから、それまで頑張ろう！
ウメ　うん。そういえば、ハルちゃんは寮から直接陸軍病院に行ってるんだよね？
シゲ　そうだったはずよー。でも、ツル姉さんは私たちと一緒で、家から向かうよね？
ウメ　つーん、そうじゃない？
ツル　シゲー！　ウメー！（手を振りながら上手から近づいてくる）
シゲ・ウメ　あっ！　ツル姉さんー。（嬉しそうに）
ツル　前の空襲大丈夫だった?!　結構激しかったさーね。
シゲ　何とか大丈夫でした。
ウメ　うちも、危なかったけど家族全員無事でしたー。（シゲのセリフにかぶせる）
ツル　よかったぁ。
ウメ　南風原陸軍病院も危ないのかなぁ……。
ツル　南風原陸軍病院は丈夫で攻撃されないし、安心して看護にあたれるって先生たちから聞いたよー。
シゲ　そうなんだー！　安心しました。

シゲ、ウメ、ツル3人で話をしながら、下手にはける。
ゆっくり暗転と同時に、上手花道スポットライト。

シゲばぁ　おばーとウメ、ツル姉さんはその病院が安全だって信じていたから、きっとおばーたちも何かできるかもしれない思っていったわけさぁ。でもねぇ、本当は病院といっても土を掘っただけの壕でねぇ、ぜんぜん安全じゃなかったんだよ。１９４５年４月１日、沖縄の青い美しい海を何百、何千もの、黒い戦艦が埋め尽くし、沖縄本島中部の西海岸から米軍が上陸を開始したわけさぁ。陸軍病院には、もうケガをした兵隊さんが毎日たくさん運ばれてくるようになったわけよ。

上手花道暗転。

場面⑤

南風原陸軍病院壕の中。
上手側に岩２つ。負傷兵A、B、Cがまばらに横たわる。

シゲ、ウメ、ツル舞台奥で作業をする。

舞台薄暗く照明。

壕の中の雑音。負傷兵がうめく。

兵隊A　学生さん！　水をくれ〜！

シゲ　はい！　今行きます‼

兵隊C　うぅ……。誰か来てくれー！　あー‼（発狂）

ウメ　大丈夫ですよ。今行きますからね。

兵隊B　麻酔なしでもいい！　早く俺の腕を切ってくれ！

ツル　はい！　2人とも！　この兵隊さんを押さえるの手伝って！

シゲ　すみません！　今は手が離せないです！

ウメ　ごめんなさい。私もです！

兵隊A　傷口のウジ虫を取ってくれー、ムズムズする！

ウメ　はい！

兵隊B　（怯えながら）痛い！　痛い！　やめろー！　もう、やめてくれー！　誰か、誰か助けてくれ！（ご幻覚を見ている）

兵隊C　もういい、殺してくれ。軍医殿、殺してくれー

兵隊A　学生さん、尿器をくれ‼　早く、早く！

兵隊C　（シゲが手当てをしている）学生さん、苦しい、苦しいよ……。

シゲ　大丈夫ですよ。よくなりますからね。

兵隊C　お母さん！（手を伸ばし頭を少し浮かせる）（シゲの膝に頭をのせる）お母さん、僕が悪かった。僕が志願しなければこんなことこまならなかったのに、僕の親不孝を許してください。（死ぬ）

シゲ　兵隊さん！　大丈夫ですか？　しっかりしてください！

上手花道スポットライト。

シゲばぁ　暗い壕の中はねぇ、じめじめして暑苦しくてねぇ、そしてむせるくらい臭くて、兵隊さんの叫び声とかうめき声が、聞こえないときがないくらいずーっと、壕の中に響いていたわけさー。兵隊さんのほとんどはねぇ、十分な治療も受けられないで、どんどん死んでいったんだよ。

上手花道暗転。

場面⑥

舞台薄暗く照明。

シゲとウメ、手を合わせる。

ウメ　さっきまで、普通に話せてたのに……。

シゲ　なんで、何もできなかったんだろう……。

ウメ　教えられたとおりにしたつもりだったのに……。
シゲ　兵隊さんたちを助けるために、戦場に来たのに、何もできないなんて……、何のためにここにいるんだろう……。
ウメ　シゲちゃん！（ウメがシゲを立ち上がらせながら）私たちは、ここにいる人たちを助けるのが仕事なんだよ！　まだ、助かる命がたくさんあるかもしれない！　シゲちゃんにできることはたくさんあるんだよ！
シゲ　そっか、、ありがとう、ウメ。
ツル　（上手そでから）シゲ！　ウメ！　長くいたら危ないよー！　早く壕にもどってきてー！
シゲ・ウメ　はい！
ウメ　あと少し、頑張ろう！
シゲ　……うん！

ウメ、先に上手にはける。

シゲ　そういえば、おかぁとじゅん子どうしてるかな？（空を見上げる。）
ウメ　シゲちゃん！

シゲ、上手にはける。
だんだん暗転。

場面⑦

舞台赤い照明。
焼野原を逃げ惑う場面。
爆撃音、住民の悲鳴、叫び声。（小さくなる）
母とじゅん子、下手から小走りで入ってくる。

母　じゅん子！　はぐれないように、ちゃんとおかぁの手握って！
じゅん子　うん！　ねぇ、おかぁ、本当にヤンバルまで逃げられるかな？
母　大丈夫よ～あんた、おかぁと一緒でも不安だわけ？　何かあったら、おかぁが守ってあげるから、シワサンケー。
じゅん子　ありがとう。おかぁ。じゅん子もおかぁのこと守るからね！
母　（ほほえむ）ありがとうね～。おかぁ、嬉しいさ～。でもまずは、無事にヤンバルまで行けたらいいけどね～。
じゅん子　うん……。
住民の声　艦砲射撃だー!!　ふせろー！（舞台そでから）
母　じゅん子！

母がじゅん子におおいかぶさる。
同時に射撃の音。

母　う！　うっ！　あっ……。（苦しむ声）

じゅん子　おかぁ！　おかぁ！　誰かおかぁを助けてください！　血が止まらないんです！

母　じゅん子……。おかぁは、じゅん子たちがいてくれて、本当に幸せだった。ずっと家族みんなのことが大好きだからね。一緒に、海に行けなくてごめんね……。（ごめんの途中で死ぬ）

じゅん子　おかぁ？　おかぁ！　なんで、謝るの？　なんで、何も答えてくれないの？　一緒にヤンバルまで、逃げるんだよね？　おかぁ！　おかぁ!!

だんだん暗転。

場面⑧

舞台薄暗く照明。シゲとツル板付き。
シゲとツル飯上げの樽を持っている。

ツル　シゲ、空爆が落ちついたから飯上げいこうか。

シゲ　はい……分かりました。

ツル　そっち持って。

シゲ　はい。

シゲ・ツル樽を担ぐ。

シゲ・ツル　はぁはぁ……。

ツル　あと少しだよ……！　頑張ろう。

シゲ　はい!!　あっ！　艦砲ー!!!

艦砲射撃の音。
ツル樽に覆いかぶさる。

ツル　シゲ大丈夫?!

シゲ　はい！　大丈夫です！　ツル姉さんは大丈夫ですか?!

ツル　それよりもご飯は?!

シゲ　（樽の中を見る）はぁ、ご飯は無事です！

ツル　よかったー……。ご飯は命よりも大切なものだからねー。

シゲ　はい！

シゲ、ツル樽を運ぶ。上手にはける。
上手花道スポットライト。

シゲばぁ　飯上げはねぇ、離れた炊事場までご飯を取りに行く。一番危険な仕事だったわけさー。ご飯が入った樽はねぇ、重くて２人がかりで運んだんだよ。ごはんを待っている兵隊さんのために、ぬかるんだ坂道で足が滑っても弾が近くに落ちても、樽はひっくり返さないように気を付けたさー。命より大切なものなんてないのにねぇー……。

上手花道暗転と同時に舞台上。
南風原陸軍病院壕の中。
ウメ道具を持って下手から入る。
ツル、シゲ上手から。

ツル はあー、やっとついた～……。
シゲ 今日の爆撃はひどかったですね～……。しっかり運べてよかった……！
ツル そうね……！　さぁ！　ご飯が冷めないうちにおにぎり作ろっか。
シゲ はい！

樽の中からおにぎりを作りながら出す。

ツル ウメー！　配るの手伝えるー？
ウメ はい！　今行きます！

シゲ、ウメ、ツル兵隊に配り始める。

兵隊D これだけの飯で俺たちが生きられると思うのか‼
兵隊E 俺たちは患者なんだぞ！　死なせるきか‼
ウメ すみません、、でも、みんな少しずつしかないんです。
兵隊F どうせ、おまえらだけたくさん食べてるんだろ！
ウメ いいえ、そんなことは……。
ツル ウメ、答えなくていいよ。
ウメ でも……。
ツル 今からおにぎり配りますからねー。

シゲ、ウメ、ツル負傷兵の手当ての仕事を続ける。

兵隊F おい！　そこの学生！　無視するな！
シゲ どうされたんですか？　包帯を巻きなおしましょうか？
兵隊F い、いや……なんでもない……。
兵隊D 水をくれー！
兵隊E もっと飯はないのか?!

舞台上暗転と同時に、上手花道スポットライト。

シゲばぁ 食事はねぇ、テニスボールよりも小さいおにぎりが1日2個だったわけさー。でもねぇ、戦況が悪くなるとピンポン王くらいのおにぎりが1日1個になったんだよ。
私たち学徒の仕事はねぇ、今では考えられないくらいきつくてね……。負傷兵の手当て、手術、だけじゃなく、食事の運搬から水汲み・死体埋葬となんでもやったさ～。つらい環境で必死に働いたさー。

上手花道暗転場面。

場面⑨

舞台薄暗く照明。南風原陸軍壕の中。

ウメ　はぁ、戦争っていつまで続くのかな……。
シゲ　だからねー……。はぁ、、おかぁとじゅん子に会いたいなー。
ウメ　私も……家族に会いたいなぁ。
ツル　あんたたち、そんな暗い顔しないで！
シゲ　でも……。
ウメ　ツル姉さんはきつくないんですか？
ツル　私も、きついよ……。でも、日本は絶対勝つから大丈夫よ！
シゲ　そうですよね……。
ツル　こんな気分のままじゃ仕事も頑張れないから、歌うか！
シゲ・ウメ　えっ?!
ツル　兎おいし、かの山ー（歌ってる）ほら！　あんたたちも！

シゲ、ウメ、ツル「ふるさと」を歌う。

シゲ　はぁー……なんかすっきりした気がします。
ウメ　こんなして、みんなで歌ったの久しぶりですねー。
ツル　そうだね……なんか、音楽会が懐かしいねー……。
シゲ　また、みんなで歌いたいですね、
ツル・ウメ　うん！

だんだん暗転。
上手花道スポットライト。

シゲばぁ　きつい仕事の中でも、お互いに励ましあって、なんとか1日1日を生きていたわけよ。でも、6月18日の夜、陸軍病院で私たちに解散命令が言い渡されたんだよ。突然の解散命令に、私たちは混乱したさー。

上手花道暗転。

場面⑩

舞台薄暗く照明。南風原陸軍壕の中。

先生　君たちは、よく頑張ってくれた。（間をあけて）今日からは自らの判断で行動するように。

生徒 えっ?! (ざわざわする)

ツル なぜですか?! 今まで私たち、頑張ってきたのに……。

先生 (無言)

シゲ 私たちはこれからどうすればいいんですか?!

先生 ……決して早まったことをしてはいけない。安全な場所を探して、1人でも多く生き延びなさい。

ウメ でも、外は砲弾の嵐です！ このままだと、みんな死んでしまいます!!

シゲ 先生！

先生 固まっていれば、みんな殺されてしまう。出るんだ！ すぐに出ろ!! (強く)

生徒たちざわざわしながら出ていく。

ウメ 先生！ ハルちゃんはどうするんですか！ 重傷で一緒に逃げられません！

シゲ ウメ！ 私たちの肩をかしてあげよう！ そしたら、一緒に逃げられるよ！

ハル シゲ！ ウメ！ 私にかまわず早く行って!! 後で必ず追いつくから！

シゲ わかった……後で必ず会おうー

ツル シゲ！ ウメ！ 早く出ないと！

ウメ ハルちゃん……。(ツルに引っ張られる)

ハル 早く行って！ 私は大丈夫だから……。

シゲ、ウメ、ツル上手にはける。

舞台上照明少し暗くすると同時に、ハルちゃんにスポットライト。

ハル 私も連れて行ってほしかった……みんなと一緒にいきたかった……。

だんだん暗転。

場面⑪

赤い照明。激しい爆撃音。

南風原陸軍病院壕を出て、艦砲射撃の中を逃げ惑う場面。

シゲ、ウメ、ツル上手から走ってくる。

ツル 2人とも！ ちゃんとついてこれてる？

シゲ はい！ 大丈夫です！ でも、ウメが……。

ウメ ちょっと待ってください……。(息切れいている)

ツル 砲弾が落ち着いてきたから、ちょっと急ごうか！ ウメ！ もう少しだから、頑張って！

ウメ はい！

シゲ きつかったら、後で休めるかも……。

ウメ (うなずく) 3人で逃げ切れるように、私も頑張る！

近くに爆弾が落ちる音。ツルが倒れる。

シゲ　ウメ大丈夫⁈

ウメ　うん、大丈夫。

シゲ　ツル姉さんは⁉（振り向く）……えっ⁈

ウメ振り向く。

ウメ　ツル姉さん……？

シゲとウメ、倒れているツルにかけより抱き寄せる。

シゲ・ウメ　ツル姉さん⁈　ツル姉さん⁈

ツル　私は……もう……歩けないから……かまわず……先に行って……。

シゲ　何言ってるんですか！　そんなことできません！　ツル姉さんも一緒に……。

ウメ　３人で逃げないと、意味がないんです！　１人でも欠けたら、ダメなんです！

ツル　あなたたちは生きる運命、私は死ぬ運命……。お母さんにここで死んだと伝えて……。最後くらいお母さんにもう一度、もう一度会いたかった……。

ツル死ぬ。

シゲ・ウメ　ツル姉さん！　ツル姉さん！

シゲ　どうして？　どうして、ツル姉さんが死んじゃうの？

ウメ　……。

シゲ　ねぇ！　なんで！　なんで、死んじゃうの⁈

激しい艦砲射撃、爆撃音。

ウメ　シゲちゃん……このままじゃ、私たちも危ない！

シゲ　わかるよ……分かるけど……ツル姉さんをここに置いていけない。

ウメ　私も、置いていきたくない……でも、私たちはどうすることもできない。逃げるしかないんだよ。

シゲ　分かった。（深呼吸）

ウメ　ツル姉さん、ごめんなさい。

シゲ　今まで、ありがとうございました。

シゲがツルに花を持たせる。
だんだん暗転。

場面⑫

舞台薄暗く照明。

シゲ　ウメ！　ここのしげみに隠れよう。
ウメ　うん。

砲弾の音。

ウメ　もう少しで死ぬところだった。ありがとう、シゲちゃん。
シゲ　ううん。ウメがケガしなくてよかった。
ウメ　このまま2人で逃げ切ろう。
シゲ　うん。
米兵(録音)　誰かイマスカ？　隠れている人たちデテキナサイ。日本はマケタノデス！　ムダな抵抗をやめて、デテキナサイ!!　命をステナイデクダサイ!!
シゲ　日本が負けたなんて、絶対嘘だよね？
ウメ　負けたってことは私たち捕虜になるの？　捕虜になったらなにをされるかわからない。
シゲ　でも、ここまで逃げてきたんだよ？
ウメ　怖いよう……。私、殺されるかもしれないんだよ。
シゲ　私だって怖いよ……。でも、本当に酷い殺され方をするのかな？　ウメ！　行ってみよう！
ウメ　いやだ、絶対行きたくない！　先生たちが言ってたことは本当なんだよ！（カバンから手榴弾を出す）
シゲ　ウメ！　だめだよ！　ここで自決したら、ツル姉さんが悲しんじゃう、ツル姉さんの分まで生きなきゃ！
ウメ　（深呼吸）分かった、ツル姉さんの分まで……。

米兵(録音)　日本はマケタノデス！　ムダな抵抗をやめて、デテキナサイ!!

シゲ、ウメ両手を挙げて上手にはける。
舞台上暗転と同時に、上手花道スポットライト。

シゲばぁ　戦場をさまようおばーたち学徒は、絶対に捕虜になってはいけないって教えられていたわけさー。捕虜になるのは恥だと信じていたし、米兵は男を八つ裂きにして、女をもてあそんで殺すって聞いていたから、捕虜になることを何よりも恐れたわけよー。おばーたちひめゆりは3月の動員から解散命令を受けるまでの90日に19名の友達がなくなってさ。解散命令後のわずか数日で一〇〇名以上の友達が亡くなったんだよ。……そして捕虜になったわたしたちは、コザ収容所に収容されたんだよー。

上手花道暗転。

場面⑬

舞台下手側に「コザ収容所」の立て札。
舞台上少しずつ全灯。
じゅん子板付き、（お手玉を見つめている）

シゲとウメ上手入り。

シゲ　……じゅん子……？

じゅん子　ねぇねぇ？

シゲとじゅん子駆け寄り、抱き合う。

シゲ　じゅん子！　無事で良かった～！

ウメ　じゅんちゃん、ヤンバルまで逃げるの大変だったでしょ……。

じゅん子　うん……。周りの人たちについて行ったんだけど、途中で捕虜になっちゃったんだ。

ウメ　そっか……じゅんちゃん頑張ったんだね……。

シゲ　周りの人たち……？　おかぁは？　おかぁと一緒じゃなかったの？

じゅん子　……おかぁは……じゅん子のことをかばって……。

シゲ　……じゅん子……。

じゅん子　ねぇねぇ、ごめんね……ごめんね……。

シゲがじゅん子を抱き寄せる。

シゲ　じゅん子は何も悪くないよ……。戦争が……戦争がなければ……！

ウメ　全部間違っていたんだね……何もかも……。

舞台上だんだん暗転。

場面⑭

舞台上に、先生、母、じゅん子、ツル、それぞれの場所に思い思いに居る。

舞台は上手側スポットライト。

「別れの曲」が流れる。（小さく）

先生　私の夢は、教え子たちが、先生になる姿を見ることでした。本当は看護教育なんてさせずに、短い学生生活を楽しんでほしかった。危険な戦場に、行かせたくなかった……。

舞台上手側スポット消えると同時に、舞台下手側スポット。

母　私の夢は、家族みんなで過ごすこと、ただそれだけでした。子どもたちの笑顔や、我が子が将来どうなるのか、考える時間さえもとても幸せでした。本当は自分の目で、あの子たちの幸せを見届けたかった。

舞台下手側スポット消えると同時に、舞台中央スポット。

じゅん子、お手玉を握りしめ、舞台中央に座っている。

じゅん子　じゅん子の夢は、家族みんなで海に行くことです。家族や、友だちと楽しい思い出をたっくさんつくりたいです。

舞台中央スポット消えると同時に、舞台上手側スポット。

ツル　私の夢は、学校の先生になることでした。大好きな英語を子どもたちに教えて、外国の文化を学ぶ楽しさを伝えていきたかった……。戦争がなければ、夢が叶ったのかな……。

舞台上手側スポット消えると同時に、舞台下手側スポット。
ウメ舞台下手側で正座をしている。（琴を弾くポーズ）

ウメ　私の夢は、みんなに琴を弾いている姿を見てもらうことです。戦争が近づいてきて、練習をする時間も無くなってしまった、何よりも、友だちの笑顔が少なくなっていくのが、つらかった……。私の演奏で笑顔になってほしい。

舞台下手側スポット消えると同時に、舞台中央スポット。

シゲ　私の夢は、大好きなバスケットをたくさん練習して、もっと上手くなることです。学校の先生になったら、勉強だけでなく運動をすることの楽しさも子どもたちに伝えたいです。明るく希望に満ちあふれた子どもたちに……。

全灯。出演者全員横一列に並ぶ。
シゲばぁ、シゲの少し前に椅子に座る。

先生　「太陽の下で大手を振って歩きたい」

先生のセリフと共に、シゲ中央で全員出てきて、横1列にならぶ。

ツル　「水が飲みたい、水、水」
シゲ　「お母さん、お母さん」
ウメ　学友の声が聞こえてきます。
じゅん子　私たちは、真相を知らずに戦場に出て行きました。
母　戦争は、命あらゆるものを殺すむごいものです。
みんな　私たちは、１人１人の体験を通して知った、戦争の実体を語り続けます。

「別れの曲」をバックに全員遠くを見ている。
緞帳が下がる。

——了——

作者からのメッセージ

「米軍上陸の地」から平和を願う思いをこめて

宮城美律

二〇二一年三月、「先生、今度はどうしてもやりたい作品があるんです。ひめゆりの話を自分たちで描き上げて演じたいです。だから、春休みひめゆり資料館へ行きたいです」。

部員十名の演劇同好会。自分たちで作品を描き、演じ充実感と達成感に包まれた生徒は、二作品目は、「ひめゆり」を舞台に作品を作る！と早々と決めていた。しかし、コロナ禍で、ほとんど集まれず、十二月の沖縄県演劇祭へ向け作品を描くのもままならなかった。

私たち読谷中学校は、沖縄県本島の中部に位置し、一九四五年、太平洋戦争で唯一の地上戦となった沖縄本島への米軍上陸の地である。だから、読谷村は、平和文化村をかかげるだけあり、子どもたちも「平和」に関する思いは人一倍大きなものがある。ここからは、生徒の作品に寄せる思いを描く。

「今回は自分たちで、『ひめゆり学徒隊』をテーマにきめてから、頑張りました私たちの目標は『金賞をとること』でなく『自分たちと同じくらいの年の子どもが戦争を経験していた』という悲しい事実を自分たちが伝えていくんだ。という気持ちでこの劇を作りあげようときめました。戦争のリアルさを追求するために、ひめゆり資料館に行ったり、沖縄の方言、訛りを意識したりしました。本番が近づいてくるとみんなの集中力が高まり、劇に対する気持ちが一つになっていっていることを感じました。全国大会の舞台では、沖縄ならではの『ひめゆり学徒隊』のことを県外の人に伝えられるよい機会だと思うので、誇りと、責任をもって、楽しんで演じ切ってほしいです。」——3年生の部長が1、2年生へ向けたメッセージである。今、生徒の思いを久しぶりに目にして、思い返した。

戦争を体験した私のオバー。「ひめゆり資料館」「平和の礎」でいつも言っていた。「どうか沖縄の戦後が一〇〇年という日がきますように……」平和を願う思いがこうして繋がる限り、きっとその日はやってくる。どうか全国のどこかでこの思い（『夢を奪われた少女達』）が繋がりますように。

（前 読谷中学校演劇同好会顧問）

▼**初演**＝二〇二一年／読谷村立読谷中学校

姫と百合

作＝吉澤信吾

戦前の沖縄県立第一高等女学校と沖縄県立女子師範学校の生徒たち
背景は両校の正門と相思樹の並木道 [那覇市歴史博物館提供写真より]

■登場人物

鈴ね（一高女３年）
音代（一高女４年）
珠子（女師予科２年）
八重（一高女２年）
清香（女師予科３年）
美知（一高女４年）
椿（一高女１年）
幸（一高女１年）
小野
玉那覇
我謝（女師本科２年）

グレンミラーの「ムーンライト・セレナーデ」

鈴ね　ほとんどの人が知らないことですが、昔々、沖縄県には鉄道が走っていました。
音代　沖縄県営鉄道は現在の那覇バスターミナルの那覇駅を始点として那覇与那原間を結ぶ路線が一九一四年に開業。
珠子　一九二二年には那覇嘉手納間、一九二三年には那覇糸満間が開業し、合計三方面に伸びる鉄道網があったのです。私はいつも那覇駅から列車に乗り、古波藏駅、与儀駅を経て安里駅で降ります。
八重　木造駅の駅舎を出ると、その前の広場を横切って、那覇から首里に通ずる県道沿いに数十メートル歩くと、相思樹の並木道が右に見えます。
清香　きれいな並木道の間を進むと石造りの校門があり、右の門柱には沖縄県女子師範学校、左の門柱には沖縄県立第一高等女学校という看板がかかっています。
美知　広大なキャンパス内には校舎、運動場、講堂に寄宿舎、県内で唯一のプールまであります。そのような恵まれた環境の中で、私たちの母校、女子師範学校、略して「女師」と、
椿　第一高等女学校略して「一高女」が一つの敷地内に併設され、建物や校歌や学校行事までも共有しているのです。
鈴ね　教師を目指し田舎出身者が多く真面目な女師と、
音代　自由闊達な都会っ子の一高女。
珠子　どちらも沖縄で最初に設立された女子のための中等教育機関で、入試の難関を突破した生徒たちが県内各地から集まっていました。
八重　そう県内女子のあこがれの学校なのです。
清香　そして女師の愛称は乙姫、
美知　一高女の愛称は白百合だったので、乙姫の「姫」と白百合の「百合」を合わせて「ひめゆり」。
鈴ね　ひめゆり学園、いつの頃からかそれが両校の愛称として定着し今に至ってます。

B29の轟音。椿以外は全員ハケる。椿、B29を見ている。
幸が椿に近寄る。

幸　来て下さったのですね。
椿　あ、はい……
幸　お手紙、読んでもらえましたか。
椿　はい、読みました。

幸だけにサス。

幸　あなたは少しも知っていらっしゃらないんですね。私のため息、私の独り言、私の涙、書いては破ってきた手紙の数々、それらの一つ一つがあなたをお待ちしている

のに。ああ、愛する椿様、あなたはなぜそんなに美しいのか、真っ黒な髪、御姫様のようなあどけない顔、その姿はどうしてこんなにも私の心を捉えて離さないのか。椿様、私の胸ははち切れて潰れてしまいそうです。一体どうしたらいいのですか。

椿　お手紙ありがとう。でも、どうして私なの？

幸　覚えていませんか？

椿　なにを？

幸　学年対抗のバスケットボール大会のとき、ぶつかって倒れそうになった私を、椿さんが助けてくださったのです。それ以来、わたしずっと椿さんのことが気になって……

椿　そう……私もあなたにお手紙を書いて来ました。読んでもらえるかしら。

幸　はい……

椿にサス。

椿　照屋幸様。あの人よ、などとからかわれながら、あなたを指さされた時、さすがの私もうろたえました。あなたの清らかなる乙女心にふつと湧き出た儚い夢、その何事にも代えがたい美しい想いを傷つけてしまうことは私には死ぬよりも苦しうございます。けれど、黙ってあなたの願望を快く受け入れることは、より以上の苦悩なのでございます。いったい、椿はどうしたらいいのでございましょう。

幸、泣く。椿、ポケットから白いハンカチを渡す。

幸　……ごめんなさい、ご迷惑でしたね。

椿　そんなことじゃなくてよ。特別な関係でなくても友達なら。私、幸さんとならきっと良いお友達になれると思いますの。

幸　他に姉妹の契りをかわした人がいるのですか。

椿　そうです……

幸　それは4年のあの人ですか？

椿　はい……

幸　……分かりました。

椿　ごめんなさい……

幸　せめて最後に……

椿　え？

幸、勝手に抱きつく。美知登場。

美知　あら、お話はもうよろしくって？

椿　お姉さま。

幸、離れる。

椿　一体どうしたんですか？

美知　心配して探したに決まってるでしょ。（幸に）椿を返

していただいても、よろしいかしら？（腕をとる）

幸、走り去る。入れ替わりで音代が来る。

音代　なにやってんの？

美知　音代……

椿　音代姉さん……

音代　みんな防空壕に避難してるのに、どうしてあなたたちだけがここにいるの。

美知　大丈夫です。私も椿もこうして無事ですから。

音代　何が大丈夫なの、焼夷弾が落ちてきたら命はないのよ。美知。

美知　でも、お姉様、私、地下壕と寄宿舎の往復ばかりの生活にあきちゃいました。それに地下壕の中って狭いし、臭いし。あんな所にいるくらいなら死んだ方がましです。

音代　何馬鹿なこと言ってるの。命には代えられないのよ。不良学生のあなたとは違って、椿さんは純粋無垢なの。椿さんまであなたと一緒に堕落させることはなくてよ。

美知　どうせ去年の十月空襲で那覇の街は全部焼けちゃってるし、あの時に爆弾落とされてないんだから、この学校には落とすつもりではないいんじゃなくて？

音代　椿さん。

椿　はい。

音代　あなたもこの人みたいに思っているの？

椿　いいえ、私はたまたま逃げ遅れただけです。でも上空をゆくＢ29の銀色の機体が夕日に映えて、キラリと光り輝くのが美しいなあと思って、思わず見入ってしまいました。

音代　見入ってしまいましたじゃないでしょ。警報が鳴ったら近くの壕に逃げなさい。

椿　はい、分かりました。音代お姉さん。でもアメリカの曲が流れている所には、Ｂ29は爆弾を落とさないことが分かりました。

音代　それはたまたまです。それより美知、あんたはどうしてモンペを着てないの？

自分のスカートをめくる。下にはモンペをはいている。

美知　どうしてモンペを着てないかって？

音代　はい。

美知　それはね、音代さん、モンペなんて着てると、私恥ずかしくて死んでしまいたくなるからよ。

音代　恥ずかしかろうが何だろうが、そんなかっこうは許されません。

美知　どうしてダメなんですか？　どんなかっこうしてても弾に当たれば終わり。私、死ぬかもしれないならなおのこと、好きなものを身につけていたいんです。

音代　はいはい、そういう我が儘も私の前だけにしてください。先生たちに見られたら大目玉ですよ。

美知　分かってます。

スカートを脱ぐ。みんなが教室にワラワラ戻って切る。

鈴ね　あーやだやだ、勝っても負けても早く戦争なんて終わってしまえばいいのに。
音代　はい、非国みーん。（仲の良い先輩が、後輩に注意する感じで、そんなに怖い感じではない）
鈴ね　非国民、非国民うるさいなー。
音代　うるさいってなによ。
珠子　ホントにもう嫌になる。最近空襲多くない？
美知　本当にいつになったら終わるのかしら？
清香　去年の十月の空襲から運動会もない。
珠子　学芸会もない。
鈴ね　学期試験はあるのにね。
椿　どんなに空襲があっても試験だけはなくならない。これってある意味すごいですね。
美知　学芸会だけでもやれたらよかったのにね。
椿　そうですね。
珠子　去年は「ロミオとジュリエット」をやって大評判でしたね。
椿　私も母と姉に連れられてその劇見ました。
幸　美知お姉様の「ジュリエット」がすごく素敵で、お姉様目当ての一中、二中の男子学生も大勢いたんですよね。
清香　ニセの入場券で入ろうとした人もたくさんいたらしいよ。
音代　あ〜、男子って、どうしてこんなに汚らわしいんだろう。
椿　おお、ロミオ！　どうしてあなたはロミオなの？
清香　なんであんたがやるの。
椿　憎い敵は、あなたのお名前だけ、モンタギューでなくても、あなたはあなた。バラと呼ばれる花を別の名で呼んでも、甘い香りに変わりない。ロミオだって同じ、たとえモンタギューと呼ばれなくても非の打ち所のない姿はそのまま残る。だからお姉様、その名を捨てて。家との縁を切り、その名を捨てて。それが無理なら、私を愛すると誓って。

突然、男子が走ってきて劇に入る。

小野　ジュリエット！
みんな　え？
椿　だれ！
珠子　なにこの人？
小野　君に話があるんだ。
椿　あなたは一体、誰なの？
清香　そうよ、あなたは誰よ。
小野　そんなことどうだっていいじゃないか。ジュリエット、大好きなあなたが名前を呼んでくれた。

おもしろがった子たちが代わる代わるジュリエットをやる。

鈴ね　ああ、あなたはロミオなのね。あんまりだわ、そんな所に隠れて立ち聞きしていたのね。
小野　ジュリエットに一目会いたくて、月に誘われてここまで来たんだ。
珠子　どうしてここへ、見つかれば殺されるかも知れないのに。
小野　あなたへの思いが溢れて気が付いたらここまで来ていた。あなたに会えたからもう死んだって悔いはない。
美知　ホントにあなたは誰？
音代　ちょっと、あんた。ここは女学校ですよ。どうして男子学生がここにいるの。
小野　申し遅れましたがわたくし、すぐそこにあります県立第一中学2年の小野コウタロウ、音楽と演劇を愛する者であります。たまたまここの近くを通りかかった際に、以前演劇部でやったロミオとジュリエットの懐かしいセリフが聞こえてしまったので、つい我を忘れて入ってきてしまいました。
八重　みんな、どうして平然としてるの？
音代　誰かに見つかったら警察を呼ばれますよ。
小野　ちょうど劇と同じ状況ですね。ロミオは命がけでジュリエットのいる屋敷に侵入したんですよ。
珠子　そうなんですか、なるほどね。
椿　死ぬなんて絶対に嫌よ。
小野　ああ、ジュリエット。

清香　つづける?!
小野　僕は今、生きる希望に満ち溢れている。
清香　ねえお願い、家を捨てて。私はなんの肩書きもないロミオとずっと一緒にいたい。
美知　きっとそうしよう。美しい音楽に誘われて優しく口づけを交した時からロミオはもうジュリエットのものです。
椿　本当に？　もし私をもてあそぶつもりなら、今ここでおしゃって下さい。
小野　いいや、好きで好きで、君を捜し回ったんだ。お願いだ、この僕を信じてくれ。
鈴ね　いいわ。たとえ裏切られても、あなたなら許してあげる。
小野　その時はひと思いに殺してくれていい。そしてあなたが死ぬ時は、僕も一緒だ。天国にだって一緒に付いていこう。
椿　そんなのは嫌よ。私が好きならずっと一緒に生きて。この町が様変わりする遠い未来まで。
小野　ジュリエット。
椿　ロミオ。
小野　ジュリエット。
椿　ロミオ。
小野　（絶叫）ジュリエット～～～（決め）。まあ、こんな感じです。
みんな　おおお～。（拍手）

音代　……先生を呼んできます。（行こうとする）
小野　待ってください。
音代　……
小野　かわやをお借りしたいんです。
八重　かわや？
小野　はい、腹を下しまして厠をお借りしたくて。
美知　とてもお腹をお下しになってるようには見えませんわ。
小野　私ではなく、連れが……
音代　お連れ様が？

玉那覇が悶絶しながら入ってくる。今にも出そう。

みんな　え⁉
小野　玉那覇大丈夫か、がまんしろ、がまんできるか？

苦しみながらうなずく。

小野　厠はどこですか！　どうした玉那覇、（何事か聞く）え、ここでしていいかって？

みんなあわてる。

音代　ダメよ。絶対ダメ。
小野　玉那覇しっかりしろ、気を強く持てー！
八重　厠は、そこの廊下に出て突き当りを右に曲がったところです。
小野　よし、玉那覇、歩けるか？　歩けない？　ちょっとみなさん、運ぶの手伝ってください。ここで漏らしていいんですか！

みんな、あたふたする。急に悶絶がとまる。すっと立つ。

小野　どうした？　平気になった？

玉那覇ニコニコしてうなずく。みんなもホッとした雰囲気になる。

小野　みなさん、すいません、お騒がせしました。
幸　いや、これって波がありません？　一時的におさまっても、すぐに前の越える大波が来たりしませんか？
小野　いや、大丈夫ですよ～

玉那覇様子がおかしくなる。また悶絶が始まる。

幸　お姉さま早く。

幸と音代、小野で玉那覇を運び去る。八重音代戻ってくる。

幸　人騒がせな人たちね。

鈴ね　ねえ、戦争が終わったら。また演劇やりましょうよ。
椿　そうですね……
珠子　一中の人たちと合同でやりましょうよ。
音代　そんなのできるわけないでしょ。
鈴ね　私は宝塚歌劇みたいな男役が見たいわ。
椿　私、一度でいいからお姫様みたいなドレスを着てみたい。
幸　馬子にも衣装ね。
椿　まあ、ひどい。
幸　冗談よ。
珠子　私、ジュリエットがやりたいです。
鈴ね　あんたがジュリエット？　やれるわけないでしょ。
珠子　どうして？
鈴ね　それは美知お姉様がいるからよ。
珠子　そうか、だったら私ロミオでもいい。清香、あなたを私をロミオに推薦してくれたら、親友のマキューシオ役をやらせてあげるわ。
清香　大変、わたしセリフ覚えきれるかしら。
幸　ご心配なく、清香さんは馬の前足よ。
清香　まあ、ひどい！
八重　鈴ねさんと清香さんは、ホントならこの時期は修学旅行なのにかわいそう。
鈴ね　そうそう、私、東京に行ったら、絶対、風月堂で「シューアラクレーム」を好きなだけ頬張り、資生堂パーラーで「アイスクリーム」、コロンバインの「ショートケーキ」、そして梅むらの「お汁粉」を食べるつもりだったのに〜〜
美知　鈴ね、あんたは食べ物のことばっかりね。
鈴ね　そうよ、私はおいしいものが食べられれば何にもいらないわ。
椿　お姉さま、私が3年になる頃には修学旅行に行けますかね。
美知　行けるに決まってるわ。
清香　私は有楽町のおーきな映画館でアメリカの映画が見たかった〜。ジェームズ・スチュアート、クラーク・ゲーブル。
珠子　清香さんて外国の役者が好きですね。
鈴ね　そんなんじゃ、日本人と結婚できないわよ。
清香　いいえ、私はアメリカ人と結婚します。
みんな　え！
音代　はい、それ非国民〜ん。
清香　非国民なんかじゃ、ありませーん。これでもちゃんとした従軍看護婦ですから。
美知　そうね。私は「別離」のイングリット・バーグマンが好き。
八重　私は「風と共に去りぬ」のヴィヴィアン・リーね。
清香　スカーレットは我が儘よ。あんなに素敵な旦那さんだったら、私は何を言われても従うつもりよ。
珠子　でもさ、もしアメリカが上陸してきて捕まりそうになったらどうする？

音代　生きて虜囚の辱めを受けずでしょ。
珠子　そうですけど、もうしそうなったら私、日本人女性として毅然とした最後をむかえられるかしら。
椿　なんだか怖いです。
清香　私、クラーク・ゲーブルみたいな人だったら自決なんかしない。むしろ捕まえてもらいたいわ。
音代　はい、それ最高の非国民み～ん。
美知　バカね。
清香　わたし、音代さんに非国民呼ばわりされることに最近心地よさすら感じるようになってきました。なんだか不思議ですね。
鈴ね　そうだよね。私なんか言われにいってるとこあるもん。
清香　そうですよね。
鈴ね　それにしてもお腹すいたね。
八重　さっき壕の中でご飯食べましたよね。
鈴ね　あれがご飯なの？
珠子　芋ご飯にお味噌汁、
鈴ね　あれを味噌汁って言っていいの？
椿　ただの汁ですよ、あれは。
幸　あるだけましでしょ。
音代　どうせ我が国の大勝利に終わるのですから、今しばらくは質素倹約。銃後の守りは私たちにかかっているんだからしっかりしましょう。
鈴ね　あんたさ、いつもそれ本気で言ってんの（笑）？
音代　本気よ。当たり前じゃない。
鈴ね　そんなの先生や軍の人がいる時だけでいいんだよ。みんなでいる時は言いたいことといいなよ。
音代　何言ってるの！　鈴ねさん！　私は全部本気ですから。あなたたちみたいな非国民と一緒にしないでちょうだい。
清香　真面目だな～
美知　まあ、それが音代の良いところなんだけね。
鈴ね　そうだね。
幸　今日はせっかく卒業式の予行演習があるはずだったのに、朝からの空襲と艦砲で中止。卒業式いつになるんだろう……
椿　噂では陸軍病院でやるらしいですよ。卒業式。
鈴ね　それだったら卒業生も在校生も全員そろわないってこと？
音代　そうね。
美知　みんなでお祝いしたかったな。
椿　私たち、お姉さんたちのために「蛍の光」練習してたんですよ。（ちょっと歌う）
音代　なに言ってんの。蛍の光は敵国の歌よ。歌えるわけないでしょ。
椿　そうなんですか？
美知　「蛍の光」は英国の歌よ。
椿　へえ、知りませんでした。
清香　でも、昨日寄宿舎で送別会だけでもやれたから良くない？

八重　結局、途中で停電になってお開きになったけどね。

椿　余興でお姉様が歌った「サンタルチア」とてもすてきでした。

美知　ありがと、椿。

鈴ね　お赤飯や紅白饅頭、あとカステラがおいしかった〜

珠子　あーあ、早く戦争なんて終わってくれないかしら。

清香　そうだね。

八重　やめな、誰かに聞かれたら大変だよ。

珠子　分かってます。ここ以外では言いません。

音代　そうだよ。

鈴ね　せっかくあこがれの学校に入ったのに、なーんにも女学生らしい生活ができなくて。上の人たちが羨ましい。

珠子　そうだね。

音代　うちらも似たようなもんよ。

美知　私たちって物心ついた時からず――――と戦時体制でしょ。逆に戦争のない日常が想像できない。

鈴ね　私たちの思い出と言えば――、軍司令部への事務手伝い、

音代　与儀《よぎ》の農事試験場での芋掘り、

珠子　さとうきび運びの増産作業、

八重　小禄《おろく》飛行場での整地作業、

清香　那覇港での出生兵士のお見送り、

美知　天久《あめく》の高射砲陣地構築作業、

椿　波之上神宮《なみのうえじんぐう》への暁天動員、

鈴ね　うちらの青春ってなんなんだろ〜

音代　そうだね〜

美知　でもさ、それですら、みんなと一緒なら、楽しくない？

みんな　うん……

清香　なんか、今日だって空襲でさ、そしてこれから大事なお役目もあるんだけど、なんかみんなで行けるってだけで私、ウキウキしてて、ダメだよね。

音代　遠足じゃないのよ。

珠子　私も、不謹慎だって分かっているの。でもなんかさ、みんなでどこかに行くってだけでも、楽しいんだよね。私、おかしいのかしら。

鈴ね　そんなことない、私もだよ。

清香　私も私も、

美知、清香、鈴ね、椿でひとしきり盛り上がる。

鈴ね　だってしばらくは授業も受けなくていいんでしょう？

八重　私は勉強がしたいです……せっかく女学校に入れてもらったのに、こんなんじゃ親に悪いです……

音代　……そうだね、

みんな　うん……

椿　私、富永先生から源氏物語とか万葉集の恋歌の話が聞きたい。

八重、立ち上がる。

八重　Let knowledge grow from more to more,
But more of reverence in us dwell,
That mind and soul, according well,
May make one music.
知識を更に更に大ならしめよ。だが、畏敬の念も更にわれらが内に大ならしめよ。われらの心と魂が、見事な調和を示しつつ、ひとつの調べを奏でんがために。テニスンの詩よ。

珠子　私、放課後の部活でバスケットボールがしたい。

音代　籠球って言わないとダメよ。

珠子　嫌よ、籠球って何よ。バスケはバスケでしょ。私が好きなのは籠球なんかじゃなくてバスケットボールなの。

音代　だから敵性言語なんだから仕方ないでしょ。

鈴ね　だったら私は餡パン。餡パンが食べたい。

珠子　そうね、

音代　あんこ入りめんぽうですから。贅沢は敵よ。ほしがりません勝つまでは。

鈴ね　うるさい。そんなの聞きたくない。

音代　あなたのために言ってるの。

清香　私はエビフライが食べた――――い。

音代　エビ洋天です。

清香　洋天？

音代　洋式天ぷらってことでしょ。

清香　へ――。

以降、みんなで「へ〜」「ほお〜」などのリアクションを入れる。

清香　だったらサイダーは？　サイダー。

音代　それはふんしゅつ水。

鈴ね　ライスカレーは？

音代　からみ入りしるかけ飯。

鈴ね　なんかまずそう。

椿　キャラメル。

音代　ぐんろうせい。

八重　コロッケ。

音代　油揚げ肉まんじゅう。

鈴ね　それもなんかまずそう。

小野、玉那覇が入ってくる。小野はトランペット、玉那覇はトロンボーンを持っている。

小野　だったらブラスがしたいってなんて言うんです？

音代　吹奏楽がやりたい。

小野　そうか、そうですね。だったらトランペットはなんて言うんですか？

音代　らっぱ。

小野　私は吹奏楽部でらっぱを吹いていました。ではトロンボーンはなんて言いましょう。玉那覇はトロンボーンを吹くんです。
音代　抜き差し曲がり金、真鍮ラッパ。
鈴ね　だったらコントラバスは？
音代　妖怪的四弦。
みんな　妖怪的四弦?!

玉那覇、一人笑い始める。爆笑。つられてみんなも笑う。

美知　なに？　どうしたの？
小野　玉那覇、どうした？（何事か聞く）コントラバスは……妖怪ではない。
珠子　そこで笑う？
清香　おもしろい人ね。

笑いがおさまって。

音代　私、本気で先生たちを呼んできます。（はける）
小野　もう帰ります。帰ります。みなさんありがとうございました。

二人、あたふた出ていく。

鈴ね　それにしても、なに妖怪的四弦って、

八重　やっぱカタカナ語がお洒落なのは間違いないわね。
音代　それだけは認めざるをえない。
珠子　そうだね。
椿　お姉様、アメリカは本当に攻めてきますか？
八重　もう攻めてきてるでしょ。
椿　いや、いつ上陸してくるんだろ？
清香　分からないわ、できれば来てほしくないわね。
鈴ね　そうだね。
八重　なんで戦争なんてしてんだろ。
珠子　知らないよ、大人の都合でしょ。
鈴ね　そうだね。
清香　私、お嫁に行く。
鈴ね　そうだね。は？
みんな　え?!
清香　私、近々お嫁に行くことになりました。
珠子　結婚するの？
八重　ホントに？
珠子　うそでしょ？
清香　冗談で言うことかしら？
八重　どうして？
清香　うちってお金持ちでしょ。なのに女しかいないから、跡取り問題がずっとあってさ、父の友人のつてから京都の帝大に籍を置く人なんだって。その人が出征するから、その前に式だけでも挙げなさいって。
珠子　学校やめるの？

清香　そうなるわね。
珠子　てっきり一緒に師範科に行くものだと思ってた……
美知　いい話じゃない。
清香　そうだね。
珠子　でもなんだか寂しい。
清香　ごめんね、私も珠ちゃんと先生になりたかったけどね、
音代　へえー、清香が結婚かー。
椿　いがい、
清香　どういう意味だよ。
八重　どんな人なの？
清香　知らない。
みんな　え？
清香　私も先週知らされたから、どんな人か興味あるんだけど、
珠子　ま、よく聞く話でしょ。
みんな　そうだね
清香　でも、みんなと一緒だったら見られるかな、て思って……
みんな　？
清香　写真あるんだ。
みんな　写真？
鈴ね　見たい見たい、写真見せろ。
幸　がっつきすぎでしょ。

写真が裏返しにして出す。みんな凝視する。無造作にひっくり返そうとする手をつかむ。

珠子　ちょっとまって、
椿　もうちょっとさ、前振り入れようよ。
清香　前振りって何よ。
椿　だから、いきまーすとか、せーのとか、パンパカパーンとか。
清香　そっか、分かった。いきまーす、せーの、パンパカパーン！

裏返す。みんな見る。上手から（ビミョーな）青年が出てくる。みんなが見ている前に来てポーズをとる。

男　はじめましてーーー、結婚しまーす。
みんな　うーーーーん（微妙）。
珠子　いいんじゃない……
美知　やさしそうな感じだね。
珠子　そうそう。
椿　クラークゲーブルではないね。
鈴ね　こら！
清香　クラークゲーブルは夢、結婚はただの現実でしょ。
音代　そうね。
珠子　でも良い人そうでよかった。
美知　大丈夫、清香ならきっと幸せにおなりよ。

清香　そうだね、ありがとう、みんな。

我謝《がじゃ》が入ってくる。みんな集合する。

我謝　ついさっき、動員命令が下りました。女師・一高女両校二百二十二名、引率十八名、計二百四十名。これより南風原の陸軍病院へ出発する。平素の訓練の効果を発揮して、いよいよお国に奉公するべき時がきました。ひめゆり学徒の本領を発揮して皇国のために尽くしましょう。

みんな　はい。

我謝　まだしばし出発まで時間があります。各自準備万端整え、遺漏亡きよう。学徒隊は本校千百五十名中成績、体力、適応力、特に秀でた者が選ばれていると聞きました。その誇りを胸に刻み、任務に当りましょう。私たちが足でまといになることは絶対にあってはならない。分かりますか？

みんな　はい。

椿　はい、アメリカは本当に上陸してくるんですか？

我謝　これだけ頻繁に軍事施設を狙っての空襲があるってことは、上陸前の準備でしょうね。

椿　我謝さん、私、なんだか怖いんです。

幸　日本は勝ちますか？

我謝　みんなはどう思う？　日本は勝てると思う？

音代　勝ちます。

鈴ね　勝ちます。

美知　勝ちます。

清香　勝ちます。

八重　そうよ日本が負けるわけないもの。

珠子　そう……。だったら心配ないでしょう。

我謝　みんな、バカね。うちらは戦ったりしないんだよ。後方で負傷した兵隊さんのお世話をするだけなんだから。

鈴ね　そうよ、赤十字のある建物には砲弾を撃ち込んではならないって国際法で決まってるんだから。

八重　そうだよね……。

清香　行く前に持ち物点検をします。

我謝　みんな鞄の中を見る。

我謝　まず消毒液。

生徒　はい。

我謝　薬類。

生徒　はい。

我謝　針と糸。

生徒　はい。

我謝　包帯。

生徒　はい。

その都度、生徒が手を挙げる。

椿　先生、私、兵隊さんたちへのお手紙を書きました。持って行ってもいいですか。
我謝　喜んでもらえますよ。他に質問は？
八重　はい、先生。教科書や参考書は持って行っていいですか？
我謝　八重は東京の医学専門学校志望でしたね。
八重　そうです。
我謝　……持って行きなさい。ただし、本当にやりたい勉強の本だけにして、後は学校に置いていくこと。
八重　はい、ありがとうございます。

皆が出発の準備を始める。

我謝　それから、音代さん。

一人だけ我謝の前に来る。

我謝　音代さん、あなたは学徒隊から外れることになりました。
みんな　え。

みんな振り返って固まる。

音代　……どうしてですか？
我謝　あなたは行かなくてよくなったんです。
音代　……どうしてですか？
我謝　……
音代　私、納得できません。
我謝　……何に納得できないんですか？
音代　私が外されたことにです。
我謝　……
音代　今回、このお役目に選ばれたのは、学校の中でも文武両道に優れ、判断力など優秀な者だと聞いています。
我謝　はい。
音代　私、選ばれた時、うれしかったです。今までの努力が報われたって。
我謝　そうですか、
音代　なのに、どうして私が外されるのですか。私、勉強も体操も人並み以上に頑張ってきました。運動会の徒競走もずっと1番でしたし、成績も全部甲です。学級委員や寄宿舎でも部屋長です。なのに、どうして私だけ……
我謝　あなたが優秀なのは知っています。
音代　だったらなぜですか。私だけが選ばれなかったのは。私もお国のために奉公したいんです。
我謝　みんな、あなたと仲の良い人たちですからね、自分だけが取り残されるのが嫌なんですか。
音代　私、恥ずかしいです。このままおめおめと家に帰ったら親をがっかりさせてしまいます。
我謝　……あなたの御両親が、娘を家に帰してくれと言ってきたのです。
音代　！……うそです。
我謝　うそではありません。
音代　……おかしいです。おかしいじゃ、ないですか。父には今まで散々「お国のために尽くす人になれ」と教えられてきたんです。なにかの間違いです。それに、この子たちだって私が行かないときっと困るんです。
我謝　十七で死なせるために育てたんじゃない！　うちの娘を帰してくれ。
みんな　……
我謝　あなたのお父さんがそう言って来たのです。
音代　……
鈴ね　音代さん、私らは大丈夫だから、ね。
清香　そうですよ。
八重　地下壕もあるし、アメリカが上陸して来ても日本が勝って戦争はすぐ終わるよ。
珠子　そうそう
美知　三週間したら、このみんなで、
幸　きっとまた会えますよ。

音代うなずく。

我謝　さあ、帰りなさい。家はどこですか。
音代　読谷です。
我謝　どうやって帰るんですか。
音代　電車に乗ります。
我謝　嘉手納駅までしか行きませんよね。
音代　大丈夫です。いつも歩いてます。

みんな見ている。音代一度歩いて、振り返る。

音代　みんな……
鈴ね　またね、音代さん。

みんな次々に別れの言葉を。

音代　また……
我謝　早く行きなさい。

音代、去って行く

我謝　それでは最後に容儀点検をしてから出発します。全員並んで下さい。上は制服、下はモンペ。住所血液型を書いた名札。救急鞄。

みんな身なりを整える。
我謝、点検をしては「よし」と言っていく。最後に美知の番。

我謝　……美知さん、制服のボタンを外して下さい。

美知、ボタンを外す。中にレースのブラウスを着ている。

我謝　心音さん、またですか。あなたはどうして決まりに従わないんですか。

美知　それは、美しくないからです。

我謝　こんな時勢に美しさは必要ない。戦争が終わったら好きなだけ美しく着飾ったりすればいい。でも、今はその時ではないのです。早く直しなさい。

美知　レースのついたブラウス、仲原淳一の絵、吉屋信子の小説、中原中也の詩、美しく儚いものから犠牲になるんです。私が大事にしたいのは、まさにこのレースのようなものなんです。みんなの心にも、きっとレースの縁取りが必要なんです。たとえ石を投げられても、私はパーマネントもかけたいし、お洋服も着たい。

音代が戻ってくる。

みんな　音代！

みんな　どうしたの……

音代　駅が、爆撃で駅舎も線路もなくなってました……

我謝　そうですか、それでは帰れませんね。

音代　はい。

鈴ね　誰もいなくなった寄宿舎に一人おいておくのは逆に危険というか……

珠子　一端、みんなと病院まで行った方が良くないですか

……

我謝　……そうね、校長先生に聞いてみます。

珠子　本当ですか！

みんな　よかった〜、

我謝は出て行く。

椿　よかったですね。

清香　一緒に行けるね。

音代　うん。

小野と玉那覇がおずおずと入ってくる。

小野　あの〜、僕らも一緒に戻ってきたんですけど、

八重　あきれた、いったい何の用なの⁉

小野　すいませんでした。実は私たち今回折り入ってお願いしたいことがありまして、男子禁制のこの場にあえて侵入した次第であります。

幸　でしょうね。

小野　こいつが通学する時に、同じ道すがらいつも一緒になる方に特別な思いを抱くようになり……。

椿　それってまさか恋ってことですの？

小野　はい、秘めたる思いを告白したくて、今回思い切って忍びこんだしだいであります。

椿　告白！

珠子　だれ？
小野　この中にいるのか？

玉那覇うなずく。みんな色めき立つ。

椿　だれ？
小野　誰なんだお前の思い人は
玉那覇　（ただ見つけている）……
鈴ね　ええ！　私⁉
八重　ちがいます。

小野、玉那覇の視線を追って、音代にたどり着く。
みんなが音代を玉那覇の前に引っ張る。

八重　ダメです。男子学生が女学校に忍び込んで告白ですって？　清らかな花園に土足で踏み込む暴挙よ。これが知られたら音代さんもあなたがた二人も退学よ。分かっているんですか。
小野　はい、分かってます。
みんな　……。
小野　でも、もういいんです。
音代　え。
小野　私たちは退学になってもいいんです。生きて帰れたら退学になってもいいんです。
みんな　……
小野　明日から第32軍の第5砲兵司令部に配属されることになりました。鉄血勤皇隊です。さっき学校で、みんなで遺書を書かされました。
みんな　……
美知　まだ子どもじゃないですか？
小野　何、言ってるんですか、それはお互い様でしょう。これから看護動員で南風原へ行くんですよね。
美知　はい。
小野　ほら、言いたいこと言えよ。すいません、お名前はなんですか。
音代　上原音代です。

玉那覇、小野を手招きする。

小野　……それくらい、自分で言えよ！
椿　そうよ、さっきから小野さんばかりに、男らしくないですわ。

玉那覇、この劇で初めて声を発する、かすれているが絞り出すように。

玉那覇　……音代さん‼
音代　はい……
玉那覇　ずっと……お慕い申し上げて、いました！
音代　はい……

玉那覇　……音代さんのお写真を撮らせてください！
みんな　え！
玉那覇　持っていきたいんです！　僕は勇気がないから！　戦うの恐くて！　恐くて！　でもあなたの写真を持って行けば……戦えます!!
音代　……はい
小野　どうですか？

BGM。小野がカメラを持ち出す。玉那覇と音代並ぶ。

小野　みなさんもよかったら一緒に写ってください。
みんな　え、でも……
小野　いいよな。

玉那覇、笑ってお辞儀をする。みんな並んで写真をとる。二人の写真をとる。

小野　ありがとうございました！
美知　ご武運を、お祈りします！（お辞儀）
みんな　お祈りします。（お辞儀）
音代　生きて帰って来て下さい。
玉那覇　はい
小野　みなさんもお元気で。
椿　生きて帰ったらロミオとジュリエット合同でやりませんか。
小野　いいですね。是非。

二人去る。入れ変わりで校長と我謝がやって来る。

校長　出発の時間だ。
我謝　一列横隊に並べ。
みんな　はい。

みんな並ぶ。

我謝　右向け、右。
みんな　はい。

右を向く。

我謝　全体、まえー、すすめ。

BGMみんな元気よく行進して出て行く。

――幕――

【参考文献等】

『ひめゆりたちの春秋―沖縄女師・一高女の「寄宿舎」』仲程昌徳
『ひめゆりたちの「哀傷歌」』　仲程昌徳
『花は散っても』坂井希久子
『相思樹の歌』西園徹彦
『ひめゆり　沖縄からのメッセージ』　小林照幸
『ひめゆりの塔をめぐる人々の手記』仲宗根政善
『ひめゆりの沖縄戦―少女は嵐の中を生きた』　伊波園子
『私のひめゆり戦記』宮良ルリ
『生かされて生きて』与那覇百子
『沖縄決戦 高級参謀の手記』八原博通
『沖縄戦の子どもたち』　川満彰子
『牛島満司令官沖縄に死す―最後の決戦場に散った慈愛の将軍の生涯』　小林茂朗
ひめゆり平和記念資料館の資料

作者からのメッセージ

身近な存在としての「ひめゆり学徒隊」

吉澤信吾

沖縄で生まれ育った者は、小学校入学時から平和教育の洗礼を受ける。

私が小学生の頃は、戦争体験者がまだ学校にいて、授業などで戦争の体験談を聞いた記憶がある。学芸会では沖縄戦を扱った劇が必ず上演され、慰霊の日が近づくと、体験談や写真、映像をたくさん見せられて来た。そのどれもが凄惨で目を覆いたくなるものばかりであった。それによって反戦思想が骨身にまでしみているのは私だけではないだろう。

であるがゆえに、楽しい部活動として上演するには、不向きなコンテンツだと感じていた。ひめゆり学徒隊のことも、現代の学生とは思想も教育も乖離しすぎた存在として、今の生徒に演じさせてもリアリティがないように思えた。

しかし、ひめゆり平和祈念資料館を訪れた時に、今の学校と全くと言っていいほど変わらない生活が垣間見られたことに衝撃を受けた。遠い存在だった学徒隊の生徒たちが身近な存在に思えたのだ。自分が普段接している中学生が戦争に行く。こういう台本ならば中学生も喜んで演じてくれると思った。

一つ一つのエピソードは資料を読みつつ、実際にあったことを参考とした。よって、ただの作者の想像で書いたものではない。

言葉は、当時の方言よりも共通語の方が上演しやすいと思い共通語で書いた。ただし大正から昭和初期の女学校が舞台の小説で使われる言葉を使用したつもりだ。また中学生が大人を演じるのは厳しいと思い、本来「先生役」がするべき言動を、最上級生にさせている。もし拙作を上演する場合は、いかようにも潤色なさって結構だ。

『姫と百合』の楽屋で沖縄県立開邦中学校の生徒たち

▼**初演**＝二〇二三年／沖縄県立開邦中学校

拝啓 平和《にちじょう》を生きる君たちへ

作＝平良明美・棚田彩楽・小那覇言羽

楽屋にて。昭和薬科大学附属中学校演劇部

登場人物　この劇は、戦時下の「ひめゆり学徒隊」についての劇を上演する中学校演劇部の練習風景を描いている。

【日常シーン】演劇部員		【戦争シーン】上演する劇の役
ひろか	3年	弘子　＋ナレーター（＃5戦争、＃6戦争）
かよこ	3年	喜代子　＋ナレーター（＃4戦争）
りょう	2年	良子《りょうこ》
ゆうな	2年	優子　＋ナレーター（＃6戦争）
ゆり	1年	百合　＋ナレーター（＃4戦争、＃5戦争、＃6戦争）
ようこ	3年	陽子先生
とうや	1年	西岡一義部長 軍医
しょう	1年	兵隊1 負傷兵1 師範男子伝令係
かなと	2年	兵隊2 負傷兵2
みゆう	3年	
なつめ	2年	

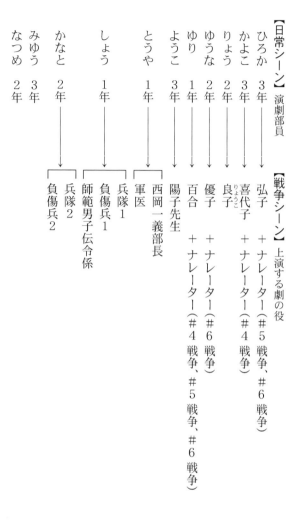

＃1 戦争シーン

爆発音、銃声と共に幕が上がる。

ホリゾント、赤。

ひろか、かよこ、ゆり、ゆうこ、りょうこ、ようこ、しょう、とうや、かなと、舞台上を走り回る。倒れたり悲鳴が上がったりする。

フェードアウト。

＃2 日常

現代の教室。

段にしょう、かなとがいる。机、いすを上手に配置。

ざわざわ。

なつめ みゆう先輩、音響大丈夫でした？
みゆう 良かったと思うよ〜。
なつめ ありがとうございます。
かよこ 段々仕上がってきたね！
ひろか それな！ ついに明日本番か〜。
みゆう めっちゃ緊張する〜。大丈夫かな。
かよこ 今まで頑張ってきたから大丈夫‼ 楽しみ〜！
ひろか そうそう。練習通りやるだけ。絶対いける！

みゆう、脚本読みながら。

みゆう ねぇ。戦争に行った子たちもさ、もしかしたら私たちとあんまり変わらないのかもね。
ひろか どゆこと？
みゆう 年齢とか、将来の夢とか。この時代の子たちにもそれぞれ夢があって、それに向けて頑張ってたんだなーって。
かなと たしかひめゆりの子たちって十三歳〜十九歳くらいだよね？
しょう 中高生くらいだよね。
かよこ 考えられなくない？ この歳で戦争なんて。
なつめ 確かに……
かよこ この子たちは何にも悪くないのにね。
なつめ 生まれた時代が違っただけでこんなに変わっちゃうんだ。
ひろか この劇を見た人が少しでも戦争について考えてくれたらいいな。
みゆう だね！
かなと あ、そういえば、次のシーンで出てくる「乙姫」ってなんですか？
ひろか 沖縄女子師範学校の文芸誌のこと。
かなと なるほど。

ゆり、ゆうな、りょう、とうや入り。

りょう　着替えてきましたー！
かよこ　おお似合ってる!!
りょう　ありがとうございます！
ゆうな　今日、シーンごとに最終確認でしたっけ？
みゆう　そうそう、じゃあ始めよっか！
ひろか　はーい。

ひろか、かよこ以外ハケる。
二人が位置についたら照明変わる。

#3 戦争　1944年

弘子と喜代子が土手のようなところに座って話をしている。

弘子　私、「乙姫」に文章を書きたいな。
喜代子　？　どんな文章を載せたいの？
弘子　うふふ、まだ内緒。この戦争が終わったら載るように、少しずつ書き溜めているの。
喜代子　じゃあ、私も何か書いてみよっかな。
弘子　一緒に書こうよ！　喜代ちゃんの空想は聞いてて楽しいし、文章になるの、楽しみ。
喜代子　弘子さんは字がきれいだし、この前先生に作文もほめられていたから「乙姫」にすぐ採用されるかもしれないね。
弘子　そうかな（笑）？　はぁー、戦争なんか早く終わって、ずっと楽しく文章を書いてたいなぁ。
喜代子　あはは、確かにね。私は、この前弟が生まれたから成長を日記風に物語を書いてみようかな！

百合、優子、良子入り。

喜代子　あ、きたきた。
弘子　こっちこっち！
百合　ふぅ、今日も疲れたー。数学とか地理とかいつ使うの～？　習う意味ある？
優子　その他にも作法に家事、裁縫、お琴……
喜代子　うわ、もうそれ以上勉強の話しないで。
良子　そんなこと言わないの、私たちが立派な大人になるために必要な事だよ？
百合　たしかに……？
喜代子　分かってるけどー。
百合　じゃあ楽しい話しようよ！　さっきね、優子の好きな人から手紙が来てて……
弘子　あー、少年飛行兵の人だっけ？　幼なじみなんだっけ。
優子　待ってだめだめ！　言わないで！

喜代子、優子の口押さえる。

喜代子 それで??

百合 戦争に行く前にちょっとだけ抜け出して会いに来るらしいの！ そしたら優子が、こんな服で好きな人の前に出られないよ〜！って珍しく焦ってて。

弘子 あはは、まあ確かにこんな格好じゃね。

百合 セーラー服だったらよかったのに！

良子 ほんと。

優子 あと四年早く産まれていればセーラー服着れていたのにね。

喜代子 しかも標準服まで、着るな！ モンペを穿け、とか私たちはいつ女の子らしくできるんだろう。

百合 教員になるために頑張って師範学校に入ったから、かわいいセーラーをまとうのが夢だったのに！

優子 戦争っていいこと一つもないね、私たちの青春。輝く春は来ないのかな〜。

喜代子 戦争っていつ終わるのかな。私たちはいつ教師になれるかな。

良子 そんなこと言っちゃだめでしょ？ でもきっと、卒業したら先生になれるよ、かわいい子どもたちにいろんなことをたくさん教えてあげるんだ。

百合 きっと戦争もすぐに終わるよ。それに皆一緒なら楽しいはず！ あ、そういえば、陽子先生が私たちみたいに師範学校に通っていた時には英語の歌も歌ってたって。

弘子 今は英語も禁止されているからね。

優子 英語の歌か〜、聴いてみたい！ 英語の歌、教えてもらえないかな〜。陽子先生は若くてお姉ちゃんみたい。本土の大学に行ってたっていうから頭もいいんだよね。優しいし、可愛いし大好き！

百合 私も〜！

#3 日常

ひろか この時代でも雑誌に文章載せたりとかあったんだ。

かよこ ひろかも応募してなかった？ ポエムみたいなやっ！

ひろか え、え、やめてやめて。

ゆり え〜なにそれめっちゃ見たい！ 見せてくださーい。

ひろか 全部消したから無理かな〜。

かよこ あとで見せるね。

ひろか 持ってんの⁉

ゆうな 私も見たいです！

なつめ 私も私も。

かよこ じゃあ皆んなに送っとくねー。

ひろか かよこに送ったのが間違いだった……さよなら。

ひろか倒れる。

かよこ　私が補習サボったこと先生にチクったよね⁇　その時のお返し～。
ひろか　ごめんって……
かよこ　てか、英語が禁止されてたってよく聞くけど、相手がアメリカだから？
ゆうな　無視……
みゆう　かよこ補習サボってたのか……
ゆり　分かります～！　そこまで強制すんな！って感じですよね。
りょう　英語禁止とか最悪だよね。
なつめ　耐えられない……
かよこ　私も英語は苦手だけど……歌は聞きたいかも。
ゆうな　戦争前でも結構色んなところに影響あったんですね。
りょう　それにモンペしかだめってひどすぎ‼　オシャレしたい！
ゆり　それなです――！　まじ有り得ない！
かよこ　たしかに、この服が当たり前だったんだよね。
なつめ　ださ……
みゆう　うんうん。あ、ひろかおはよ。
ひろか　おはよう。
なつめ　おはようございます……
かよこ　もう立ち直った？
ひろか　うん、もうしょうがないよね！　なんか弘子に親近感湧いて来たし！
みゆう　ポジティブだね～。
ひろか　実は私と弘子って将来の夢も一緒だしね！
ゆり　ひろか先輩って先生になりたいんですか？
みゆう　確かに教えるの上手いよね！　あのかよこが赤点回避できたんだよ（笑）。
かよこ　あのって何⁇　ひろか厳しくてめっちゃ大変だったんだよ――！
なつめ　そんなに赤点取りまくってるんですか。
ひろか　本当にしんどかった。公式教えてもなんでこうなるの⁇　なんで⁇って全然理解してくれないし‼!
ゆり　だいぶ初歩的ですね……
かよこ　先生も良いけどもっと夢見ようよ―‼
ひろか　かよこにはちゃんと現実と向き合ってほしいけどね‼
みゆう　かよこは将来何になりたいの？
かよこ　よくぞ私に聞いてくれました！
なつめ　変なスイッチ入った。
かよこ　私の将来の夢はズバリ。
ゆり　ズバリ―⁇
かよこ　王子様と結婚すること！
ひろか　は？
ゆうな　先輩……
ゆり　王子様はさすがに……
ひろか　漫画の読みすぎじゃない？
かよこ　いやいや別に白馬に乗って～とか思ってるんじゃ

ないよ？

りょう　じゃあどういうの想像してるんですか？

かよこ　イケメンで高収入っていうのは絶対条件でしょ？　あと高身長で料理とか上手かったり？　私が落ち込んでる時に優しく慰めてほしいなー！　あとはあとは……

言っている間にようこ入り。かよこの勢いに若干引いて固まる。

ひろか　ストーップ。

みゆう　あ、ようこ！　おはよう！

ようこ　あ、おはよう……

それぞれ　おはようございますー。

ひろか　引いてんじゃん。

かよこ　ひど！　女子なら誰でも憧れるシチュエーションでしょ!!

ゆり　幼稚園生とかまでですよ。（笑笑）

かよこ　ぐっ。

かよこ倒れる。
ひろか、かよこを突き飛ばす。

ひろか　じゃあそろそろ次のシーン練習するよー！

ゆり・ゆうな・みゆう・りょう　はーい。

#4 戦争

かよことゆりは立ち位置へ移動してすぐナレーション。

かよこ　1945年3月23日、生徒222名、引率教師18名、合計240名の学徒隊は沖縄陸軍病院、通称南風原《はえばる》陸軍病院に看護要員として動員。

ゆり　南風原陸軍病院は沖縄守備軍（第32軍）の直管で、本部、内科、外科、伝染病科に分かれており、40近くの横穴壕の土壁に二段ベッドを備え付けて患者を収容した。

ナレーターハケる。
引率教師西岡一義部長、中央サス位置に。

西岡一義部長　いよいよ敵はこの沖縄に上陸するらしい。今日限り学校は閉鎖する。直ちに軍に協力せよ。日頃訓練したことが、実際役に立つ時が来た。ひめゆり学徒として誇りを持ち、その名に恥じないように、しっかり頑張ってくれ。私は軍命令で、指令壕に行かなければならないから、みんな先生方と共にしっかり働くように。

出発後の夜道。
弘子・良子・喜代子・優子が下手から出て、ゆっくり歩きながらセリフを言い、上手へはける。

全員　できたー！
弘子　今すっごい調子良かったね。
良子　うんうん、後で喜代子たちに自慢しよ。
喜代子　いいねーそれ。ここの最後のところが超難しいんだよね。
弘子　ね。途中から失敗しないでくれーって心臓ドキドキしてた。
喜代子　多分次やっても失敗する。
良子　たしかに。今のは奇跡だね。
弘子　いやほんとそうだよ。でもこのお手玉使いすぎてボロボロだね。
良子　ずっと投げて遊んでるもんね。うーん、直せないかな？
喜代子　私おばあちゃんからお手玉の作り方教えてもらったよ！　あんまり上手くできないけど、一緒に直そうよ。
弘子　私不器用だけど作れるかなぁ。
良子　誰が上手く作れるか勝負しよ！
弘子　えー私絶対最下位じゃん。
喜代子　勝負とか緊張するー。
良子　誰が勝敗決めるの？
喜代子　陽子先生で！
良子　陽子先生、忙しいんじゃない？　最近、先生たち戦争のことでずっとなにか話してるし。
喜代子　あー確かに。

弘子　戦場、か。そんなとこ行きたくないよ。あ、でも、この万年筆も持ってきたから、「乙姫」に載せる作品を軍の仕事の合間に書こうかな！　それならちょっとは楽しみかも！　でもやっぱり戦場はいやだ。
良子　……国のためだし、しょうがないよ。
弘子　なんか良子っていつも国のため！ばっかりだよね。本当にそう思ってるの？
良子　……どういうこと？
弘子　ううん、何でもない。
良子　……

優子、ため息。

喜代子　（ずっと無言の優子に）優子今日元気無いよね。大丈夫？
優子　え、そんなことないよ。全然大丈夫。
喜代子　何かあったら相談してよ。いつでも聞くよ。友達でしょ？
優子　……あの人、特攻作戦に参加するんだって。爆弾を積んだ戦闘機に乗って敵の艦船に体当たりするの。
喜代子　それって、
優子　だからせめて私は無事でいてね、って。
喜代子　……
優子　私、あの人が特攻作戦に参加するって聞いて、何も出来なかった。それが悔しくて……暗い話してごめんね。

皆んな大変なのは同じなのに。

喜代子 良いんだよ。大変なことばかりだけど私たちは必ず生きて学校に帰ろう。絶対だよ！ 約束！

優子 うん。約束。

病院へ到着。

百合 ここが病院？ 壕？

陽子先生 ここの壕は入り口だけあって出口がまだできていないんですって。

百合 え？ 出口は作らないのですか？

陽子先生 私たちの最初の仕事が壕の中の道づくりです。

百合 壕掘りですか？ 看護の訓練を受けてきたのに？

陽子先生 本科一年生は病院壕で看護にあたるので、明日からあなたたち予科の皆さんが壕を掘ることになるわ。

百合 これもお国のためのお仕事なんですよね。

陽子先生 そう、大切なお仕事です。出口がないと入り口が爆弾で塞がってしまった時に中の兵隊さんたちが出られなくなってしまいます。それと、気をつけてほしいのが、壕の中はものすごく空気が悪いの。酸欠状態になるから気をつけましょう。私も一緒に作業をやるから。

舞台下手。壕を掘る数名。

百合 ……先生。

陽子先生 どうしたの？ 百合さん。

百合 戦争はすぐに終わるんですよね？

陽子先生 ええ、そうよ。きっともうすぐ終わるわ。

百合 本当ですか？ 私たち、無事に学校に帰れるんですよね？

陽子先生 ……ごめんね、不安よね。でも大丈夫よ、ここは病院で、赤十字の旗が立てられるの。旗があるところは攻撃されない。国際条約で守られているからね。だからきっと大丈夫。

百合 ……はい。すみません、変なこと言って。

陽子先生 空気が悪すぎるのでこれから換気をします。皆さん何か布を広げて持ってください。なんでもいいです。外の空気を取り込めるように動かしましょう。

弘子、喜代子、優子、良子下手から登場。

弘子 風呂敷持ってきましたー！

みんなでパタパタ布を振る。

弘子 先生、もう手が疲れました。

陽子先生 でも、奥の方は空気が悪いままだからもう少し振りましょう。布に合わせて何か歌いましょうか。

みんな顔を上げて先生の方を見る。

陽子先生が歌いだす。

「サー　君は野中の　いばらの花か
サーユイユイ
暮れて帰ればヤレホンニ　引き留める
（暮れて帰ろうとする自分（男性）を帰るなと引き留める意味）
マタハーリヌ（また会いましょう　定説はない）
チンダラ　カヌシャマヨ（八重山方言　本当に愛しい人（女性））」

先生が一番を歌った後、二番目からみんなも小さな声で歌う。

「サー　嬉し恥ずかし　浮名を立てて（浮名＝恋愛などのうわさ）
サーユイユイ
主は白百合　ヤレホンニ　ままならぬ（思い通りにならない）
マタハーリヌ　チンダラ　カヌシャマヨ」

「サー　染めてあげましょ　紺地の小袖
（愛情の深さの度材を表現するのに紺色の染め地が歌詞で使われることがある。紺色の着物は結婚した夫人の正装であり結婚を暗示している）
サーユイユイ
掛けておくれよ情けの襷（たすき）
（男性の求婚に応じた女性は八重山のミンサーオ織りの手ぬぐいを男性に贈ったという。つまり「たすき」を「掛けておくれよ」とは求婚に応えてほしいという男性の願い。ちなみに「掛けておくれ」は「たすき」と「情け」の両方をかけている）
マタハーリヌ　チンダラ　カヌシャマヨ」

＃４　日常

照明そのまま。

とうや　ようこ先輩歌上手いです！
しょう　さすがです‼
ようこ　ありがとう。
かよこ　これってどういう歌詞なんだっけ。
ようこ　簡単に言うなら、女の人を思う男の人の歌。いわゆるラブソングってやつ？
なつめ　そうなんだ、いい曲ですね。
かよこ　ようこの声にもあってるし。
しょう　俺は「マタハーリヌ チンダラ カヌシャマヨ」のとこが好きだな。
かなと　下手すぎて全然わからん。

とうや それなー？ ようこ先輩の歌聞いたあとだから尚更だわ。
しょう なんでだよっ！
りょう 女の人を思う男の人って、優子の恋人を連想しちゃうなー。
ゆり うんうん。
かよこ 優子に無事でいてねって、ほんとにいい人だよね！
ゆうな 優子に関わらず戦時中の恋ってこんな感じだったんですかね？
ひろか 沖縄戦では、日本で初めて、十四歳から十七歳の少年兵も動員されたらしいから、優子と同じ思いをした人はたくさんいたと思うな。
みゆう 確かに。
ようこ 恋人同士もそうだけど、家族とか友達とかも離れ離れになるって考えると不安だし、怖いかも。
ゆり 私だったら耐えられないなー。
ゆうな 戦争の話ってなんか遠い昔のことみたいな感じがするけど、戦争が終わって七十八年しか経ってないんだよね。
なつめ どゆこと？
ゆうな 自分たちも意識しなきゃってこと。あー、例えば、ロシアとウクライナの問題や台湾の話とか。
ようこ あ〜、第二次大戦のあと、世界中がもう戦争はしない、平和を目指そうっていう現代で戦争するってありえない！
かよこ たしかに。あんな大きな国が小さな国を侵攻していじめだよ！
とうや あとは中国がらみの台湾有事。
ひろか 台湾有事って？
かよこ 新聞読みなよ。中国が「一つの中国」を実現するため、台湾を取り込もうとして対抗姿勢を強めているってこと。
ひろか なにそれこわ、けどもっと分かりやすくお願い。
りょう 「台湾は中国の領土だ！」って中国が主張して、台湾に軍事的圧力をかけているらしいです。
ようこ ロシアとウクライナは地理的にも遠いけど、台湾は与那国島と目と鼻の先にあるし何かあったら、って思うと怖くない？
かよこ 確かに〜。
しょう そう言えば、中国のミサイルが台湾を超えて沖縄に来た時を想定して自衛隊が石垣とか宮古とかにどんどん基地を作っているんだって。
かなと ああ……迎撃なんとか？っていう自衛隊の施設が石垣島に造られたって。
ようこ 石垣島に？ 沖縄をミサイルから守るつもり？
ゆり 確かに、沖縄に自衛隊が強化されたら、よけい標的になるだけじゃないですか。
ゆうな そうそう、軍の施設が集中するところは、紛争になったら攻撃目標になる可能性が高いって。しょっちゅう聞くよね？

ひろか　米軍基地が集中する中で、沖縄県にこれ以上自衛隊増やしたら住民を戦闘に巻き込む危険が高まらない？
しょう　そう言えば浦添の海に、那覇軍港を持ってくるらしいですよ。
ひろか　なんで？　パルコのフードコートで、きれいな海見ながらご飯食べるの気分上がるのに。
かよこ　まじそれ。夕日の沈む海！　じゃなくて、軍の船とか見ながらご飯って。
ゆり　それよりも、あの綺麗な海が埋めたてられるんだよ。軍港のせいで！
なつめ　歴史から学べって子どもに言いながら、戦後の大人は何を学んできたんだろ。
かよこ　昔も沖縄で戦争があったのに、もう沖縄に基地いらなくない？
ようこ　日本政府は他国と対等に対話をすること。外交努力を尽くすことを優先するべきだよ。
ひろか　さすがようこ！　戦時中の陽子先生みたいに子どもを守る目線！
ようこ　うん、陽子先生の意見に共感しちゃって。て言っても私たちもまだ子どもだけどね（笑）。
かよこ　ようこ……！
しょう　ようこ先輩すっげぇー！
ようこ　恥ずかしいからやめてよ（笑笑）。はやく練習しよ！

＃5　戦争

ホリゾント薄い水色に。

良子　（下手、観客の上部を指さして）あっ、特攻機が飛んで行った！

ホリゾント赤色。

ナレーター（ひろか）　空が真っ赤になる。日本の特攻機が燃えて落ちていく色ですが、そこまでは見えない生徒たち。

師範男子部の学徒、下手に。

伝令の学徒　軍司令部の成果報告！　敵戦艦 轟沈！　敵機、追撃。

「万歳！」などの歓声があがる。
ホリゾント、薄い水色に戻る。

優子　みんなはその報告を聞くたびに喜んでいましたが、私は素直に喜ぶことが出来ませんでした。人々を犠牲にしてまでこの戦争を続ける必要があるのでしょうか。日本軍は嘘つきです。本当は敵戦艦など一つも沈んではいなかったのです。

「別れの曲」の曲を小さく流す。

ナレーター（ひろか）　１９４５年3月29日　夜　卒業式。卒業証書も教員免状もなく、卒業式で歌うために練習してきた「別れの曲」は「不謹慎だ」と、歌うことを許されませんでした。東風平《こちんだ》先生が私たちのために作った、とても素敵な歌だったのに。

ナレーター（ゆり）　その代わり、天皇のために死をささげようと誓う軍歌「海ゆかば」を歌わされました。晴れやかな雰囲気とは程遠く、出陣の士気をあげるような卒業式でした。壕へ戻る道、卒業生だけで「別れの曲」を大声で歌いました。

ナレーションの後「別れの曲」を大きくして、下手から上手へ向かって女生徒数名が登場。歩きながら「別れの曲」の残りを曲に合わせて歌いながら下手へはけていく。（陽子と喜代子は残る）

＃5続き

１９４５年４月20日過ぎ――

中央と上手にベッドらしきもの。その上に二人の兵隊。床にも一人の兵士。

喜代子と陽子先生が下手から歩きながら登場。

喜代子　いつも「勝っている」って兵隊さんは言うけれど、なぜこんなに負傷兵がどんどん運ばれてくるのかな。

陽子先生　最近トラックの後ろの留め金が外されると同時に荷台から兵隊さんたちがばたばたと落ちてくるわ。ぎゅうぎゅう詰めで運ばれてくる。

負傷兵のうめき声。

兵隊１　早く治療してくれ。

兵隊２　俺たちは首里の前線から歩いてきたんだぞ。休む場所はどこだ！

喜代子　あ、また兵隊さんが来た。

陽子先生　はやく助けてあげましょう。

兵隊１　便器をくれ。

兵隊２　水をくれ。

喜代子と陽子先生がそれぞれ駆け寄る。水をあげようとする喜代子。

軍医　ばかやろう。勝手に水をやるんじゃない。
喜代子　どうしてですか？　あんなに水を欲しがっています。
軍医　何を言っているんだ。水をやるとせっかく止まった血が出血するぞ。学校で何を習ってきたんだ。水は決まった時間にだけやればいいんだ。

喜代子の心の声を観客に向かって独白。

喜代子　私たちは看護の学校生ではありません。教師になるための勉強をしていました。看護の勉強はここに動員される前に少し習っただけ。先生になるための勉強をしていた学校に戻りたい。お家に帰りたい。

1945年5月上旬——

優子と良子は下手。
舞台上の兵隊は先ほどのまま。手術台を探していた兵隊2の手術場面。

優子　私は手術場勤務ではありませんでしたが、手や足の切断を手伝うようになりました。壊疽（えそ）した手や足を切断するとき麻酔注射が必要ですが、この頃になると不足がちになりました。

良子　代わりにクロロホルムやエーテルという薬品を嗅がせて失神状態にして手術を始めるのです。時間がかかってクロロホルムなどの効果が切れると——
兵隊2　やめろ‼　やめろ！　もう死んだ方がましだ！
良子　と絶叫するのです。
軍医　貴様帝国日本の軍人だろう。これくらい我慢できなくてどうするんだ。みんな、しっかり押さえろ。

兵隊2はなおも叫ぶが失神して腕を切り落とされる。
弘子にスポットライト。

弘子　切り落とされた腕や足などを入れた「籠」がありました。私たちは、夜それを捨てにいくことを「汚物処理」と言っておりました。切られる前は人間の一部とも意識されないほど自然に人間の一部を構成していた腕や足。切り落とされ、体から離れた瞬間「モノ」扱いされてしまいます。まだ体温の残るその「腕や足」が。

＃5　日常

かよこ　終わった〜！
ひろか　もう少しだよ、頑張ろう。
かよこ　はーい。
ゆり　私も疲れたし、帰りはタピオカ買いにこうかなー。

とうや 今日は早く帰って休めよ、明日大会だぞ？ とうや

ゆり 明日のモチベのために買いに行くんだよ！ とうや一緒にいく？

とうや え？ まあいいけど。

なつめ こいつら、青春しやがって。

りょう いいなー。

ゆうこ うるさい。

りょう 彼氏持ちはいいよな！

ゆり え!? 先輩彼氏持ちなの!?

りょう そうなのラブラブなのこいつ！

しょう 知りたくなかったっす。

ゆうこ え、なんで!?

かなと てかこれ東風平《こちんだ》って読むんだね？ 初めて知った。

しょう 今更？

とうや 今までの読み合わせ何してたの？

かなと いやぁー、ぼーっとしてた！

なつめ ていうか常識だよ？

とうや 本当に沖縄県民？

かなと そうだよ！ そんなに言うならみんな漢字読めるんだよね？ だったらこれは!?

1年わあわあする。

とうや 盛り上がりすぎだろ……

かよこ もう限界だ……

みゆう 今はいいけど、本番で体力切らさないでよ？ かよこが回復するまで休憩しよっか。

かよこ やったー！

ひろか ずっと楽しみにしてたのが変わっちゃうって、私だったら絶対にいや……

みゆう 分かる！ 卒業式で軍歌って……

ひろか それに負けてるのに勝ってるって伝えられて頑張ってたなんて切ないよね。

ようこ でも私だったら負けてるのに頑張れって言われてもやる気出ないなぁ。

りょう わたしも!!

ゆうな そこは意見分かれるとこかもね。

ひろか 私は手術中に意識が戻るってのが……

りょう うわぁ。

みゆう まあ物資不足だったからね。

りょう 私、いきなり患者さんの面倒みろって言われてもできる気しないな。

みゆう それに看護のこと習っていたわけでもないんだよね。

ひろか しかも匂いとか死体の処理とか環境的にも大変そうだよね。

りょう ですよね！ しかも死体はモノ扱いでしょ!? ひどすぎるよ。

ゆうな そんだけ余裕なかったってことなんだね。

りょう うん。

みゆう　そろそろ始められそう？
ひろか　いける〜。
かよこ　うん！

ハケる。

#6　戦争

ナレーター（ゆり）　5月の末、戦況の悪化により、私たちは歩ける患者に手を貸し、傷ついた友人を担架に乗せ、薬品などを背負って南部へと移動しました。
良子　あ、サンニンの花が咲いているね。
弘子　けっこう前から咲いていたよ。
優子　サンニンの花が咲くってことはもう梅雨の時期だね。
良子　私は手術場担当だったから昼間はほとんど外に出なくて。外の空気が吸えるのは仕事の終わる夜だから花は見えなかったの。
優子　夜じゃ綺麗な花は見れないもんね……。そう言えば、サンニンの葉は殺菌作用があるんだって。兵隊さんの傷口に当ててあげたらよかったね。
喜代子　赤ちゃんの着物をしまっていたところにサンニンの葉を敷いていたよ。サンニンの葉は虫をよせつけないんだって。
陽子先生　虫といえば、サンニンの花言葉知っている？
百合　はかない美しさって感じ！
弘子　ひたむきな愛。
陽子先生　答えは「愛嬌」！
みんな　男は度胸、女は愛嬌！
弘子　そうは言うけど、兵隊さんたち、みんな亡くなるときは「お母さん」って言うのよね。度胸のあるところ、勇ましい姿、見たかったな。
優子　手術場でも「助けてーお母さーん」って。

百合と喜代子以外は先にハケる。

百合　お母さんに会いたい……
喜代子　私も。家族に会いたい。赤ちゃんを抱っこしてあげたい。
百合　先生たちは皆、すぐに戦争は終わる、っておっしゃってるよね。はじめは私も先生たちのこと信じてた。でも、この状況はなに？　終わるどころかさらに酷くなってきてる！
喜代子　私たちにだってそれぞれ人生があって、夢があるのに、それが尊重されることはないのかな？
百合　私、早くお家に帰って家族の顔を見るのが夢なんだ！　あと、私たち五人でムーチーを食べてみたい。あとはあとは！
喜代子　あはは。それいいね、楽しそう。来年ね、二月に生まれた弟の初ムーチーなの。家族みんなで食べられるといいな。

ナレーター（ゆうな） 南部へ撤退した私たちは「ガマ」（自然洞窟）に入りました。いわゆる「伊原第三外科壕」です。医療器具や医薬品もなく、患者を収容する十分なスペースはありませんでした。医療器具や医薬品もなく、病院としての機能を失った状況で軍医や看護婦、ひめゆりの生徒たちは十分な看護活動を続けることはできませんでした。私たちは伝令や水くみ、食糧確保などの仕事にあたりました。

弘子 もう長いこと髪を洗っていない。お風呂にも入ってない……。横になって眠りたい。

良子 ……

弘子 なんで私たちなの？ 私たちが何したの⁉ 周りの人達がたくさん死んで、壕にきた兵隊さん達も結局助からなかった。……もう、もう嫌だよ‼

良子 ……仕方ないよ。お国のためだもん。

弘子 良子は本当にそう思っているの？ 私たちがこんな状況になってもお国のためだから仕方ないって。

良子 え……

弘子 ほんとは、良子も嫌なんじゃないの？

良子 ……………今さらなんだよって感じかもしれないけど、ずっと、どこかで気づいてた。でも、先生も親もみんな戦争は正しい、国のためにって言うから、期待に応えなきゃってずっと自分の気持ちに気付かないふりしてた。……大人たちが言うことが間違ってるなら、今まで私たちが信じてきたものはなんなんだろうって。それが分からなくなるのが怖かった。

優子 良子……

良子 みんなで生きて帰りたい。私も嫌だ、戦争なんてしたくない！ みんなで生きて帰って、お母さんたちに私の気持ちを伝えたい……！

弘子 絶対に生きて帰れるよ、私たち五人全員で先生になって、こんなこともう絶対繰り返しちゃだめだって子どもたちに伝えるんだ！ ね？

百合 私は帰ったらおしゃれもしたいな！

喜代子 おしゃれか～、私とは関係ない話だなぁ。

百合 じゃあ喜代子も一緒におしゃれしよ！ 私が見てあげる！

優子 楽しそう、私も参加していい？

百合 もちろん！ みんなでやろーよ。

良子 え、私たちも？

百合 強制参加！

弘子 あはは、楽しそう。

百合 えっとね、セーラーは必須でしょ？ リボンも付けたいよねー！

喜代子 リ、リボン？ 私、リボンはちょっと似合わないかなぁ。

優子 大丈夫大丈夫。

喜代子 えぇ～？

弘子　とりあえず、こんな汚れた服とはおさらばだね。
優子　戦争が終わった後の話だけどね。
百合　すぐ終わるよ！
良子　うん、だといいね。
喜代子　後は、やっぱり帰ったら勉強したいよね。
弘子　え⁉　喜代子が、今……勉強したいって……
良子　明日は雪かな。
優子　隕石降ってくるかもね。
百合　喜代子、疲れてるなら今日はもう休んでもいいよ？
喜代子　ひどくない⁉　私だって勉強くらいするよ‼
良子　勉強してたらその成績にはならないと思う。
喜代子　うっ……と、とりあえず先生になるために勉強するの！
百合　いーね！　私もやる〜。
弘子　私、よかったら教えようか？
喜代子　ほんとに⁉　嬉しい〜。
百合　よーし、絶対みんなで先生になろうね！
喜代子　おー！
全員　お、おー。

そのまま全員笑ったり雑談しながらフェードアウト。

＃7

舞台中央に軍医。

軍医　たった今、国からの伝達が入った。6月18日、本日をもって、この学徒隊を解くことになった。皆、ここから出て各自自らの判断で行動せよ。

＃1を再び演じる

弘子、喜代子、百合、優子、良子、陽子先生、しょう、とうや、かなと走り回る。
倒れたり悲鳴が上がったりする。
フェードアウト。

＃8

詩の朗読（各連を二人ずつ）

なつめ・みゆう　茨木のり子『わたしが一番きれいだったとき』
「わたしが一番きれいだったとき
まわりの人達が沢山死んだ
工場で　海で　名もない島で
わたしはおしゃれのきっかけを落してしまった」

陽子・百合　「わたしが一番きれいだったとき
だれもやさしい贈物を捧げてはくれなかった
おとこたちは挙手の礼しか知らなくて
きれいな眼差しだけを残し皆発っていった」

良子・優子　「わたしが一番きれいだったとき
わたしはとてもふしあわせ
わたしはとてもとんちんかん
わたしはめっぽうさびしかった」

喜代子・弘子　「きらきら光る青春時代を
さびしく過ごすことや
怖い思いをすることが
二度とありませんように。」

百合　解散命令の後、ひめゆりの生徒たち五十人中、生き残ったのは、わずか八人だったそうです。

かよこ　最大の犠牲を出した伊原第３外科壕跡に戦後慰霊塔である「ひめゆりの塔」が建立されました。

りょう　私たちはこの劇をつくることで戦争のことを改めて知る機会を得ました。

ひろか　まだ知らない人たちへ伝えるために。

ゆうな　この劇を心をこめてつくりました。

全員　心をこめて上演しました。

後ろ半分　行動していく――

前半分　これが私たちに課された一つだと実感しました。

後ろ半分　行動していく。

前半分　小さなことから。

緞帳降りる。

――終――

【参考文献】

・島袋淑子『ひめゆりと共に』
・茨木のり子『わたしが一番きれいだったとき』

【参考資料】

〈ひめゆり平和祈念資料館〉展示品・資料より（２０２３年４月見学）

作者からのメッセージ

歴史から学び、悲しみのない未来を

平良明美

沖縄戦当時を生きていたすべての命の数だけ、戦争体験は存在します。その中で今回ひめゆりの少女たちを描いたのは、演じる中学生と同じ年ごろの少女たちが理不尽な戦争に駆り出され一度きりの青春を、ひいては人生を奪われたことを劇づくりの中で学んでほしいと考えたからです。と同時に戦時中の少女たちにも現代の中学生と変わらない「日常」があったということこそ、等身大で演じて共感してほしかったのです。少女たちの友人との語らい、おしゃれや恋愛への憧れ、家族との日々……平和な時代を生きていれば当たり前の日常が戦争では非日常的なものとなりました。昨今のロシア、イスラエル等の紛争の続く中、他人事としてぬるま湯につかっているのではなく、世界情勢も自分事としてとらえてほしいいと切に願います。温故知新、歴史から学び、悲しみのない未来を。

作品を書くにあたり、中学3年生の部員全員と「ひめゆり資料館」を訪れました。展示されている写真や映像、資料から学んだことを基に顧問が戦争中のシーンを、生徒が日常シーンをそれぞれ書き、合わせるという初の試みとなりました。

今年は中学1年生がたくさん入部してくれたおかげで多様な役者を設定できました。また男子が三人入ったことや軽音楽部の歌が上手な3年生も入ったことで、劇の幅が広がりました。

県大会本番は練習した成果を発揮してくれ、見ていて気持ちのいい舞台でした。特に脚本を手掛けた部長の棚田さん、副部長の小那覇さんは努力が報われ、いい笑顔でした。全員がやり切った感のある素晴らしい舞台でした。2023年12月の全国中学校総合文化祭では少し改編した内容となります。楽しみながらいい舞台が創れるように練習に励みます。

本校は月桃やクワズイモ、ソテツ、ヤシの木などの緑が豊かな学校です。梅雨時の雨に濡れた月桃《げっとう》の花は本作品の構想の一つになりました。

▼**初演**＝二〇二三年／昭和薬科大学附属中学校

相思樹の歌

作＝大城咲乃

上演＝千葉県船橋市立行田中学校

登場人物

現代

ゆいか　転入生

しおん　演劇部

母

演劇部部長

演劇部部員

先生

生徒ら

劇中劇

少女たち

東風平《こちんだ》先生（男性）

負傷兵

群読十～二十人程度

現代の生徒ら、劇中劇の群衆を兼ねてもよい。

第一場「序」

中割開いている。
中割の奥には山台がある。人々が前を向き立っている。

波の音。
BGM「屋嘉節」

♪なちかしや沖縄《うちなー》　戦場になやい
世間御万人《しきんうまんちゅ》ぬ　袖ゆ濡らち
（悲しいのは沖縄　戦場になり
　世の何万人の人々の袖を涙で濡らし）

緞帳UP。ゆっくり舞台袖からの明かり（SS）で、人々が照らされていく。

群読
「島にまたこの季節がやってきた
そよぐ南風　突き抜ける空の青さ
赤く燃える　でいごの花
あの日　島は血に染まった
あの日　人々は水底へ沈んだ
幾多の御霊《みたま》は何も語らない
ただ聞こえるのは波の音」
「島にまた　この季節がやってきた
ただ聞こえるのは　波の音」

中割閉まる。

しおん　ただ聞こえるのは　波の音

BGM高まる。空港アナウンス、クロス。
中サス（上からの照明）点灯。ゆいかがいる。

ゆいか　（独り言）いよいよ出発か……（三線のケースを見つめる、そして背負う）東京でも頑張るね～みんなありがとう～ばいばい……ばいばーい！

中サス消える。ゆいか退場。
飛行機離陸音、高まる。

第二場「演劇部の人々」

BGM。
明るくなる。

部長　みんなー集合ー!!
部員　はい。
部長　卒業自主公演まであと二ヶ月！

部長　よーしみんな今日もしっかり声出していこう、発声練習ー！
部員　はい！
部長　せーの！

BGMにあわせて発声練習。

部員　あえいうえおあお　かけきくけこかこ！
部長　演劇の基本はー、そう、声だ～！　させしすせそさそ……（発声練習をする）……わをん！
部長　水分補給ー！
部員　はあーこの発声練習しんどいです先輩！
しおん　足踏み発声、うちの部の伝統だからね。
部員　最初は私たちもきつかったよね。
部員　私もできるようになりますか？
しおん　うん、頑張ればね。
部員　頑張ればか～。
部員　先輩はなんで演劇部入ったんですか？
部員　確かに、しおんのそういう話聞いたことなかった。
しおん　うーん、先輩たちの平和劇を見た時に。
部員　ああ～伝統のあれね。
しおん　そう、すごい衝撃だったよね。
部員　そうなんだ。
しおん　それに劇って、なんかすっごいパワー感じるときない？　だから、私もそういう作品作りたいんだけど～……。

うなだれるしおん。

部員　やっぱ脚本書くの大変？
しおん　うん。やっぱり実際にあったことだから、嘘がないようにしたくていろいろ調べてるんだけど知れば知るほど……重いなあって……。
部員　そっか……。
しおん　……だからこそ、ちゃんと伝えなきゃって思う！　でもなかなかラストシーンがね～。
部員　まだ考え中？
しおん　悲しい話で終わらせたくないなあって。
部員　うん、それわかるかも。待つよ、納得するもの作ろ。

しおん頷く。

部長　休憩終了ー稽古始めるぞー。
部員　はい。
部長　一年生もいるので今日はエチュードやってみます。学年混ぜてやるので、最初出る人は……。

言いながらはけていく。
照明アウト。

第三場「自宅にて」

BGM日常。

ゆいか ……本校ではシャツにはリボンまたはネクタイを合わせることもできます。

下手エリア明るくなる。
プリントを読む、ゆいか。

ゆいか 合わせることもできます？　どっちでもいいの？　どっちが多いんだろう……。

母登場。

母 ゆいか〜。

ゆいか いや、そもそもつけてる人なんて居なかったりして……。あぁーわからん！　初日から浮いちゃったらどうしよう……。

母 ゆいかー？

ゆいか んー。

母 荷物片付いた？　さっさとやらんと終わらんよー。

ゆいか どっちがいいかなー。

母 明日から新しい学校も始まるんだし準備しないと。

ゆいか こんな感じでいいのかなー。

母 聞いてる⁉

ゆいか うるさいなー聞いてるよ……引っ越ししたくてしたわけじゃないのに。

母 何？

ゆいか なんでもない！　ねえこれどっちがいいかな。

母 ネクタイでいいんじゃない？

ゆいか ……やっぱりリボンにする。

呆れる母。

母 あーそうだ、まって。さっき学校から電話あって、部活何かやるなら入部届け準備しますよって。

ゆいか 部活ー？　いいよ。できることないもん。

母 （楽器ケースを指さして）これどうするの？

ゆいか ああ、もうやらないかなあ。

母 ……（ため息）もったいない。せっかく弾けるようになったのに。

ゆいか そうだけど。

母 おじいちゃん大事にしてたんだよ、ひいおじいちゃんの形見だって。

ゆいか またその話？

母 またじゃないよ、大変だったってよ〜戦後の混乱は。それでもこれだけはって、大事に抱えて歩いてたって言うから……なかなかないよ？

ゆいか　はいはい、明日の準備してくる。

母　ちょっと話終わってないよ！

見送る母。

母　ちゃんとわかってるのかねえ。ふるさとのこと。

下手エリア暗転。

第四場「執筆」

上サス点灯。

机に向かって脚本を書くしおん。

しおん　……よしできた。

ペンを置く。

中割オープン。ＢＧＭ「安波節」。

しおん自分の書いた台本を読み返す。

しおん　「東シナ海に浮かぶ小さな島
眩い日差しの中で　緑は萌える
相思樹の葉が　風に揺らぐ　通い慣れた道

これは少女たちの歩んだ道」

中割開く、ホリゾント青空。

中割奥の山台の上で少女たちが遊んでいる。

少女たちのもとに東風平先生が現れる。

少女1　せんせーせんせー。

少女2　今日はなんの歌歌うんですかー。

少女3　音楽の時間が一番好き。

少女1　先生の授業が一番好き。

しおん　「活気ある学び舎」

先生　よしみんな音楽の授業を始めるぞ。

はしゃいで集まる少女たち。

先生　いいか、みんな。歌は。

生徒2　「心を繋ぐ」、ですよね。

わらう少女たち。

先生　そうだ、歌は心をつなぐ。一人一人の心を。たとえ言葉がわからなくても　音楽は人と人を繋ぐことができる。さあ歌うぞ。

ふるさと合唱。中割ゆっくり閉まり始める。

しおん　「まばゆい日差しの中で　笑顔が弾け　歌声が響いた
　学び舎へ続く相思樹並木が小さな幸せを見守っていた。」

　　中割閉まりきる。
　　台本を置くしおん。

しおん　今の私たちと、変わらない女の子たちだったのに
　……。

　　上サス暗転。

第五場「教室」

　　チャイムとともに明るくなる。机などは出さない。
　　ＢＧＭ。生徒ら登校。音楽に乗りながら、口々に話す。
　　担任登場。

担任　はーい静かにー今日から、新しい仲間が来ました。

　　生徒たちざわつく。担任、ゆいかに目で合図。

ゆいか　（緊張した面持ち）えっと……はじめまして昨日
　引っ越してきました。（消えそうな声）うえたゆいかで
　す。よろしくお願いします……。

生徒　え？
生徒　……何？
生徒　もう一回お願いします。

　　ざわつく教室。

ゆいか　……（大声で）うえたゆいかです！

　　突然の大きな声、一同ちょっと驚く。

担任　はい、ありがとう、困ったことがあったらなんでも
　周りのみんなに聞いてください。
生徒　気をつけー礼、ありがとうございましたー。
生徒　ありがとうございましたー。

　　一斉に囲まれるゆいか。

生徒　よろしくねーどこからきたの？
ゆいか　沖縄……。
生徒　え、おきなわ？
生徒　えー私行ったことなーい。
生徒　海とか綺麗だったよー。
生徒　部活とかやってた？

頷く。

生徒　バスケとか？

ゆいか　……。

生徒　あ、ダンス？　うちらダンス部だよ。

軽くダンス。

ゆいか　……。伝統芸能部……。

生徒　え？

ゆいか　で、伝統芸能部……！

チャイム。

生徒　あ、なっちゃった一時間目なんだっけ。

生徒　理科かなー。

生徒　後でまた話そー。

生徒　わかんないことあったら聞いてねー。

チャイム　BGM。
急いで着席する生徒。

先生　みなさん、原子の種類は？

生徒たち　スイヘーリーベ僕の船！

先生　ではでは放射線の種類は如何かな。

生徒　アルファ線、ベータ線、ガンマ線、中性子線とX線。

先生　その通り！　さてみなさん放射線といえばどんなイメージがありますかな？

生徒　レントゲン。

生徒　CTスキャン。

生徒　手荷物検査。

生徒　原発。

順番が回ってきて戸惑うゆいか。

ゆいか　えっと……原子爆弾……。

やや気まずい空気感。BGMとまる。
チャイム。

先生　本日はここまでー。

生徒　もしかして次テスト⁉

ざわつく教室。
チャイム。

先生　はいはい、今日は予告通り小テストです！

文句を言いながらプリント回す生徒。

先生　みなさん一生懸命お勉強してきましたよね⁉

先生　では行きます　よーい（手をたたく）。

全員　うおおおおおおおお。

声とともに地明かりアウト。
上手下手交互にラップに合わせて照明チカチカ。
BGM。リズムにのって生徒らラップ。

「日米修好通商条約！　王政復古の大号令！」
「廃藩置県！　富国強兵！　大日本帝国憲法！」
「日露戦争！　与謝野晶子！　君死にたもうことなかれ」
「サラエボ事件」「米騒動」「ベルサイユ条約！」
「ナチス結成！」
「五一五！（五一五！）」「二二六！（二二六！）」
「日独伊三国同盟！」

BGMやむ。

生徒　（問題文読む）そして昭和十六年　十二月二日、千葉県船橋市行田にある　無線塔から発せられた暗号は。

生徒　（ピンポーン）にいたかやまのぼれ！

生徒　ですが、この電報により実行されたのが。

生徒　（ピンポーン）真珠湾攻撃！

生徒　ですが、それによって勃発したのは……。

生徒　（ピンポーン）太平洋戦争！

チャイム。同時に教室地明かりに戻る。

先生　（手を叩く）はい回収ー終了でーす。

BGM夕焼け小焼け。
生徒たち帰りの準備。

生徒　気をつけー礼ーさよーならー。

生徒　ゆいかまた明日ねー。バイバーイ。

ゆいか　あ……さ、さようならー……。

友達同士楽しそうに帰る。
足早に帰る一同。
気づけば教室にしおん、ゆいか二人。

しおん　あの！

ゆいか　⁉　私？

しおん　急に話しかけてごめんね、ちょっと聞きたいことがあって。

ゆいか　はい……。

しおん　沖縄から来たんだよね。

ゆいか　うん。

しおん　部活、さっき伝統芸能部って言ってたよね。

ゆいか　うん。

しおん　どんなことするの？
ゆいか　地元の歌とか踊りとか、
しおん　へえ……踊ってたの？
ゆいか　私は楽器担当、三線っていうやつ。
しおん　三線……？
ゆいか　えーっと三本弦がある楽器。
しおん　へえー！　自分の？
ゆいか　ひいおじいちゃんからもらったやつ。
しおん　え、ひいおじいちゃん⁉　代々受け継いでるって
こと⁉
ゆいか　まあ……そんなかんじ……。
しおん　すごい！　弾けるの？
ゆいか　え？　まあ一応。

しおん考える様子。

しおん　ゆいか！
ゆいか　な、何？
しおん　その楽器、明日持って来てくれないかな？
ゆいか　え、なんで？
しおん　どうしても見てみたいの。
ゆいか　え……。
しおん　お願い！
ゆいか　……まあ、いいけど……。
しおん　ほんと？　いいの？　ありがとう！　よろしく
ね！　約束だよ！　じゃあね、明日楽しみにしてる！
ばいばーい！

元気よくはける。

ゆいか　あ、あの。
遠くでしおんの声　やったー。

間。

ゆいか　……変なの……。

怪訝そうに言うが、やや嬉しそうな表情で帰る。

第六場「陣地構築」

BGM作業する音。三線の音。
中割開く。ホリタ焼けのような色。
土木作業をする少女たち。

少女1　はあー重たいー。
少女2　腰いたいー。
少女3　おばあみたいなこと言わんで、私たちまだ十代よ。
少女4　「おばあ」じゃなくて、おばあさん。

少女5　それにしても暑いやっさ〜。
少女6　ずっと外にいるからねえ〜。
少女2　このティーダよ、わじわじ〜するさ〜。
少女3　「ティーダ」じゃなくて「太陽」！　「わじわじ〜」は……えっと……。

東風平先生現れる。

先生　「いらいらする」、だろ。
少女ら　先生！
先生　みんな陣地構築は進んでいるか？　暑い中ご苦労だ。
少女5　そんな、当然の勤めです。
少女1　ところで先生、私たちいつまでこの作業やるんですか？
少女2　すぐ帰れると聞いていましたけど、ここ数日授業も無しでずっとやってますよ。
先生　実は私も、軍の方からそういった話は聞いていない……だが我々は自分たちにできることを精一杯頑張ろう。
少女6　はい、そうですね。
少女4　日本軍が負けるはずないし、きっとまたすぐ元の生活に戻るよ。
少女5　私みんなと一緒なら頑張れます。
先生　ありがとう、君たちは慣れない土木作業にも文句を言わずよくやってくれている。我々を指揮して下さるあの太田少尉もそうおっしゃっていた。
少女1　お国のためですから、ね、みんな。
少女2　うん、その通りです。
先生　そこでだ、太田少尉は健気な君たちの姿に大変感銘を受けられて、君たちのための歌を作ってくださった。

少女ら驚く。「わあ」「ええ！」

少女3　太田少尉、もともとは詩人さんという話、ほんとだったんですね。
少女1　知らなかったの？　ご出身の郡山では有名な青年詩人だそうよ。
先生　これがその歌だ。
少女5　「相思樹の歌」……。

受け取った詩を音読する。

目に親し　相思樹並木
往《ゆ》きかえり　去りがたけれど
夢の如《ごと》　とき年月《としつき》の
行《ゆ》きにけん　後《あと》ぞ　くやしき
（別れの曲《うた》　作詞＝太田博）

先生　思い出してごらん、あの相思樹の並木道。太陽の光が燦々と降り注いで葉がその光をキラキラと照り返していたろうその道を君たちは毎日毎日……。

目を閉じる。

少女1　目に浮かぶ……目に浮かびます先生。
少女2　楽しかったなあ。

先生おもむろに歌い出す。

先生　♪目にしたし　相思樹並木
少女たち　（嬉しそうに）あ！
少女3　もしかして先生。
先生　ああ、太田少尉の詩に曲をつけた。
少女5　さすが先生！
少女2　先生、授業してください、歌の授業。
少女4　あの頃みたいに！

ホリゆっくりと変化。夕焼けが沈むように。

♪別れの曲《うた》（別称「相思樹の歌」）
作詞＝太田博　作曲＝東風平恵位

（先生）目に親し　相思樹並木
（少女）往きかえり　去りがたけれど
（全員）夢の如　とき年月の
行きにけん　後ぞ　くやしき

先生　君たちの卒業式ではこの歌を歌おう。
少女たち　はい！

中割、閉まり始める。少女たちハミング。

部員　（群読）
「時は流れる　海の向こうから島にゆっくりと近づく影
ゆっくりと　ゆっくりと　しかしそれは
確実に近づいてきた
日差しは和らぐことを知らずに島を照らす
ゆっくりと近づく影が
やがて大きく　大きく　黒く　黒く
島を包み込んでいった　少女たちを包み込んでいった」

中割閉まる。
部長、手を叩く。
照明、日常、地明かり。

部長　とりあえずしおんから預かってる台本はここまで。
部員　「じんちこうちく」って何ですか？　部長。
部長　「陣地構築」っていうのは、一般住民も戦闘に備えて
基地を作る手伝いをしてたらしい。
部員　女の子に力仕事はしんどそうだな。

部員　あ、じゃあ、「そうしじゅ」ってなんですか？
部長　「相思樹」は、タイワンアカシアって木で、黄色い花が咲くらしい。
部員　へえ～……学校に続く並木道ってことは、うちの学校のイチョウ並木みたいな感じか！
部員　あ～。通い慣れた道ってことか。

それぞれ感想を言いあう。

しおん　みんなー遅れてごめん。
部長　おそかったなあ。
しおん　ごめんごめん、ちょっと紹介したい人がいて！
ゆいか　!?
しおん　こないだうちのクラスに転校してきたゆいか。
部長　え、もしかして入部希望？
ゆいか　いやいやいや！
しおん　今日来てもらった理由はこれ（ケースを指差す）。
しおん　ゆいか、みんなに見せてよ。
部員　なになに？

三線を取り出す。

部員　これってもしかして、
部員　さんしん！　弾けるの？
部員　聞きたい！　弾いてみてよ。

口々に、聞きたい、ゆいか困惑。

しおん　お願い　私も聞いてみたい！

ゆいか少し三線を弾いてみせる。各々リアクション。

ゆいか　どういうこと？
しおん　これ、私が今作ってる劇の台本。
ゆいか　『群読劇　相思樹の歌』？
しおん　うん、今沖縄戦の劇を作っているの。
ゆいか　え！　沖縄戦!?　なんで？
部長　卒業自主公演がもうすぐなんだ。
部員　最後の公演は平和劇をやるのがうちの部の伝統で。
部員　今年は沖縄にとって節目の年なんですよね？
ゆいか　ああ……、本土復帰五十年のこと……？
しおん　そう、それで沖縄戦を通して伝えられることはないかなって。

しおん、ゆいかに台本を渡す。

ゆいか　それで、その劇とこれ、なんの関係が？
しおん　ラストシーンをどうしようかずっと迷ってて。地元の楽器の音色がぴったりかもって思って。
ゆいか　……。

しおん　……どうかな？
ゆいか　ごめん。

驚くしおん。

ゆいか　誘ってくれたのはすごく嬉しいよ。だけど私にできるかわかんないし、劇とかよく知らないし。
しおん　大丈夫だよ、演じたりするわけじゃないし。
ゆいか　でも。
しおん　みんなサポートもするよ、ね。

部員頷く。

しおん　だから……。
ゆいか　ごめん、私戦争の話……やりたくない……。

輪から離れるゆいか。
振り返って。

ゆいか　ほんとごめん、誘ってくれてありがとう。

ゆいかはける。
BGM。雨の音ゆっくり。

しおん　待って！

追いかける。

部長　なんだよ、誘ってるのにあの態度。
部員　部長そんな言い方しなくても。
部員　地元の人にとってはあんまりふれたくないってこと？

間。

部長　でも伝えなくちゃいけないこともあると思うけど。

部長はける。

部員　部長！

部員おいかける。

第七場「戦世《いくさゆー》」

明るくなると同時に、ゆいか、舞台中央走りこんでくる。

ゆいか　あ。

台本を返し忘れたことに気づく。

ゆいか　……一緒に持ってきちゃった。

間。

読むのをためらう。

何度か台本を眺めて決心したように読み始める。

だんだんと顔が険しくなる。

ゆいか　(台本を読む)……「一九四四年。沖縄にも日に日に戦火が近づいてきた。そこで日本軍を看護すべく結成された女子生徒たち。」

……これって。

BGM。緊迫感。太鼓の音。

しおん入場。上サス点灯。

しおん　「一九四四年。沖縄にも日に日に戦火が近づいてきた。日本軍を看護すべく結成された女子生徒たち」

ゆいか・しおん　「ひめゆり学徒隊」

BGM軍歌『出征兵士を送る歌』

中割、開き始める。照明赤SS。異様な雰囲気。

軍国主義に染まった人々が行進しながら入場。

軍国主義の人々　ススメ～！

一同　はい！

軍国主義の人々　トマレ～！

一同　はい！

国策標語を力強く復唱する人々。

軍国主義の人々　磨け！　心の日本刀！

一同　磨け！　心の日本刀！

軍国主義の人々　進め！　一億火の玉だ！

一同　進め！　一億火の玉だ！

軍国主義の人々　一億一心！

一同　大和魂！

しおん　「学校では国のために命を捧げることを学んだ。彼女たちは軍国少女の道を進んでいった」

BGM。「天皇陛下万歳！」の声が遠くで響いている。

訓練のようす。号令に合わせて一斉に動く。

軍国主義の人々　ふせ！(ふせる)。構え！(構える)。走れ！

一同　うわあああああああああ！

何かに取り憑かれたように、一心不乱に舞台上をぐるぐる走り出す。

だんだんとスローモーションになり、疲弊していき、うずくまる。
赤SSフェードアウト。
下手サス点灯。ゆいか、台本読み進める。

ゆいか　「優しい歌声は、勇ましい軍歌に変わった。負傷兵を看護する方法を学んだ」

BGMサイレン。
中割奥、薄暗い明かり。
少女立ち上がる。

少女5　先生！
少女3　那覇の街が空襲にあったたって……。
少女2　戦が始まるんですか？
少女4　すぐ終わりますよね？　だって……だって日本軍が負けるはずないもの！
少女1　あたりまえでしょ！
少女3　それに、あいつらの捕虜になったら、女はひどい辱めを受けるって……。
少女6　いやだ！
少女4　ほんと、同じ人間とは思えない！
少女1　鬼畜米英！　この神の国に来たこと、今に後悔させてやる！　磨けー！

うずくまっていた人々一斉に立ち上がり。

一同　心の日本刀！　進め一億火の玉だ！　一億一心！大和魂！

サイレン、フェードアウト。

上手サス点灯。

しおん　「翌年一九四五年三月……米軍の沖縄上陸作戦が始まり、少女たちは戦場の陸軍病院に配属された。しかしそこは病院とは名ばかりのガマと呼ばれる暗い洞窟」

下手サス点灯。

ゆいか　「ガマの中には無数の負傷兵が、ひしめき合うように横たわっていた。腕がない者、足がない者、内臓が飛び出した者」

大きな爆撃音。上中サスアウト。
爆撃音絶えず。赤ホリ点滅。
人々の絶叫。阿鼻叫喚が響く。その中必死に看護する少女たち。

負傷兵たち　水をくれー／おかあさーん／助けてくれー／ウジとってくれー／足があー足がー／殺してやるー

より大きな爆撃音。

ゆいか　「看護の知識もない少女たちは時に」――

中割奥の山台に、先生が負傷兵を運び込んでくる。

負傷兵　触るなー！　俺に触るんじゃやねえ！

先生　どけ！　道をあけろ！

少女ら　きゃああ！

少女6　……この兵隊さん……あ、足が……。

先生　爆撃にあって歩けないまま、数日この状態らしい。

少女4　そんな……。

先生　……だから、……今から、……我々で、足を切って処置する……。

少女2　え！　足を、……切るんですか⁉　麻酔もないのに。

少女3　……しかも、肉が……見えないくらいウジが……オエェーー！（嘔吐）。

少女5　いやだ、私もう嫌だ、こんなところにいたくない！　お母さんに会いたい、帰りたいよお、帰してよお～……！（嗚咽）。

少女たちの泣き声が響く。

負傷兵　黙れ！　お前も撃たれてみろ、撃たれてこんな姿になってみろ！

先生あわてて負傷兵を押さえる。よりいっそう泣きじゃくる少女たち。その中で一人立つ少女1。

少女1　（泣くのをこらえながら）……泣くんじゃない！　それでも……それでもあんた日本人《にっぽんじん》なの！……ここに……ここに何をしに来たのよ……！

少女6　そんなの！　わかんないよ！　教えてよ……！　なんで私たち……こんなところで！（つかみかかる）

少女1　ああああ！　うるさい！（突きとばす）

少女6　（嗚咽）……。

少女1　……やるしかないのよっ！（自分に言い聞かせるように）……やるしか……ないの！

沈黙。

少女1　兵隊さん……。

間。

少女1　い、今から……。

間。荒い息づかい。

少女1　今から、……足を切るから！

間。泣くのをこらえながら。

少女1　楽になりますから……。
少女2　暴れないで……暴れないで……。
少女1　暴れないで！

負傷兵の大きな叫び声。後にすぐ爆撃音。
奥赤SSカットアウト。ホリ赤点滅。まるで血が飛ぶよう。
下手サスゆっくりフェードイン。

ゆいか　「切り落とした足は、温かかった」

赤ホリ、フェードアウト。
上手サスゆっくりフェードイン。
ろうそくの火（ゆらめく電球）二つ少女たちが持つ。

しおん　「地獄のような日々の中」
ゆいか　「今にも消えそうな、たった二本の蝋燭の火の元で」

照明アウト。ろうそくの揺らめきのみ。さながら洞窟の中のよう。

少女3　私たちの卒業式が行われました。
少女1　先生、あの歌が歌いたいです。
少女2　先生が私たちのために作ったのに。
少女5　どうして歌えないんですか。
少女6　悔しいです。
少女5　私悔しいです。
しおん　「言葉にできるはずもない思いを抱えて、少女たちは軍歌を歌った」
ゆいか　「暗闇の卒業式」

大きな爆撃音。赤ちゃんの泣き声。
ホリ下赤ゆっくり。

しおん　「死がすぐそばに横たわった」

赤ホリ、赤SS、フェードイン。

群読
頭が吹き飛ばされた人。
爆弾の破片で背中がパックリと開いた老人。
死んだ母親の乳に吸い付く赤子。

大きな爆撃音。BGM『別れの曲（相思樹の歌）』
奥赤SS点滅。

少女6 どこに逃げたらいいの。
少女1 もうどこにも逃げられないんだ！
少女2 死にたくない死にたくない！
少女4 だいじょうぶだから……だいじょうぶだからぁ
……（嗚咽）。

大きな爆撃音。衝撃で倒れ込む少女たち。

少女3 手榴弾が欲しい。手榴弾で一発で死ねたら楽なのに。
少女5 あの子みたいに苦しみたくない。

爆撃音。

少女1 お父さん！　お母さん！　私はここ、ここにいるよ！

爆撃音。上サス点灯。

しおん 「優しかったとうちゃんも、教室でとなりに座っていたあの子も、いつもそばにいてくれた先生も、みんなみんな、もういない！」

上サス、フェードアウト。
中割奥、フェードイン。天からの光のよう。
『別れの曲（相思樹の歌）』3番が流れる中、少女ら、おだやかな表情で最期の言葉を言っていき、ひとりずつはけていく。

♪業なりて　巣だつ喜び
少女2 あしたもあさっても、あなたに会いたかった。
♪いや深き　嘆きぞこもる
少女1 一緒に年を取りたかった。
♪いざさらば　愛しの友よ
少女3 大人になるまで生きてたかった。
♪いつの日か　再び会わん

少女だんだんといなくなる。
山台の上、少女6、一人だけ残される。
『別れの曲（相思樹の歌）』4番流れる中、少女6の心の叫び――

♪微笑みて　我ら送らん
過ぎし日の　思い出秘めし
澄みまさる　明るき眼《まみ》よ
健やかに　幸多かれと　幸多かれと

少女6　いや、みんな行かないで！　私を一人にしないで！　死なないで　死んじゃ嫌！　行かないで！　私も連れてって！　行かないで、行かないで！……うわあああー！（嗚咽）

一人残された少女、単サスの中で、天に手をのばす。
曲が終わると同時に中割、閉まりきる。

第八場「二人の想い」

場面、現代に戻る。
明るくなる。
台本を読み終えるゆいか。

ゆいか　……。

しおん登場。

しおん　ゆいか、ここにいたんだね。
ゆいか　あの、ごめん、話も聞かずに……。
しおん　ううん、いやだったよね、戦争の話なんて。
ゆいか　そういうわけでは……。

間。

ゆいか　でも、私この歌のこと知らなかった。

間。

ゆいか　いや、知ろうとしなかった。
しおん　私もそうだよ。戦争って教科書の中のことだった過去の過ちだって……。テストに出るから覚えとこうってくらいで。

ＢＧＭ、優しい音色、ピアノかすかに。
間。

しおん　でも……、台本書くために初めて自分でいろんなこと調べて。それで気づいたの。戦争のこと、知ってるつもりで何も知らなかったんだなって。そのときを生きていた人が、どんな気持ちで死んでいったのか、……もし大切な人ともう会えなくなったら、……もし、自分だったら。
ゆいか　もし自分だったら……。

しおん頷く。

しおん　壊して、奪って、殺し合って……そんなことが本当にあったんだって。でも、それって過去の話じゃないよね、今でも世界で……。

間。

しおん ……胸がつぶれそう……。

ゆいか、うつむく。

しおん ……戦争のこと考えて、初めて気づいた。平和をつくっていくのは、私たちだって。
ゆいか だからこれを……。

しおん、頷く。

しおん 行きたい場所も、やりたいことも、いっぱいあったと思う。

間。

しおん ひめゆりの女の子たち、きっとこの歌に、希望を……未来を、託してたんじゃないかな。何度も何度も、恐怖と戦いながら。

間。

しおん だから私は、この歌を、この曲を、悲しみの歌じゃなくて、平和への決意の歌として歌いたい。時代を超えたこの三線とともに！

ゆいか、三線を見つめる。

ゆいか わたし、小学生の頃ガマに行ったことがあって。
しおん ガマって、あの洞窟の？
ゆいか うん。
しおん どんなところなの？
ゆいか 昼なのに暗くて、別世界みたいな……。そこでたくさんの人が、苦しい、悔しいって……命を落として。そう考えると、悲しくて、怖くて、なぜか涙が止まらなくて。
しおん それで……。
ゆいか うん、それが忘れられなくて……あんまり戦争のことふれたくなかった。
しおん ごめんね。
ゆいか ううん、でも、しおんの話を聞いて思ったよ。

しおん首を傾ける。

ゆいか 戦争、怖くて苦しくてつらい……そう思うことがだめなんじゃない。ただ、そんな過去とわたしたちは向き合わなくちゃいけないんだなって。

間。

ゆいか　あと数十年もすれば、この戦争を経験した人はいなくなる。絶対に忘れてはいけない過去を風化させないために、私たちができる限りのことをやらなきゃなって……だから。

三線を取り出すゆいか。
向かい合う二人。

ゆいか　やるよ、私にできること。

ＢＧＭ高まる。
ゆっくり暗転。

下手エリア明るくなる。
三線を練習するゆいかのもとに母近づく。

母　どんなね？　弾けるようになってきた？
ゆいか　うん……まあまあ。
母　なんでやろうと思ったの。
ゆいか　全然知らなかったんだなあと思って。生まれ故郷のことなのに。
母　そうね。
ゆいか　沖縄戦って身近だったから、だから、私逆に避けてたかも。

間。

母　知れば知るほど苦しいもんね。
ゆいか　うん。悲しくて逃げたくなる。でも、でもなんかさ、ひいおじいちゃんのためにもやらなきゃって思って、うまく言えないけど。
母　じゃあひいじいちゃんが必死に三線守って逃げたのは意味があったんだね。平和のバトンだよ。
ゆいか　平和の……バトン……。

下手エリアフェードアウト。
ＢＧＭクロス。波の音。

第九場　「未来へ」

ＢＧＭ波の音、鳥の声。

群読　「島にまたこの季節がやってきた
そよぐ南風　突き抜ける空の青さ
赤く燃えるでいごの花」

「あの日　島は血に染まった
あの日　人々は水底へ沈んだ
幾多の御霊《みたま》は何も語らない」

BGM、『別れの曲（相思樹の歌）』歌なし。
SSゆっくり。

「けれど私たちは耳をすませる
目を背けずに水底を見つめる
何十年の時を超え　受け取った　平和のバトン」
「今私が生きている　今あなたが生きている」
「『また明日』青空の下で大手を振って笑い合える」

中サスゆっくり点灯。

「この小さな幸せを」「小さな幸せを」

しおん　抱きしめて　生きていく。

中割全開。ホリ鮮やか。そこに大きなユリの切り絵。
『別れの曲（相思樹の歌）』4番、合唱。三線とともに。

♪微笑みて　我ら送らん
過ぎし日の　思い出秘めし
澄みまさる　明るきよ
健やかに　幸多かれと　幸多かれと

――幕――

取材協力
・沖縄県平和祈念資料館
・ひめゆり平和祈念資料館

参考文献
・ひめゆり平和祈念資料館ガイドブック
・絵本　ひめゆり

作者からのメッセージ

今こそ歴史や平和に思いを馳せる機会を

大城咲乃

「演劇を通して、平和について考える機会を作りたい」これは私が演劇部の顧問になって数年、胸に秘めていた想いでした。高校卒業後、故郷を離れたからこそ、より一層沖縄の独特の風土や歴史に目を向けるようになりました。

実際の教育現場で感じたことは、子どもたちが平和や戦争、歴史について自ら学び、想いを馳せる機会が少ないということ。それは私の中で「いつかは沖縄戦の劇を……」という想いに繋がっていきました。

そんな中で、二〇二二年二月、ロシアのウクライナ侵攻が始まりました。当たり前の日常がゆらいでしまう、そんな恐怖心に陥った人は少なくないはずです。また、この年は沖縄本土復帰50年という年でもあり、今こそ過去に学ぶべきではないかという気持ちから、本作の制作に取り掛かりました。

上演にあたって、まずはじめに行ったことは、歴史的な背景を知ることです。沖縄戦の経緯、戦況、被害、体験談、ひめゆり学徒隊の実相、「相思樹の歌」が生まれた経緯……など。そして私自身も沖縄に帰り、改めて平和祈念資料館やひめゆり平和祈念資料館に足を運び、そこで得た知識や感じたことを部員に伝えました。

演出の面では特に、ガマの中での混乱をどのように表現するかが難しいところだと思います。例えば、負傷兵を演じる役者は、年齢や家族構成だけでなく、どこを・どのようになぜ負傷したのか、ということを一人一人が追求し、考える必要があると思います（そのためにも事前の学習が必須だと感じます）。あわせて、薄暗いガマを表現するために、全体を明るく照らすような照明は控え、観客の没入感を誘うことも工夫の一つだと思います。

また、物語のキーとなる三線ですが、これは実物を使用し、部員に練習してもらいました。初めて挑戦する楽器でしたが、比較的簡単に音が出せるので、前向きに取り組んでくれたと思います。

上演後、部員から「平和を作るのは私たち」という言葉が聞かれました。その意識が、一人でも多くの人に届くことを願っています。

＊　＊

「相思樹の歌（正式：別れの曲）」の作詞者・太田博さん、作曲者・東風平恵位さんに敬意を込めて。

▼**初演**＝二〇二二年／千葉県船橋市立行田中学校

礎（いしじ）

作＝大城咲乃

上演＝千葉県船橋市立行田中学校

登場人物

妹・平良とし子
姉・平良加寿子《かずこ》
母
父・平良徳治《とくはる》
少年・砂川勝《まさる》
花江
叔母
従兄・孝徳《こうとく》
姉の息子・誠
女学校の先生
女学校の生徒
村人
兵
療養所の子供たち
群衆

▼**初演**＝２０２３年８月
▼**初演校**＝船橋市立行田中学校

第一場

緞帳UP　♪波の音

群読

あの夏　あの夏
今日と変わらない日差しの中で
　今日と変わらない緑の中で
寄せては返す　きらめく波が　とわに　とわに
あの夏　あの夏　あの夏に　おいてきた思い出と
　蓋をした　過去と
傷ついた心に　どんな未来が見えただろう
あの夏　あの夏　語られることのない
　あの日　あの場所

一九五五年　昭和三〇年　東シナ海をのぞむ島

第二場　少年からの手紙①

【戦後】

妹　手紙が来たのは一九五五年の夏のことでした。だんだんとまちに人が帰ってきて、少しずつ暮らしを取り戻そうとしていました。その手紙は、きれいな文字とは言えないけれど、丁寧に書いたことがわかるような、そんな手紙でした。

姉　「拝啓　平良加寿子様　とし子様。突然のお手紙で失礼いたします。突然このようなかたちでご連絡を差し上げる無礼をお許しください。平良様にぜひお伝えしたいことがあり、この度筆を執らせていただきました。」

少年の声、重なる。

少年　「筆を執らせていただきました。わたくしは、砂川勝と申します。愛楽園療養所にて、平良徳治先生に大変お世話になったものでございます。」

妹　平良徳治……。ずっと、振り返らないようにしていた、心の奥底に蓋をしていた、私の人生に長く影を落とした父の存在……。

第三場　新しい土地

【戦前】

セミの鳴き声。夕日に照らされる人々。

姉登場。

姉　ふう〜あっつい、お母さん、少し休憩しない？　朝から休みなしじゃない。
母　うん、もう少しで終わるから。
姉　いいから休んで、あとは私たちがやるから、また体壊すよ。まったく、あの子はいったいどこ行ったのかしら。
村人　平良さん、そろそろ私たちもあがろうねえ。
村人　ここの畑はやせているでしょう、気長にやらんと体がもたんよ。
母　ありがとうございます。
村人　こんな働き者が来てくれてうれしいよわたしたちも、ねえ。
村人　助かる助かる。
姉　いえ、皆さんに比べたら……。
妹　おねえちゃーん。
村人　きたきたお転婆少女。
姉　あんた！　野良仕事ほったらかして！
妹　だって暑いんだもん。
姉　暑いって、あんたがいないせいでお母さんと二人で大変だったのよ。
妹　そんなことより、ほら！　桑の実！　そこの林の川辺にね、たくさん生えてたの。
姉　ちょっと聞いてる？　お母さんこないだ腰悪くしたの知ってるでしょ、少しはあんたも。
村人　まあまあ、休憩ついでに、ちょっと、いただこうかしら。
妹　はい！　どうぞ！

母、姉に食べさせる。

村人　おいしいねえ。
母　ほら、甘くておいしいよ。
姉　あ、おいしい。
妹　ほらね！
姉　でもねえ、いつまでもそんな男みたいに遊んでると、お嫁に行けないわよ。女は働き者じゃなくちゃ。私やお母さんみたいにね。
妹　そんなことないわよ！　自分がもうすぐ嫁に行くからって……。
村人　ふふふ。
母　さ、そろそろ日も落ちるから、夕飯の支度しなくちゃあね。
村人　そうね。おつかれさま。
村人　桑の実ありがとうねえ。

村人去る。

姉　おつかれさまです。じゃあ、片づけはよろしくね。
妹　げえ、いちばん大変な仕事を〜。
姉　夕飯の支度あるから！

姉はける。

母　ねえ、ほら見て、夕焼けがきれい。
妹　ほんとだ。
母　住む場所が変わっても、見える空は変わらないのね。
妹　前の家の畑でも、こうしてよく夕焼け見上げてたね
　……お父さんも、見てるかなあ。（心配そうに）
母　きっと見てるわよ。

ゆっくり暗転。中割幕閉まる。

第四場　身内

虫の声。日も落ちた後、作業中の従兄。

叔母　孝徳～、ご飯、支度。
従兄　はいよ。
叔母　ほら。
従兄　まあたイモかあ。
叔母　贅沢言うんじゃないよ。（たたく）
従兄　いてっ。……父さんは？
叔母　（奥の部屋を指して）相当疲れてるのよ、毎日毎日飛
　行場建設……もういくつめかしら。
姉　こんばんは～ごめんくださ～い。
従兄　おお、どうした遅くに。
姉　今日はイモが多く獲れたから、お裾分け。
従兄　そんな、お前たち家族で食べればいいのに。
姉　何言ってんの。叔父さんにはお世話になってるから。
叔母　親戚なんだから、気を使わなくてもいいのよ。
姉　今日獲れたのは出来が良かったんで、お裾分けです。
叔母　まあ、ありがとうね。うちも何かお返しあったかし
　ら、ちょっと待っててね。

叔母去る。

姉　いいですよそんな！
従兄　まあ、もらっとけ、母さんもかわいい姪っ子のため
　にしてやりたいんだよ。
姉　この村に住まわせてくれてるだけでもありがたいのに。
叔母　ごめんねおまたせ、はいこれ、少しだけどうちで採
　れた野菜、食べてね。
姉　いつもすみません、助かります。
叔母　おたがいさまよ。
姉　ありがとうございます、おじさんにもよろしく。
叔母　暗いから送ってきな。
従兄　ああ。

姉・従兄、家を出て歩き始める。
おもむろに従兄が姉を呼ぶ。

従兄　……加寿子。どうだ？　ここでの生活は。
姉　知らない人ばっかりっていうのが、今は心地いいかな。
従兄　……。
姉　あの村では、みんな、私たちのこと知ってたから。
従兄　そうか……。
姉　今は名前も変えたから、あの時よりはずいぶん暮らしやすいよ。……といっても、もうじき本当に苗字は変わるけどね。
従兄　ああ、そうだな。
姉　結婚しても、ちゃんと顔見せに来るから。
従兄　べつにいいよ。
姉　またまた～、寂しがらないでよ。
従兄　どんな男なんだ。
姉　女学校の時の先生の遠いご親戚。遠くに住んでるからなかなか会えないけど。
従兄　その、徳治おじさんのことは……。
姉　お父さんのことは……言ってないよ。
従兄　そうか……。
姉　じゃあ、ここで、ありがとう。
従兄　おう。

姉歩き出す。

従兄　おい。

振り返る。

従兄　幸せになれよ。
姉　当たり前でしょう。おやすみ。

姉去る。

従兄　必ず……。

第五場　新しい学校

学校。書き方の授業。生徒たち楽しそうに登場。花江ひとり黙々と準備。

生徒　ほらみんな、先生がいらっしゃるわよ。

席に着く生徒たち。

生徒　起立、気をつけ、よろしくお願いします。
一同　よろしくお願いします。
先生　腰を下ろして。

走りこんでくる妹。

妹　すみません！　遅れました！
先生　平良さん！　一体何をしていたんですか！
妹　す、すみません、さっきの持久走訓練で足が棒になっちゃって……少し休んでました……。
先生　休んでいた？　そんな時間はありません！　臣民一人一人がお国のために寝る間も惜しんで働いているというのになんということでしょう。反省なさい！
妹　すみません！
先生　急いで準備をなさい。

妹、先生に向かって、観えないようにあっかんべー。
花江笑う。

先生　さあでは気をとりなおして。背筋を伸ばして、魂を一文字一文字に込めましょう。心の弱い人は弱い文字、心の強い人は強い文字。文字にはその人の心が表れますよ。さあ級長さん、本日の文字を。
生徒　はい、本日はこちらの文字です。

お手本を見せ、それを生徒たちが読み上げる。

生徒たち　必勝の信念は必死の訓練より生ず。
先生　意味を。
生徒　はい。これは、我々が日ごろ行っている訓練を死ぬ気でやれば、必ずやこの戦で勝利を収めることができるという意味です。
先生　すばらしい。では皆さん、始めましょう。
生徒たち　はい！
妹　とはいっても、行進の練習と持久走訓練のあとに書き方の授業……死ぬ気でやる前にほんとに死んじゃうよ〜。

花江吹き出す。

先生　花江さん、どうしました？
花江　いえ！
妹　？

先生去る。

妹　私なんか変なこと言ったかしら？
花江　もう、とし子さんったら。
妹　まだこの学校にも慣れないからさあ。
花江　ずいぶんのびのびやってるように見えるけど。
妹　え、そうかなあ？
先生　そこ！　おしゃべりが多い！　もう書き終わったの！
花江　はい！　できました!!
先生　見せてみなさい。

花江、自分の書いたものを見せる。(客席に見えるように)

花江　必勝の信念は必死の訓練より生ず。毎日の訓練のことを思いながら心を込めて書きました。
先生　ふむ、悪くないわね。
花江　ありがとうございます！
先生　平良さんは？
妹　はい！　こちらが私の力作でございます！

妹、自作を見せる。

先生　どれどれ……必死の信念は必勝の訓練より生ず……はあ〜。

花江、あっちゃ〜という顔。

妹　よそから来たばかりの私ですが、ほかの皆に負けないくらい一所懸命訓練に励んでおります！　その気持ちを表しております。

くすくす笑う同級生。

妹　え、なに？　結構上手でしょ？
花江　とし子さん！　必死の信念は必勝の訓練より生ずじゃなくて。
先生　必勝の信念は必死の訓練より生ず、です！　走ってきなさい！

笑う同級生。

妹　ええ〜〜。
花江　先生！　私も走ってきます。
妹　え……。
花江　私が話しかけてたから、間違えて書いたのかもしれませんし……。
妹　花江さん……。
先生　お好きにしなさい、さあ、ほかのものは片付けを。

片付ける。

妹　花江さん、なんで。
花江　いいの、一緒に走りたかったから。
妹　そんなあ！　うそよ。
花江　一緒に走ったほうが楽しいじゃない。とし子さん、おもしろいし。
妹　花江さんって、変わってるわね。
花江　えっ。
妹　まあいいわ、ありがとう。

妹、走り出す。

花江　あ、まって。

片づける花江。

妹　花江〜はやくおいで〜。

全体暗転。

第六場　少年からの手紙②

【戦後】

姉手紙を読んでいる。

姉　「僕が療養所の門をくぐったのは、今から七年前、十歳の頃でした。療養所・愛楽園は、もともとはキリスト教伝道者の患者が開いた園でしたが、当時そこには島の各地からあの病にかかった人たちが集められていました。療養所につくと、両親は泣いていました。僕にごめんねと言って。」

少年　「僕はよく意味が分からなかったけど、両親の背中を見ながら、またすぐ会えると自分を奮い立たせました。でも療養所には、自分と似たこぶだらけの顔の人や、足のない人がたくさんいて、すこし怖くなったのを今でも覚えています。そんな僕に声をかけてくれたのが、平良徳治先生でした。」

中割幕開く。

【戦前】

療養所にて、父と療養所の子ら。

父　さ、みんな今日も文字の練習だ。少しずつでいい、書ける文字を増やしていこう。

子　できないよ、私の手、こんなだもん。

父　そうだよなあ。こんなにかたくなって、思うように動かせないなあ。でも、ほうら。

動かしにくい手で工夫して書き、手本を見せる。

子　おお〜。わたしもやる！　ぼくも。

子　先生って、本当に学校の先生だったの？

父　ああ、そうだ。

子　学校ってどんなところ、私行ったことない。

父　学校はここと変わらないさ。ここは療養所で、我々は患者同士だが、教えあって学びあっている。そうは思わないか？

子　そっかあ、わたし、もう一回書いてみる。

少年じっと見ている。

父　おや。

子　だあれ？　もしかして今日から入所したの？

顔をそむける少年。

子　私も、君と同じだよ。

腕を見せる。

子　私も。

子　ぼくも。

子　それよりさあ私自分の名前書きたあい。

父こどもに教える。
こどもらはける。

父　きみ。

少年　え。

父　私は平良徳治だ。君は。

少年　砂川勝。

父　勝、勇ましくていい名前だなあ。

少年　あの……。

父　ん？

少年　ぼくはどうなりますか。

父　どうなるんだろうなあ。

少年　治りますか？

父　わからない。

少年　わからないって……先生なのに。

父　未来のことは誰にもわからない。だから私は今できることをするのみだ。

少年　今できることって……。

父　勝はどうやってここに来たんだい。

少年　え……。

父　私は娘が二人いるんだ。十九歳と十四歳。姉のほうはしっかり者でな、妹はすこし元気が過ぎるな。

少年　はあ……。

父　喧嘩もするけど、よく笑う二人だった。でも私がこうなってからは、笑顔が減ってしまってね。ある日あんなに明るい妹のほうが泣いて帰ってきたんだ。

少年　……。

父　仲良くしていた友達にいつものように一緒に遊ぼうと言ったら。

下サスに妹登場。
少年・父の照明暗くなり、父の回想。

妹　あそぼう。

声　あんたとはもう遊ばない。汚い家のらいの子め。

妹　なんで？　うちは汚いの？

下サス消え、妹はける。

少年　……。
父　泣きながら家内に聞いたそうだ。
少年　……ぼくも、つばを吐かれたよ。家から出ちゃいけないって母ちゃんに言われてたけど、どうしても学校に行きたくて、石垣の隙間から校庭を覗いてた。そしたら友達が僕を見つけて、僕はうれしくて話しかけたけど。

言葉に詰まる少年。

父　つらかったな。
少年　僕はわかりません、なんのために生きてるのか。

父、少年の背中をさする。
中割幕閉まる。
手紙を読む姉。

姉　お父さん……。

第七場　噂

全体明るくなる。

生徒　ねえねえあんた。
花江　わっどうしたの。
生徒　あんた、最近平良さんと仲良くしてるわよね？
花江　え、まあ……。
生徒　あの子、なんでここに越してきたか、聞いた？
花江　え？　聞いてないけど？
生徒　お父さんの病気だとか、言ってなかった？
花江　それはわからないけど……。
生徒　ふうん……。

意味ありげに目配せ。

花江　なに？
生徒　なんでもないわよ、それじゃ。

生徒去る。

生徒　あんた、人付き合いはよく考えたほうがいいわよ。
花江　どういう意味？

生徒走り去る。
不穏なＢＧＭ。全体暗転。

第八場　破談

姉、泣いている。

母　どうしたの？
姉　……。

そばにある手紙に気付く。読み始める。

母　……今回の縁談は……なかったことに……？
姉　私たちのこと、知られたのよ……。お父さんのこと……。
母　……。

泣いている姉の背中をさする母。

従兄　おーい加寿子、野菜……。

泣き声を察して立ちすくむ従兄。

姉　何をしたのよ、私たちが、お父さんが、何をしたっていうのよ。
母　ごめんね、ごめんね加寿子。
姉　恨みたいよ、お父さんを恨みたい……。

第九場　くり返される差別

中割幕開く。基地建設を終えて、夕日に照らされる人々。

兵　ご苦労であった、本日はここまでとする。
生徒　はい、お国のためです、できることは一所懸命取り組みます。
兵　うむ、それでこそ臣民の鑑だ、明日の作業も頼む。
生徒　はい。

兵去る。

妹　はあ〜つかれた……日に日に作業時間が延びてる……、体がもたないわよ。ね、花江。
花江　え？……ええ。
妹　元気ないわね、さすがに疲れた？　早く帰ろ。
花江　さき、帰っていいよ。
妹　え、なんで？　まだ作業残ってるなら手伝うよ？

近づく妹をとっさにさける花江。

妹　……え？
花江　……。

生徒　やっぱりあの話本当なのかしら。
生徒　私の親戚隣町だもの、本当よ。
生徒　それでここに越してきたの？　迷惑な話！
生徒　あの子もうつってるんじゃない。
妹　何よそれ、私に言ってるの？
生徒　あら、聞こえてたみたい。
妹　どういうことよ。
生徒　あんた、父親があれなんでしょ。恐ろしい。
妹　なんでそのこと……花江も、知ってるの？
生徒　うちのお母さんたち言ってたわ、あの家族は穢れてるから近づくなって。あなたも本当は知ってるんでしょ、友達なんかやめればいいのに。

生徒ら去る。

花江　とし子、なんでここに越してきたの……言いたがらないのは理由があるからなの？　最初は私も気にしてなかった。ほら、私って内気でしょ、学校でも友達多くはないから、とし子といると毎日楽しくて。でも、でもとし子のお父さん……。
妹　聞いたの？
花江　ごめん、私ずるいよね、友達なのに、とし子はとし子なのに……。でもどうしても怖いって思ってしまう。
妹　花江……。
花江　ごめん、ごめんなさい。弱い私を許して。

走り去る花江。全体暗転。中単サス点灯。

妹　また。また同じ……同じことの繰り返し……どうして。私あんたたちに何もしてないじゃない。ただ普通に過ごしてるだけじゃない。それなのに……お父さんのせいで、お父さんのせいで！

中単サス暗転。

第十場　ハンセン病

♪「主よ、人間の望みの喜びよ」
コロス入場。体験談を読むかのようにかわるがわる台詞を言う。

「はじめは痛くもなく、かゆくもなかった。ただ、腕に赤い斑点ができた」
「だんだん手指が曲がらなくなった」
「しびれて動かなくなった」
「顔が変形し、自分が自分じゃなくなるようだった」
「不治の病だといわれた」「血筋だといわれた」
「仏さまからの罰だといわれた」
「家族から縁を切られた」「名前を変えさせられた」

「物乞いをして生活した」「強制的に収容された」
「祖国浄化」「祖国浄化」「祖国浄化！」

遠くからラジオ放送が聞こえる。

「一家に癩《らい》の患者を出しましたならば、一家親族が皆恥として始末せんければならん気になります。是即《これすなわ》ち文明国として誇る所の吾が日本の汚点なからしめると云う次第でありますし、また実に有難《ありがた》き、皇太后陛下のご仁慈に報い奉る所以でありますから……」

群衆の声となる。

「子供の健康、それ国防」「一人一人が御国の柱」「一億が国の手となれ足となれ」

瞬間、静まり返る。

女声　やっと授かった命でした。何年も待ち望んだ命。でも。
男声　おい、こっちへ来い、処置を始める。
女声　その命に会うことはかないませんでした。

群衆、表情なく無個性でゆっくり下がる。
少年・妹・姉、登場。

少年　僕は当時十歳でした。暗い部屋の中で、自分の腕にできた斑点を恨みました。
妹　父の病がわかって、私たちの生活は変わりました。やがて父は療養所に連れていかれ、私たちも追われるように村を出ました。
姉　親戚の家を頼って新しい生活を始めました。でも、私たちが蓋をした過去は、噂となっていとも簡単に暴かれました。
少年　僕ははげしく憎みました。この病気を。でもそれ以上に、人間を憎みました。
妹　どこまでいっても、どんなに身を隠しても。
姉　差別と偏見は私たちを逃がしてはくれませんでした。
妹　父の病は。
少年　僕の病気は。
群衆・三人　ハンセン病。

中割幕閉まる。暗転

第十一場　姉妹と少年

【戦後】
セミの鳴き声。夕日に照らされる姉妹。

少年　あの。

妹振り返る。ハッとする。

妹　こんにちは。
少年　こんにちは、あの、平良さん……ですか。
妹　はい……。
姉　私は姉の加寿子です。こっちが妹のとし子です。……あなたが、私たちに手紙をくれた。
少年　はい、砂川です。

互いにぎこちなくお辞儀をする。
妹　父が、お世話になったようで……。
少年　いえ、僕のほうこそ、先生にはいくら感謝してもしきれないほど。
妹　先生……。
少年　あ、療養所では、そう呼ばれていたので、つい。
姉　いえ、父も喜びます。
少年　あの、先生とは。

妹首を振る。

姉　父が療養所に入ってからは……。家族で転々として……そしてあの戦があってからは、もう。
少年　……そうですか。
姉　だからわからないんです、どんな暮らしをしていたのか。そしてたった一人、家族に看取られることもなく……。
少年　……。
妹　教えてください。父の最期を。
少年　一九四四年、昭和十九年のことでした。

第十二場　あの戦

中割幕開く。全体暗くなっていく。
BGM。太鼓の迫りくるような音。

少年　戦に備えて各地で飛行場の建設が進みました。

群衆行進。

少年　療養所では患者自ら、防空壕を掘らなくてはなりませんでした。スコップや、ツルハシをふるって。中には、硬い地面を素手で掘るような過酷な作業もありました。
患者　ここの地層は貝殻が多い、掘り進めるのには時間がかかるぞ。
患者　おい、おい。
患者　なんだ。

患者　おまえ、見てみろよ、自分の手を。
患者　手？
患者　血だらけじゃないか、指先なんか、膿んでいるぞ。
患者　うわああ、なんだ、なんだこれはあ。
患者　感覚がマヒして気づかなかったんだ……こんな劣悪な環境のせいで……クソー！
少年　病気が蔓延するのをおそれた日本軍は、次々と患者を療養所に収容していきました。四五〇人程度しか入れない療養所が、九〇〇人以上の患者で溢れました。そして一九四四年十月十日。

サイレン。

少年　療養所の近くには、日本海軍の基地がありました。これはのちに聞いた話ですが、米軍の地図上には、私たちの療養所が、誤ってＢＡＲＲＡＣＫと表記されていたそうです。
妹　バラック？
少年　兵舎。という意味です。

瞬間暗くなり、爆音とともにホリ赤く染まる。逃げ惑う患者たち。叫ぶ声。泣き声。怒鳴り声。混乱する様子。

「にげろ」「はやく」「おさないで」
「奥に行け」「もうこれ以上進めない」「しずかに」「うるさい」「いたい」
「こどもがいる！」「けがするぞ」
「おちついて」「やめて」「いやあああ」「死にたくない死にたくない」
「おかあさあん、おかあさん」「たすけて」

中割幕閉まる。

妹　誤爆……。
少年　永遠のように感じた空襲でした。……僕たちの療養所は徹底的に破壊されましたが、死者は一人でした。
妹　え？　でも父は……。
少年　地獄は、空襲の後にもやってきました。その後患者たちは何日も高熱にうなされて弱って、死んでいきました。僕たちを苦しめたのは。
姉　マラリア……。

少年頷く。
♪ショパン「別れの曲」

苦しむ人々入場。少年の精神世界を表すかのように。

「さむい」「いたい」「かえりたい」「ああー」「ううー」
「くるしい」

少年　療養所では蚊を媒介したマラリアが爆発的にひろがりました。爆撃から奇跡的に助かっても、感染からは逃れられなかった……高熱が出て、毎日ばたばたと人が倒れていきました。それだけじゃない、栄養失調で僕より小さな子も……。だからもう、僕は早く、早く死にたかった。こんな地獄を見るくらいなら、生きていることから逃げたかった。

取り囲まれる少年。少年にしがみつくように苦しむ人々が叫ぶ。

子　なんで僕たちは、こんな目に合うんですか。僕たちだけ、なんで。

子　病気になって、みんなにいじめられて、あげく、こんなことって。

子　お母さんに会いたいよお、こわいよお。

子　私たち何か悪いことをしたの？　神様からの罰なの？

子　神様なんていない、どこにもいない！

子　おかあさーん、おとうさーん。

泣きわめく子ら。

少年　うるさい！　泣くな！

静まり返り、ゆっくりとうずくまっていく人々。

少年　どうせ死ぬなら……。……どうせ死ぬなら、せめて、せめてあいつらをこの手で殺してやりたい！　汚物のように俺を差別してきたやつらも、家族を苦しめたやつも、ここに爆弾を落としたやつも、みんなみんな、殺してやりたい、この手で殺してやりたい！

中割幕開く。

父　もう一度言ってみろ！

沈黙。

父　お前の手は何のためにある。

手を見つめる。

少年　こんな手で、何ができるっていうんですか……腫れあがって、動かない、醜い手で……何が……。

父　動かなくても、人と違っても、どんな姿でも、お前の手は、人間の手は、人を殺すためにあるんじゃない！

少年、ハッとする。

父　二人目の子は難産だった。妻もひどく痛がってな。何時間もかかったよ。ようやく生まれてきた我が子は……産声を上げなかった。小さな体からだんだん赤みが失われていってもうだめかもしれないと思ったよ……しかしそのとき。

暗転。暗闇の中に心音が響く、しばらくののちに産声があがる。

♪ピアノ「童神」

回想。赤子を抱く母、入場。

母　あなた、ほら、よく寝てる。
父　ああ。
母　私ね、この子が生まれた日、本当に怖かった。この手に抱くこともできずに死んでしまうんじゃないかって。
父　私もだ。
母　でもね、聞こえてきたの。
父　え？
母　この子の声が聞こえてきたの。……生きたいって……！

母退場。

父　お前がかつて私になんと聞いたか覚えているか。
少年　……はい、でも、今でも僕は何のために生きているかわかりません。
父　その産声を聞いたとき、私の指を握る小さな手を見たとき、私は強く思った。お前は、私たちは、人は、幸せになるために生まれてきたんだ。幸せになるために生きるんだ。

中割幕閉まる。

少年を取り囲んでいた人々、音楽に合わせて、召されるようにはけていく。

【戦後】

全体明るくなる。

少年　先生は、患者たちを励まし続けましたが、ご自身もマラリアにかかり、最後に僕に、生きろと言って。

沈黙。

少年　……これを。

布に包まれた眼鏡、妹受け取る。

姉　この眼鏡……父の……。
少年　戦時中の混乱の中で僕がもっていられたのはその眼

鏡だけで……どうしてもご家族にお渡ししなくてはと思って……。

妹　お父さん。

少年　長い長い戦が終わってプロミンという特効薬のおかげで不治の病と言われたハンセン病は治る病になったんです。

姉　そうなんですね。

少年　ええ。だから、僕は、僕の手を、人を殺す手ではなく、導く手として使いたいんです。

妹　導く？

少年　無知と無関心が、差別や偏見をもたらすと思うんです。だから学校の先生になりたいんです。先生のような。

姉　でもまだ差別は……。

少年　はい、これから先も苦しいことやつらい経験をするかもしれない……でも僕は生きたいんです。今あるこの命を生きていきたいんです。

妹　私が一番知ろうとしてなかったのかもしれない……お父さんのこと……病気のこと……変わっていくお父さんも、周りの差別も怖くて……。でも、お父さんは変わってなかった、私たちのことずっと……。

息子　おかあさーん。

母（姉）に駆け寄ってくる。

少年　この子は？

従兄あとから追いかけてくる。

従兄　誠、もうお父さん走れないよ。

姉　夫と息子です。

少年　はじめまして、あれ、さっき……。

妹　ああ、あのときの縁談はだめになったんですが、巡り巡って。

姉　もともとは従兄だったんですけどね。（息子に）ほら、あんたもあいさつしなさい。

息子　……。

照れて隠れる。

母登場。

姉　お母さん。

少年　あ、は、はじめましてぼく。

母　聞いていましたよ。

妹　この子が大人になるころ……いったいどんな世の中になるんだろうね……。

息子　ぼく大人になるの？

母　そうよ光の道を歩いていくのよ。

少年　僕たちの苦しみを乗り越えていけるように。

妹　生まれてきてくれてありがとう。

群読

あの夏　あの夏
今日と変わらない日差しの中で
　今日と変わらない緑の中で
寄せては返す　きらめく波に　人々は願った
とわの平和　人間としての平等
あの夏　あの夏　あの夏に　おいてきた思い出と
蓋をした　過去と
傷ついた心に　どんな未来が見えただろう
今を生きる私たちが　どんな姿に見えただろう
とわの　平和　人間としての　平等
　いのちの理由を求めて

♪さだまさし「いのちの理由」合唱。

――幕――

作者からのメッセージ

「沖縄戦下のハンセン病」から差別・戦争を考える

大城咲乃

「差別や戦争のような、現代社会の問題にもつながるような劇を演じたい」という部員の声から、「沖縄戦下でのハンセン病」を取り扱うことに決めましたが、人間の尊厳を回復する長い戦いの歴史は、多くの側面を持ち、時代や地域、患者やその家族それぞれに異なる問題を抱えた複雑なものでした。それを一から学び、一人一人が問題意識を持って演じるということは大変な覚悟が必要でした。しかし、このテーマに取り組むことは、差別問題、戦争と平和、そして自らの生き方について考えるきっかけになると、私自身の体験から、そう感じていました。

　というのも、私がハンセン病について知ったのは中学一年の時でした。学級での校外学習の一環として国立療養所沖縄愛楽園（名護市）を訪れ、多くの衝撃を受けました。初めて知る病、初めて聞く元患者の声、初めて見る納骨堂……。差別と偏見の実態に触れる貴重な経験となったのです。

　そこで、演劇部においても、部員各自が調べ学習を行ったのちに、国立ハンセン病資料館（東京都東村山市）を訪問することにしました。一つ一つの展示を真剣に見る姿があり、中には「自分が知っているつもりになっていたことがわかった」と語る部員もいました。中学生という多感な時期だからこそ感じられるものがあったようで、生半可な気持ちで取り組んではいけないという自覚が生まれたようでした。

　劇中の演出についてですが、後半、少年の「絶望」から「生きる理由・生まれてきた理由」へと目を向けていくシーンがあります。初演では、黒子が少年を引きずるように覆い尽くすことで絶望を表現し、その後は少年の心境変化に合わせて（あたかも昇華するように）はけるというようにしました。この時、バレエのソロパートを入れてみましたが、各校の実態にあわせて柔軟な発想で演出されると良いと思います。

　最後に、この作品が生まれる最初のきっかけとなった中学一年時担任・大城貞俊先生に感謝し、多くの人にとって差別や戦争について改めて考える機会になることを願っています。

▼**初演**＝二〇二三年／千葉県船橋市立行田中学校

沖縄そして日本の中学校演劇のさらなる発展を願って

『中学校創作脚本集　沖縄』のあとがきにかえて

『中学校創作脚本集　沖縄』監修　大沢　清

沖縄県・全国のみなさん

今年度（二〇二三年度）、沖縄県中学校文化連盟演劇専門部会が結成されて十三年になります。十二月には全国中学校総合文化祭・沖縄大会が浦添市のアイム・ユニバースてだこ大ホール・小ホールで開催されるこの時に『中学校創作脚本集　沖縄』が出版されることを心から喜び、うれしく思っています。出版にあたって作者・執筆者のみなさまには本書への作品の収録、新たな原稿の執筆をご快諾いただき、ありがとうございました。また、この出版企画に対して新しい作品のご紹介をいただきました。又吉弦貴先生からは『フェンスに吹く風』、宮國敏弘先生からは、二〇二一年度第17回おきなわ文学賞演劇戯曲部門において一席・沖縄県知事賞を受賞された『鬼子《おにご》ユガフ』、この二作品も収録させていただきました。このたびの出版に際して、たくさんの方々からの支援や励ましをいただき、発刊に至りましたことをあわせてご報告いたします。

全国のみなさん

沖縄県ではこの十年間、沖縄県中学校文化連盟演劇専門部の先生方によって「沖縄県中学校演劇祭」が開催されてきました。その中で毎年、沖縄をテーマにした、沖縄でなければ表現できないようなすぐれた作品が数多く上演されてきました。演劇専門部十年の歴史は、沖縄の先生方と演劇を愛する中学生のみなさんが、力を合わせてつくりあげてきた、新しい沖縄の中学校演劇の世界でした。

本書に収録された作品は次の通り『最新中学校創作脚本集（２００９～２０１８）』、『中学校創作脚本集（２０１８～２０２３）』（いずれも晩成書房刊）に収録されてきました。

２０１０年★『やくそく～涙をこえて～』宮國敏弘
２０１４年〇『フェンスに吹く風』又吉弦貴
２０１６年★『鼓動～大空の彼方へ～』宮國敏弘
★『マブニのアンマー』原作・赤座憲久、脚色・島袋薫
★『ヌチドゥ』島袋薫
２０１８年★『フクギの雫～忘れたくても忘れられない・忘れてはいけない～』前田美幸・ハーフセンチュリー宮森
☆法廷劇『償い』山城美香
２０２０年☆『うむい～サンゴからのメッセージ～』Kanbun（照屋寛文）
２０２２年〇『相思樹の歌』大城咲乃
２０２３年☆『夢を奪われた少女達』読谷中学校演劇同好会
☆『ＨＩＭＥＹＵＲＩ 伊原第三外科壕の奇蹟』脚色・又吉弦貴
〇『拝啓 平和を生きる君たちへ』平良明美ほか
〇『姫と百合』吉澤信吾
〇『礎《いしじ》』大城咲乃

※脚本集の収録年を示しています。初演の年ではありません。初演は前年以前となります。作品名前★は『最新中学校創作脚本集』、☆は『中学校創作脚本集』に収録。〇は脚本集に未掲載の作品です。（大沢）

こうしてまとめてみると、沖縄からの中学生のみなさんの作品が今、ひとつの大きなうねりとなり、急速に大きく広がってきていることがはっきりとわかります。「継続は力なり」。沖縄県の中学校演劇が大きな力を得て飛躍的に発展してきたことがわかります。演劇専門部初代代表だった島袋薫先生。県の演劇祭の開催、自分たちの地域で先生方と演劇の勉強会やワークショップをしたり、夏休みには東京や横浜に足を運び、そこで先生方と交流し、大会の運営や作品づくりを学び、それらを沖縄に持ち帰り、次の作品づくりに生かすなど、懸命に努力する姿が私の脳裏に焼きついています。島袋先生の後を照屋寛文先生が引き継ぎ、自らも作品の創作

に力を注ぐ一方で、若い先生方に声をかけ、指導者の育成に務め、幅広く演劇祭への参加を呼びかけてきました。その結果、沖縄県の演劇祭は公立中学校だけでなく、県立中等学校や私立中学校の参加も増え、沖縄県中学校演劇のネットワークが大きく広がってきています。

全国のみなさん

沖縄ではたくさんの米軍基地が存在する中、辺野古での新しい基地づくり、最近の石垣島や宮古島での自衛隊の配備など、〝平和〟をおびやかす新たな厳しい状況が続いています。そんな中、『中学校創作脚本集　沖縄』が出版されました。この脚本集の作品ひとつひとつに今を生きる沖縄の先生方や子どもたちの熱い〝平和〟への思いが凝縮されています。これらの作品を日本全国各地で上演し、多くの観客のみなさんと平和への思いを共有すること――これがやがて大きな平和を守り築いていく力につながっていくと私は信じています。「6・23沖縄慰霊の日」に日本全国で「沖縄を語り、沖縄を上演する」運動を展開していきましょう。そこにきっと、より強い沖縄のみなさんとの絆が生まれ、それが平和を守る力になることを信じています。

最後に多忙な中、貴重な原稿をいただきました琉球大学教職センター教授・上江洲朝男先生、前全国中学校文化連盟理事長の髙﨑彰先生、沖縄県中学校文化連盟演劇専門部長の照屋寛文先生はじめ、執筆いただいたみなさまに心よりお礼と感謝を申し上げます。

また、本書の刊行を快く引き受け、さまざまなアドバイスをいただいた晩成書房の水野久氏、関係者のみなさまに心からお礼を申し上げて、あとがきにかえさせていただきます。

二〇二三年九月三〇日

上演の手続き

本書掲載作品の上演にあたっては、著作権尊重の見地から、以下のようにしていただくようお願いします。

著作権の尊重と、その正しい考え方の普及は、教育上からも重要な課題といえますので、ぜひご協力をお願いいたします。

1　脚本の上演にあたっては著作権者（作者）の許諾を得る必要があります。ただし、義務教育段階での教育上の目的による学校演劇の上演については、著作権法の特例として著作権者の了解がなくても脚本を利用することができることになっています（二〇〇三年の著作権法改正による）。

2　しかし、作品および著作権尊重の立場から、本書収載の作品の上演を希望する際は、**「上演届」**（次頁参照）を、晩成書房までお送りください（作者連絡用切手を添えて）。到着次第著作権者に連絡します。

上演にあたって「上演許可書」が必要な場合は、「上演届」の「その他」欄にその旨を明記し、返信用封筒を同封してください。

3　上演ちらしやプログラム等を印刷する際は、必ず作者名および掲載書名を表示してください。

4　脚本を、上演台本として必要な部数に限って複写（コピー）することは許されますが、それを他に配付したり、頒布したりすることは許されません。その必要がある場合は許諾を求めてください。

5　上演に際し、著作物の一部を改める際は、上演届にその旨を記し、改変された台本をお送りください。

義務教育の教育現場以外での上演については、著作権者に上演の許諾を求める必要がありますので、晩成書房までお問い合わせください。

晩成書房

晩成書房殿

年　　月　　日

学校（または団体）名

所在地　〒

電話

担当者名

上　演　届

このたび、『中学校創作脚本集　沖縄』（晩成書房刊）収載の作品を、
下記のように上演しますので、ご連絡いたします。

記

1. 脚本題名	
2. 著作者名	
3. 上演目的	
4. 上演期日	
5. 出演者	
6. その他	

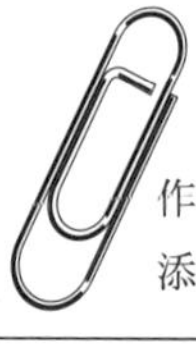

作者連絡用切手を
添付してください。

中学校創作脚本集 沖縄

二〇二四年 四 月一五日 第一刷印刷
二〇二四年 四 月二五日 第一刷発行

編者 沖縄県中学校文化連盟演劇専門部
監修者 大沢 清
発行者 水野 久
発行所 株式会社 晩成書房
●101-0064 東京都千代田区神田猿楽町二—一—一六
●電 話 〇三—三二九三—八三四八
●FAX 〇三—三二九三—八三四九
印刷・製本 美研プリンティング 株式会社

乱丁・落丁はお取り替えします
ISBN978-4-89380-522-5 C0074
Printed in Japan

晩成書房●中学校演劇脚本集

中学校創作脚本集 2018

中学校創作脚本集編集委員会 編

●定価二、〇〇〇円＋税 ISBN 978-4-89380-484-6

つばさ ～創作にチャレンジしたい人たちのための創作劇～＝斉藤俊雄
ちょっと、メロス＝平成二十九年度 茅ケ崎中学校演劇部
10years ～希望の桜～＝仲間 創
法廷劇「償（つぐな）い」＝山城美香
ゲキブの扉＝柴田静香
そこまでも＝見山紗月／補筆・横浜市立大綱中学校演劇部
冥界のスープ＝西沢遥輝／補筆・横浜市立大綱中学校演劇部
『アイ』＝三浦結衣／潤色・ちかだよしあき
嘘象物語＝鈴木仁志

中学校創作脚本集 2019

中学校創作脚本集編集委員会 編

●定価二、二〇〇円＋税 ISBN 978-4-89380-489-1

イマジン＝斉藤俊雄
みんなの歌＝中原久典
くるみとすももと黒崎くん＝横山淳子
花は咲くⅡ　少女前へ＝板垣珠美
地下室クラブの遠藤くん＝久保とみい
悲劇『鬼人間―おにんげん―』＝原案・村上裕亮／脚本・久保美咲仲間創
10years ～夜明けのコスモス～＝仲間創
流星の命＝村中恵李花
ハルヤくんの野望＝浅田七絵
こころのとびら＝稲垣 凜
藍の風が吹くとき ～いのちの理由～＝辻村順子

中学校創作脚本集 2020

中学校創作脚本集編集委員会 編

●定価二、二〇〇円＋税 ISBN 978-4-89380-497-6

ゲキを止めるな！＝斉藤俊雄
SHO-GEKI 小劇＆笑劇作品集＝斉藤俊雄
stranger＝杉内浩幸
贈り物にハンカチはよくないのかもしれない。＝原作・木村直香 脚色・太田由風
アイルランドの魔法の風＝渡部園美
Make Someone Smile ～わらしべ長者～＝大柿未来
闘うグリム童話＝大柿未来
ウムイ～サンゴからのメッセージ～＝kanabun
カラフルピース＝鈴木仁志
おかみちゃん！＝橘里多＋横浜市立日吉台西中学校演劇部
女傑症候群（ヒロインシンドローム）＝田島光葉
保健室でティータイム＝彼ノ矢恵美
ブドリ～宮沢賢治作『グスコーブドリの伝記』より～＝横山淳子

中学校創作脚本集 2021

中学校創作脚本集編集委員会 編

●定価二、四〇〇円＋税 ISBN 978-4-89380-501-1

応援歌＝斉藤俊雄
僕らと未来と演劇と＝原案・佐藤 翔／作・あいおか太郎
0years～永遠の桜～Ⅱ＝仲間 創
花は咲く＝板垣珠美
カイギはDancin'、―中学生版―＝大嶋昭彦
剣の花～江戸町剣士物語～＝小池恵愛
雫色＝原作・木村直香／脚色・木村 寛・田島光葉
たいむすりっぷ?!＝横浜市立山内中学校演劇部
夢へ、もう一段＝大瀧 楓
春の終わり＝林 祐希＋内田素子
ココロノムスビ＝橘 里多
シゲさん家（ち）＝森江穂波

晩成書房●中学校演劇脚本集

中学校創作脚本集 2022

中学校創作脚本集編集委員会 編

●定価二、二〇〇円＋税 ISBN 978-4-89380511-9

ゲキを止めるな！ ヒーロー編＝斉藤俊雄

となりの君に、＝作・野元準也／潤色・横浜市立保土ケ谷中学校演劇部

物語が始まる＝作・板垣珠美／原案・厚木市立睦合中学校演劇部

きらめく星のキャロル＝渡部園美

CHANGER＝中尾桜子

普通とは、らしさとは。＝野本遥妃

くの一の道＝小池恵愛

巴・TOMOE＝山本春美

夜明けを、君と。＝山田実和

星々の光＝中安彩乃

チェンジ・ザ・ストーリー＝辻村順子内浩幸

中学校創作脚本集 2023

中学校創作脚本集編集委員会 編

●定価二、四〇〇円＋税 ISBN 978-4-89380517-1

バタフライ＝斉藤俊雄

夏の夜の夢＝ウィリアム・シェイクスピア／潤色・渡部園美

夢を奪われた少女達＝読谷中学校演劇同好会

伊原第3外科壕の奇蹟＝又吉弦貴

さくらサクエスト＝池 奏帆

ヒガンバナ屋＝加藤希実／潤色・横浜市立大綱中学校演劇部

Dream Nation＝小川夏季

Precious Memories＝船橋悠菜・鈴木菜々紗

消しゴム＝伊中演劇部＋植村啓市

星は胸に宿る＝板垣珠美

彼女の嘘とレモン＝渡辺明男

PERFOMING ARTS!＝佐藤圣亮

10years～坂上の桜～＝仲間 創

中学生のための脚本集 U-15 上・下

一般社団法人

日本演劇教育連盟 編集 ●上・下 全2巻●定価 各2,300円＋税

バラエティに富む新作・名作を精選！文化祭、小発表会、学校行事、演技練習…さまざまな場で活用できる全2巻15作品。

上

- ●ワンダーエース……………………山﨑伊知郎
- ●才能屋……………………………柏木 陽
- ●父さん母さんありがとさん………森 澄枝
- ●ヒーロー参上っ!!…………………吉川泰弘
- ●大地讃頌—2011—………………小林円佳
- ●モモタロウ？【3年生を送る会用脚本】………若狭明美
- ●人形館【劇中歌楽譜掲載】…………渡辺 茂

下

- ●ごめんね！ごめんね！……………浅田七絵
- ●ハートに火をつけて………………根岸大悟
- ●そんな4人…………………………佐藤幸子
- ●12人の優しい中学生………………野間玲子
- ●ハムレット…………………………小沼朝生
- ●幸せのバトン………………………照屋 洋
- ●幸福な王子【朗読劇】オスカー・ワイルド原作……辰嶋幸夫
- ●椅子に座る人々の話【演技練習向】………柏木 陽

■各作品に、作者または、劇指導に定評のある中学校演劇指導者による「上演のてびき」付き。実り豊かな上演をサポートします。